管理科学与工程丛书　●主编：葛新权

管理科学与工程丛书
主编：葛新权

人力资本与技术选择适配性研究

Research on the Fit between Human Capital and
Technological Selection

姜 雨/著

社会科学文献出版社
SOCIAL SCIENCES ACADEMIC PRESS (CHINA)

本书受北京市教委科学技术与研究生建设项目资助
本书受北京市重点建设学科管理科学与工程建设项目资助

总　　序

基于 2003 年北京机械工业学院管理科学与工程硕士授权学科被批准为北京市重点建设学科，我们策划出版了这套丛书。

2004 年 8 月，北京机械工业学院与北京信息工程学院合并筹建北京信息科技大学。

北京机械工业学院工商管理分院于 2004 年建立了知识管理实验室，2005 年建立了北京地区第一个实验经济学实验室，2005 年 8 月召开了我国第一次实验经济学学术会议，2005 年 12 月获得 2005 年度北京市科学技术奖二等奖一项，2006 年 4 月获得北京市第九届人文社科优秀成果二等奖两项。2006 年 5 月，知识管理实验室被批准为北京市教委人才强校计划学术创新团队；2006 年 10 月，被批准为北京市哲学社会科学研究基地——北京知识管理研究基地。

2006 年 12 月，北京机械工业学院工商管理分院与北京信息工程学院工商管理系、经济贸易系经贸教研室合并成立北京信息科技大学经济管理学院。2008 年 3 月，企业管理硕士授权学科被批准为北京市重点建设学科。

2008 年 4 月，教育部正式批准成立北京信息科技大学。

经济管理学院是北京信息科技大学最大的学院。2007 年

10月经过学科专业调整（信息系统与信息管理学士授权专业调出）后，经济管理学院拥有管理科学与工程、企业管理、技术经济及管理、国民经济学、数量经济学5个硕士授权学科，拥有工业工程专业硕士授予权，拥有会计学、财务管理、市场营销、工商管理、人力资源管理、经济学6个学士授权专业，设有注册会计师、证券与投资、商务管理、国际贸易4个专门化方向。

经济管理学院下设会计系、财务与投资系、企业管理系、营销管理系、经济与贸易系5个系，拥有实验实习中心，包括会计、财务与投资、企业管理、营销管理、经济与贸易、知识管理、实验经济学7个实验室。现有教授12人、副教授37人，具有博士学位的教师占23%，具有硕士学位的教师占70%。在教师中，有博士生导师、跨世纪学科带头人、政府津贴获得者，有北京市教委人才强校计划学术创新拔尖人才、北京市教委人才强校计划学术创新团队带头人、北京市哲学社会科学研究基地首席专家、北京市重点学科带头人、北京市科技创新标兵、北京市青年科技新星、证券投资专家，有北京市政府顾问、国家注册审核员、国家注册会计师、大型企业独立董事，还有一级学术组织常务理事，他们分别在计量经济、实验经济学、知识管理、科技管理、证券投资、项目管理、质量管理和财务会计教学与研究领域颇有建树，享有较高的知名度。

经济管理学院成立了知识管理研究所、实验经济学研究中心、顾客满意度测评研究中心、科技政策与管理研究中心、食品工程项目管理研究中心、经济发展研究中心、国际贸易研究中心、信息与职业工程研究所、金融研究所、知识工程研究所、企业战略管理研究所。

近三年来，在提高教学质量的同时，在科学研究方面也取得了丰硕的成果。完成了国家"十五"科技攻关项目、国家科技支撑计划项目、国家软科学项目等8项国家级项目和12项省部级项目，荣获5项省部级奖，获得软件著作权24项，出版专著16部，出版译著2本，出版教材10本，发表论文160余篇。这些成果直接或间接地为政府部门以及企业服务，特别地服务于北京社会发展与经济建设，为管理科学与工程学科的建设与发展打下了坚实的基础，促进了企业管理学科建设，形成了基于知识管理平台的科技管理特色，也形成了稳定的研究团队和知识管理、科技管理、知识工程与项目管理3个学术研究方向。

在北京市教育委员会科学技术与研究生建设项目、北京市重点建设学科管理科学与工程建设项目资助下，把我们的建设成果结集出版，形成了这套"管理科学与工程"丛书。

管理科学与工程学科发展日新月异，我们取得的成果不过是冰山一角，也不过是一家之言，难免有不当甚至错误之处，敬请批评指正。这也是我们出版本丛书的一个初衷，抛砖引玉，让我们共同努力，提高我国管理科学与工程学科研究的学术水平。

在北京市教育委员会与北京信息科技大学的大力支持与领导下，依靠学术团队，我们有信心为管理科学与工程学科建设、科学研究、人才培养与队伍建设、学术交流、平台建设与社会服务做出更大的贡献。

主编 葛新权
2008年4月于北京育新花园

摘 要

选择的技术是否适宜,是能否通过引进技术实现技术进步的关键,而人力资本水平是技术适宜性的重要影响因素,因此本书以人力资本与技术选择的适配性为研究主题,逐一分析了技术适宜性的影响因素、技术选择与人力资本的动态适配机理、技术差距与人力资本约束下的技术选择决策、人力资本结构与技术能力提升的适配机制、适宜的技术型人力资本的运营模式,以及如何适配低技能人力资本实现技术进步,试图全面回答"技术选择为何要与人力资本适配"以及"人力资本如何与技术选择适配"等问题。

Abstract

It is one of important factors to affect the effect of spillovers whether the technology introduced is appropriate to be absorbed, applied and integrated into the technology system. It is human beings who absorb, apply, improve and innovate technologies, so the level of human capital has great influence on technological selection. This book, which focuses on the fit between human capital and technological selection, is mainly concerned with "why technological selection must match the level of human capital" and "how human capital can fit technological selection". It analyzed one by one such key questions such as factors affecting the appropriateness of technology, mechanism of dynamic fit between technological selection and human capital, appropriate decisions of technological selection under constraint of technology and human capital, mechanics of the architecture of human capital matching the process of building and improving technological capabilities, operation mode of technological human capital, solutions which turn the low level of human capital into technological capacity and achieving competitive advantages through the interactions of value activities in value chain.

目　录

前言／1

第一章　绪论／1
　　第一节　研究背景及意义／1
　　第二节　相关研究综述／9
　　第三节　研究内容及框架／19

第二章　适宜技术理论综述／25
　　第一节　技术选择的内涵及重要性／26
　　第二节　适宜技术理论评述／34
　　第三节　本章小结／51

第三章　技术选择与人力资本动态适配机理／53
　　第一节　技术选择对人力资本积累的影响／54
　　第二节　人力资本对技术选择的影响作用／59
　　第三节　技术选择与人力资本的动态适配／64
　　第四节　本章小结／73

第四章　技术差距与人力资本约束下的技术选择决策／75
　　第一节　技术引进与自主创新／76

第二节　技术差距与技术溢出效应 / 81

第三节　人力资本与技术吸收能力 / 85

第四节　技术差距与人力资本约束下的技术选择决策模型 / 90

第五节　技术差距、人力资本与技术溢出效应的实证分析 / 94

第六节　本章小结 / 113

第五章　人力资本结构与技术能力提升的适配机制 / 117

第一节　技术型人力资本的重新界定 / 120

第二节　技术能力提升的三阶段模式 / 126

第三节　与技术能力发展适宜匹配的人力资本结构 /134

第四节　人力资本结构与技术能力提升的适宜匹配 /150

第五节　本章小结 / 156

第六章　技术型人力资本的适宜运营模式 / 159

第一节　人力资本特性及人力资本运营的必要性 / 160

第二节　技术型人力资本特性 / 168

第三节　技术型人力资本的获取 / 171

第四节　技术型人力资本的开发 / 178

第五节　技术型人力资本的薪酬激励 / 189

第六节　本章小结 / 192

第七章　适配低技能人力资本的技术选择 / 194

第一节　基于价值链的企业技术选择 / 196

第二节　技术与技能的互补和替代 / 199

第三节 以技术分解实现适配低技能人力资本的技术
         进步 / 209
第四节 案例分析及借鉴 / 216
第五节 本章小结 / 236

第八章 主要结论及政策建议 / 239
第一节 主要结论 / 239
第二节 政策建议 / 244

参考文献 / 248

Contents

Preface /1

Chapter 1　Introduction / 1
　Section 1　Background and Meaning of the Research / 1
　Section 2　Literature Review / 9
　Section 3　Contents and Structures / 19

Chapter 2　Literature Review about Appropriate Technology Theory /25
　Section 1　Essence and Significance of Technological Selection / 26
　Section 2　Literature Survey about Appropriate Technology Theory /34
　Section 3　Summary / 51

Chapter 3　Mechanism of the DynamicFit between Technological Selection and Human Capital /53

Section 1   Effects of Technological Selection on Human Capital Accumulation / 54
Section 2   Effects of Human Capital on Technological Selection / 59
Section 3   Dynamic Fit between Technological Selection and Human Capital / 64
Section 4   Summary / 73

Chapter 4   Appropriate Decision of Technological Selection under Constraint of Technology and Human Capital / 75
Section 1   Technology Introduction versus Technological Innovation / 76
Section 2   Technology Gap and Technology Spillover / 81
Section 3   Human Capital and Absorptive Capability / 85
Section 4   Decision Model of Technological Selection Constrained by Technology Gap and Human Capital / 90
Section 5   Empirical Study on Technology Gap, Human Capital and Technology Spillover / 94
Section 6   Summary / 113

Chapter 5   Mechanism of the Fit between the Structure of Human Capital and the Improvement of Technological Capability / 117
Section 1   Redefining Technological Human Capital / 120
Section 2   Three-stage Development Model of Technological Capability Improvement / 126

Section 3 Structure of Human Capital Matching the Improvement of Technological Capabilities / 134
Section 4 Fit between the Structure of Human Capital and the Improvement of Technological Capability / 150
Section 5 Summary / 156

Chapter 6 Appropriate Operation Model of Technological Human Capital / 159
Section 1 Necessity of Operating Human Capital / 160
Section 2 Features of Technological Human Capital / 168
Section 3 Acquiring Technological Human Capital / 171
Section 4 Developing Technological Human Capital / 178
Section 5 Motivating Technological Human Capital by Compensation / 189
Section 6 Summary / 192

Chapter 7 Fitting Technological Selection for Unskilled Labor / 194
Section 1 Technological Selection Based on Value Chain / 196
Section 2 Complementation and Substitution between Technology and Skill / 199
Section 3 Promoting Technological Progress by Skill-Replacing Technological Advances Constrained by Unskilled Labor / 209
Section 4 Case Analysis and Lessons / 216
Section 5 Summary / 236

Chapter 8　Conclusions and Policy Suggestions / 239
　　Section 1　Main Conclusions / 239
　　Section 2　Policy Suggestions / 244

References / 248

前　言

技术是国家或企业获取竞争优势、形成核心能力的决定性因素。开放的经济发展环境，使得技术后发国家和企业可以通过引进、模仿先进技术实现技术进步。所选择的技术是否适宜，则是影响引进技术能否被充分吸收、应用并融入原有技术体系，进而实现技术改进及创新的一个重要因素。而人是技术吸收和技术创新过程的绝对主体，因此人力资本水平对于选择技术的适宜性具有重要影响。有鉴于此，本书以人力资本与技术选择适配性为主题，重点研究两个问题，即"技术选择为何要与人力资本适配"和"人力资本如何与技术选择适配"。

针对第一个问题，本书从三个方面进行了解答。①通过综述适宜技术理论的研究成果，全面分析了技术适宜性的影响因素。②深入分析了技术选择与人力资本的动态适配机理。在全面分析技术选择与人力资本相互作用、相互影响的关系的基础上，构建了技术选择与人力资本相互作用机理模型和动态适配模型，指出：第一，技术选择与人力资本要彼此适配，这样才能实现技术与人力资本组合的边际生产率最大化；第二，技术选择与人力资本的适配关系具有动态演化性质，即二者间的适配不仅是某一时点的静态契合，而且是动态发展过程中的持续匹配。对此，实践中要充分考虑并适当加以利用。③探讨了技术差距与人力资本约束下的技术选择决策。外生技术与人力资本之间可能出现适配或不适配的不同结果，这意味着，技术引进只是一定条件下的适宜选择。而技术差距是影响二者适配与否的重要因素之一，且技术差距与技术溢出效应之间存在非线性关系，也就是说，对于技术引进而言，存在技术差距的适宜范围。据此，本书构建了人力资本-技术差距约束下的技术选择决策模型，针对人力资本水平和技术差距的不同组合，提出了适宜技术引进或进行自主创新的技术选择决策。

选择适宜的技术固然重要，但是，对引进技术进行吸收、应用、改进和创新，并使之转化为现实生产力的技术能力更为重要。它既影响了引进的外生技术的适宜性，又决定了技术进步的方式和效率，同时也是技术选择决策效果的具体体现。因此，本书从技术能力形成和提升的角度回答"人力资本如何与技术选择适配"，相应回答也分三个方面。①分析了人力资本结构与技术能力提升的适配机制。技术能力的发展可分为三个阶段，即简单仿制能力、创造性模仿能力和自主创新能力。它们的具体构成、形成条件以及形成中的知识转换过程存在较大差异，因此对人力资本有不同的要求。在重新定义了与技术能力提升直接相关的技术型人力资本及其子类的基础上，以技能型人力资本（记为 S）、研发型人力资本（记为 R），以及对技术能力形成、提升具有决策和支持作用的企业家人力资本（记为 E），在不同阶段技术能力形成中重要性的相对变化，刻画了与技术能力从简单仿制能力→创造性模仿能力→自主创新能力的提升过程相适宜的人力资本结构，即 S > R > E → R > S >

E→R＞E＞S。在此基础上，构建了人力资本结构与技术能力提升的适配发展模型，并提出了以人力资本结构优化、适配并促进技术能力提升的机制。②构建了有效的技术型人力资本的运营模式。目的在于提升技术型人力资本的存量水平并激发其能量转换，以促进技术能力提升，适配高水平的技术选择。结合技术型人力资本的特征，提出：采取以内部开发为主的策略获取技术型人力资本；采用适当措施和适合的途径，开发技术型人力资本并提升其人力资本专用性；根据技能型人力资本与研发型人力资本的不同特点，采取适宜的薪酬激励方式。③提出了依托低技能人力资本形成技术能力，并利用企业内部价值链上价值活动的相互影响作用，形成竞争优势，促进技术能力升级的现实解决方案。具体地说，通过技术分解实现以低技能劳动力替代机器设备和高技能劳动力的目的，这样既能够降低资金成本，又能够充分利用低技能劳动力资源及其成本优势，形成技术能力；与此同时，充分利用价值活动之间的联系，即某项活动的技术选择会使得相关价值活动的要素禀赋结构发生变化，着意培养优势环节，并促进要素持续积累和结构优化，进而促成企业竞争优势的形成和技术能力的提升。

围绕人力资本与技术选择适配性的研究主题，本书不仅分析了二者为何要适配，而且也提出了适配的实现途径和方法。因此，在构建了一个人力资本与技术选择适配性的全面理论分析框架的同时，也为技术选择和人力资本投资实践提供了理论指导，具有一定的理论和现实意义。

本书主要采用文献分析法进行理论研究，以案例分析和计量统计方法完成相应的经验实证。而且，在实证研究时，主要以我国汽车行业的案例和实践数据为研究对象，以便提升经验研究结论的整体一致性和可比性。

本书可能的理论创新点主要体现在概念模型的建立上，具体有三处。第一处理论创新点为本书第三章中构建的技术选择与人力资本相互作用机理模型以及二者的动态适配模型。以往的研究中，只着重讨论单向的影响作用关系，即或者研究技术进步对人力资本积累形成的影响，或者探究人力资本所代表的吸收能力、创新能力等对技术进步的作用。本书在系统地分析了二者间的相互关系之后，构建了能够比较完整地反映二者间相互作用关系的技术选择与人力资本相互作用机理模型，并在此基础上，分析了二者间相互作用、相互促进的动态适配机理，构建了技术选择与人力资本动态适配模型。第二处理论创新点体现为本书第四章中所提出的技术差距与人力资本约束下的技术选择决策模型。在这个模型中，根据技术差距大小和人力资本吸收能力强弱的不同组合，提出了适宜不同情况的技术选择决策。第三处理论创新点在第五章。以人力资本结构适配技术能力提升的分析角度本身已比较新颖，而且本书以研发型人力资本、技术型人力资本和企业家人力资本，在各阶段技术能力形成和积累中发挥作用的重要性的相对变化，刻画了与技术能力发展各阶段相适宜的人力资本结构。更为重要的是，在此基础上提出了人力资本结构与技术能力提升适配发展模型。这个发展模型，既指出了与各阶段技术能力相适宜的人力资本结构，又表明了促进技术能力平台间跃迁的台阶要素。因此，在一定程度上弥补了已有研究成果中只将技术能力三个阶段孤立列示，而未指明促成技术能力平台间跃迁的关键技术能力要素的不足。此外，本书也有一些小创新。比如，第七章中将价值链理论引入企业的技术选择，提出以技术分解实现技能替代型的技术进步，并利用价值链上价值活动的相互作用、相互影响，从而实现技术能力升级，整个研究思路具有一定的创新性。再比如，本书第二章综述适宜技术理论时，根据学者们用以解释技术适宜性的要素的不同，将已有研究成果划分为三类适宜技术观，这种分类角度具有一定的创新性。

当然本书也有一定的局限性。首先，本书的选题引申自适宜技术理论，重点分析、讨论了适宜性影响因素之一的人力资本与技术选择的适配性。选题角度就意味着无法给出明确而完整的技术选择决策结论，因为无论是技术选择还是技术能力，其影响因素都不只是人力资本，因而较难给出更直接、更具体的结论用以指导企业技术选择决策。另外，囿于选题本身的局限性，本书没能定量地描述人力资本与技术的适配程度，并据此衡量现实企业或产业人力资本与技术的适配情况，而只是对相应内容进行了定性分析，这始终是本书一个较大的缺陷。

本书是以我的博士论文为基础写作完成的。感谢我的导师沈志渔研究员在我博士论文阶段所给予的悉心指导；感谢我的同事孙静副教授，帮助我完成了数据处理工作；也要感谢书中所涉文献的作者，给我写作的灵感和依据。

特别感谢我的工作单位北京信息科技大学经济管理学院，葛新权院长提供的经费资助促成了这本书的问世。

作者水平有限，书中疏漏之处难免，敬请读者批评指正。

作　者
2013 年 4 月 9 日

第一章
绪　论

第一节　研究背景及意义

一　选题背景

大量的理论和经验研究表明,技术水平的不同,是导致国家间出现人均收入差距和经济增长速度差异的重要因素之一(Prescott,1998)。可见,技术进步对于促进经济增长、提高人们生活水平、缩小发展中国家与发达国家之间的人均收入差距,至关重要。

当前,世界各国技术发展水平显著地不均衡,发达国家以其雄厚的资本基础和研发实力占据着全世界绝大多数的前沿技术,比如,以美、德、日为首的世界排名居前的10个国家,牢牢掌控着全球84%的研发资源、94%的专利,以及91%的专利许可费用;与之对应,发展中国家的创新能力则相对薄弱(Kumar,2002)。对发展中国家而言,这一方面意味着依靠自身的研发创新实现技术进步的难度较大；另一方面，经济的全球化发展，使得发展中国家可以通过技术引进，充分吸收和利用发达国家的先进技术及经验。Teece(1977)、Mansfiled 等(1981) 以及 Barro 等(1997) 均强调了技术引进对推动发展中国家经济增长和技术进步的作用。其作用具体表现在：通过技术引进和模仿，能够有效降低技术进步的风险和成本，提高技术变迁速度，进而促进发展中国家的技术和经济向发达国家收敛。因此，无论对国家还是企业，引进已有技术，似乎都是一条缩小技术差距、实现快速追赶的捷径。但是，这条捷径并非坦途，踏上它并不必然到达同样的目的地，因为阿根廷、巴西等美洲国家和日本、韩国等东亚国家的技术引进实践，已经给出了迥异的答案。

改革开放后我国政府提出"引进、消化、吸收、创新"的技术发展路线，技术引进成为我国企业实现技术进步的重要方式之一。这一举措实施30多年来，对比发达国家，我国的技术发展水平如何？如果仅根据各项产品的生产总量判断，我国早已成为名副其实的世界第一制造大国，2000~2008年，我国制造业总产值年均增长率达29.92%，增加值的年均增长率为30.24%；但是，与制造业整体快速增长形成鲜明对比的是，若以劳动生产率、单位产值的能耗水平以及技术水平差距等指标判断，我国制造业的技术发展水平还与发达国家之间存在较大差距。目前，我国制造业的增加值率是26%，而日本和美国分别为38%和49%；我国制造业的人均劳动生产率约为0.425[万美元/(人·年)]，日本已至11.05[万美元/(人·年)]，美国则为10.63[万美元/(人·年)]；我国制造业的产品增值率为30%，而日本、德国和美国分别为41%、47%和48%。而且，我国的能源利用率只有32%，发达国家则为42%；我国工业污染排放量却是发达国家的10倍。这些都充分说明，我国制造业在投入、产出过程中，资源利用效率较低，仍为明显的粗放式发展模式[①]。

若从技术水平上判断，我国与发达国家的差距就更为明显。联合国开发计划署曾经针对72个国家的2001年数据计算得出技术成就指数，中国该项指数为0.299，落后于0.374的世界平均值，排在第45位[②]。这一结果比较全面地反映了我国技术水平偏低的现状。来自各行业的具体数据也从不同层面反映着这一现状。以代表制造业基础的装备制造业为例，2006年，我国数控机床产值中数控产品占比37.8%[③]，虽较2001年的2.8%已有了大幅地增长，但仍然远低于日本的88%、韩国的89%，也低于德国和美国的75%。一项针对大中型装备制造业企业的1180种主要专业生产设备技术水平的普查统计结果显示，以设备原值计算，能够达到国际水平的约为26.1%，属国内先进水平的约为27.7%，属国内一般水平的约为33.4%，而属国内落后水平需要淘汰的达12.8%[④]。不仅总体技术水平低，而且企业对外技术依赖程度较高，缺少核心技术。2005年我国企业对外技术的依赖度

[①] 李金华、李苍舒：《国际新背景下的中国制造业：悖论与解困之策》，《上海经济研究》2010年第8期，第3~9页。
[②] 杨京英、王强、铁兵：《中国与世界主要国家技术成就指数比较》，《中国统计》2002年第4期，第57~58页。
[③] 中国机械工业年鉴编辑委员会编《中国机械工业年鉴》，机械工业出版社，2007。
[④] 徐建平、夏国平：《我国装备制造业的国际比较及对策研究》，《中国机械工程》2008年第20期，第2510~2518页。

就已达50%以上，科技进步的贡献率只有39%[1]。时至今日，多数行业的核心技术和装备仍然主要依靠引进。比如，化纤制造装备的100%，发电设备的90%，集成电路芯片制造设备的85%，石油化工设备的80%，数控机床、轿车工业设备、胶印设备、纺织机械设备的70%都来自进口（胡迟，2008）。这就意味着，各行业主导产品所依托的技术来源仍然是以引进技术为主。据中国机械工业联合会的调查，2005年，我国机械制造业中57%的产品是在引进技术的基础上完成产业化的[2]，新产品贡献率为5.9%，约为发达国家的1/10。虽然我国小轿车产量年逾千万辆，但是，绝大部分并非中国设计，大部分关键设备也非国产。综上所述，我国虽然在技术发展和技术水平提升上取得了一定的成绩，但是在核心技术和关键工艺上仍然落后于国际先进水平，关键设备仍然主要依赖进口。关键技术受制于人，导致了我国在国际分工和全球价值链中的不利地位：主要从事产品的加工制造，出口总量虽大，但以低附加值产品为主，因此利润微薄；因为没有自主知识产权，产品竞争力不强，高附加值产品在国内、国际市场上的占有率都远低于发达国家。

这种现状产生的主要原因，并非技术引进政策本身，而是我国技术引进实践中存在的一些问题。①盲目追求技术的先进性，导致无法吸收和掌握引进技术。在技术引进时，有些企

---

[1] 中国科学技术协会副主席邓楠2005年12月8日在首届中国全面小康论坛上说，目前中国对外技术依存度高达50%，设备投资60%以上依靠进口，科技进步的贡献率只有39%左右。转引自黎开颜、陈飞翔著《深化开放中的锁定效应与技术依赖》，《数量经济技术经济研究》2008年第11期，第56~66页。
[2] 中国机械工业联合会统计工作部：《我国装备制造业发展的现状》，中国机械工业联合会，2006。

业,甚至政府部门,认为拥有了先进的技术,就拥有了技术竞争优势,因此不顾自身技术基础和人员情况,盲目引进先进技术,结果却常常因为与现有技术体系不配套、工程技术人员不能掌握和应用,而导致先进设备和技术无法得到真正应用。比如,20世纪90年代中期,某机床厂花费1亿元人民币引进国外一家公司的数控机床及配套技术图纸,由于技术研发人员的吸收能力有限,导致按照图纸制造生产的数控机床始终达不到设计要求。②过度依赖技术引进,自主创新动力不足。由于自主创新风险大、成本高、周期长、实现难,而技术引进往往能带来"立竿见影"的效果,因此,国内一些企业将技术引进视为获取技术的唯一方式,缺少自主创新的动力。据原化工部统计,我国已从14个国家的33个公司一共引进了120多套化肥生产设备,可以说,几乎引进了世界上所有的先进生产设备。但至今,国内化肥生产的核心技术和关键装置还得依赖从国外进口,不能国产化。这种例子在我国的企业实践中屡见不鲜,其结果只能是白白浪费技术引进资金。③重引进、轻吸收,导致自主创新缺乏基础。虽然选择引进的技术不适宜,导致吸收困难,但是,我国企业整体重引进、轻吸收的行为惯例才是技术引进绩效较差的真正原因。2008年及以前,我国大中型工业企业每年用于技术引进和消化吸收费用的比例均在4∶1以上,虽然这一比例在2009年和2010年已分别降至2.4∶1和2.3∶1[①],但是,与韩国、日本制造业企业的1∶5和1∶8[②]相比,差距仍然明显。因为用于技术引进和消化吸收的费用比例不

[①] 中华人民共和国国家统计局编《中国统计年鉴》,中国统计出版社,2006~2011。
[②] 梅永红:《不能让中国的核电工业重蹈汽车工业的路子》,《科技中国》2005年第4期,第73页。

够合理，且消化吸收投入总量的严重不足，导致我国企业未能充分吸收、利用引进技术形成技术能力，同时也导致了我国企业缺乏发展自主创新能力的基础。因为轻视对引进技术的消化、吸收，意味着未能充分利用反求工程等方式理解前沿技术、锻炼科研队伍、积累研发经验，这就使得企业的研发能力无法得到提升，自主创新能力建设也无从谈起。而日本企业在技术引进的同时，始终坚持"引进一批、消化一批、研制一批、开发一批"的技术发展策略，因此能够借助对先进技术的引进，积累起技术创新能力，进而实现从技术引进到自主创新的转变，才会有今日的技术强国地位。可以说，我国技术引进实践中存在的这些问题，已经严重制约了我国的技术水平提升。

从我国现有技术基础和技术创新能力来看，技术引进仍然将会是今后一段时期重要的技术进步方式。但是，实践经验和理论研究都已表明：仅依靠技术引进无法获得先进技术；引进的技术未必适宜；过度依赖技术引进且轻视对引进技术的消化吸收，将不利于自主创新能力的培养。而且，我国在"十一五"规划中已将"建设自主创新型国家"作为国家的发展战略，因此，在今后的技术引进中，注重引进的同时，不能偏废自主创新。也就是说，技术引进并非最终目的，更为重要的是，加强对引进技术的消化、吸收和利用，并在此基础上培养和积累自身的创新能力，努力在自主创新与技术引进之间形成一种有效的联动机制。正因如此，科学地做出技术选择决策就显得尤为重要。因为技术发展时，首先就要选择是引进技术还是自主创新，以及选择何种技术进行引进或创新。无论是技术创新，还是对引进技术的消化理解，人的主体作用都不容忽视，人力资本水平能够决定可以选择的适宜技术，以及产生新知识、新技术的技术创新水平，进而会影响到技术进步的实现方式。因此，人力资本成为技术选择的主要制约条件之一。有鉴于此，本书以人力资本与技术选择的适配性为主题，分析人力资本约束下适宜的技术选择。

二 研究目的及意义

本书将围绕人力资本与技术选择适配性的主题，重点解答两个问题，即"技术选择为何要与人力资本适配"和"人力资本如何与技术选择适配"。

针对"技术选择为何要与人力资本适配"问题的分析与解答，将为技术引进决策中有关适宜技术的判断提供一个更具普适性的评判标准。也就是说，引进的外生技术要与引进主体的人力资本相适配，只有这样才能更好地吸收、利用引进技术，并在此基础上对其进行改进和创新。为了更好地回答这个问题，本书首先将全面分析技术适宜性的影响因素，然后深入探索技术选择与人力资本的相互作用关系及其深层适配机理，最后针对技术选择与人力资本适配与否的具体情况，提出适宜的技术选择决策。

针对"人力资本如何与技术选择适配"问题的诠释，将主要回答：如何以适宜的人力资本水平适配技术，从而实现充分利用技术的目的；如何以人力资本水平的提升促进技术升级，进而实现人力资本与技术在更高水平上的适配。解答这个问题时，本书将分别从人力资本结构优化、人力资本运营以及如何利用低水平人力资本等角度，分析、提出人力资本适配技术选择的实现机制和途径。

通过对这两个问题的解答，本书力求搭建一个人力资本与技术选择适配的理论分析框架，借以指导企业技术选择和人力资本投资实践，这既是本书的研究目的，也是本书理论研究意义的具体体现。

人力资本与技术的关系密不可分。新古典经济学中将技术看作资本和劳动的组合，而内生增长理论更是认为，人力资本的专业化生产是促进技术产生的主要因素，技术能力的相关研究中也将人力资本作为技术能力的基本构成要素之一。在这些研究成果中，虽然都涉及人力资本与技术，但是，它们或者只着重于讨论单向的影响作用关系，比如，内生经济增长理论更看重人力资本对于技术进步和经济发展的决定作用，而忽视了二者间的相互作用；或者更多地关注于技术与人力资本间的静态影响作用，而对二者间的相互促进甚至相互阻碍的动态交互关系讨论不够。更为重要的是，这些研究成果中所涉及的技术与人力资本，只是其研究结论的一部分，这就使得有关技术与人力资本的研究结论，散落于各种相关主题的研究文献中，虽有涉及，但不全面，更少有人对此进行系统梳理。而本书，不仅分析了外生技术选择为何要与人力资本适配，还从人力资本角度给出了其与技术选择适配的实现途径，从而搭建了一个分析人力资本与技术选择适配的完整理论框架，并以计量统计和案例分析等方法对相关结论进行了实证，这正是本书所做研究的最大理论意义。

本书的现实意义主要体现在以下两个方面。

（1）为技术引进决策提供了一个更为普适的技术适宜性评判标准，并且针对选择的技术与人力资本的不同适配结果，给出了相应的技术选择决策建议。这些结论，可以直接用于指导企业的技术选择决策,同时,它们对产业或国家的技术选择也具有一定的借鉴意义。

(2)从人力资本角度提出了其与现有技术适配,以及促进技术升级的实现途径和机制。虽然许多学者已经运用比较优势理论,从宏观层面对技术选择提出了不同的建议,但是,就微观层面上的企业,如何利用自身要素禀赋形成比较优势,并据此选择适宜的技术,进而以要素禀赋升级促进技术升级方面,少有研究涉及。而本书的研究结论,将为企业依据自身人力资本优势,进行适宜的技术选择,进而构建竞争优势,并利用人力资本水平的提高促进技术升级的相关实践,提供理论层面的具体指导,这将为企业如何将技术发展战略从技术引进转向自主创新,提供可以依照的实现方法。

此外,本书特别提出了一个依托低技能人力资本形成技术能力并利用企业内部价值链上价值活动的相互影响作用,形成竞争优势、实现技术能力升级的解决方案。其研究结论对于解决我国人力资本丰富但水平整体不高的现实情况下的技术选择问题,具有较大的实践指导意义。

第二节 相关研究综述

本节主要就本书题目所涉及的技术选择、人力资本以及技术选择与人力资本的适配等主题下的研究成果进行综述。

一 人力资本理论综述

本部分首先就人力资本内涵进行了诠释,然后对人力资本理论的发展脉络及研究现状进行了追溯。

(一) 人力资本的内涵

按照"人力资本之父"舒尔茨的定义,人力资本是"人们通过教育和培训获得的知识和技能等形式的资本"。而且,这种资本能够"获得产出效益",且是有目的的投资的产品(Schultz,1975)。具体地说,人力资本的含义主要体现在以下几个方面。首先,人力资本有着丰富的构成要素和内容。人力资本是劳动者的知识、技能、体力(健康状况)等的总和(Psacharopoulos & Woodhall,1985;刘迎秋,1997;等等)。也有学者将人力资本内容进一步扩充到道德、信誉和社会关系(姚树荣、张耀奇,2001),因为它们能节约社会和个人的交易费用,因而也是人力资本的组成部分。其次,人力资本有着多种形成途径。作为后天获得的能力,人力资本"是通过人力投资形成的资本",其获得途径除教育、培训之外,还有卫生保健、迁移(Becker,1964,1993)以及"干中学"(Arrow,1962)等方式。最后,人力资本兼具人力和资本特性。《新帕尔格雷夫经济学大辞典》认为:"作为现在和未来产出与收入流的源泉,人力资本是一个具有价值的存量"[①],而且,这种存量是依附于人身上的,这充分强调了人力资本的资本特性和人力特征。据此推论,人们之所以进行人力资本投资,是因为这种投资活动能够提高自身素质和生产率(Mincer,1962;Denison,1962;等等),进而增加了个人未来的货币和非货币收益(Becker,1964,1993;

[①] 〔英〕伊特韦尔等:《新帕尔格雷夫经济学大辞典》(第四卷),经济科学出版社,1992,第570页。

Blaug，1976），同时促进了经济增长（Becker，Murphy & Tamura，1990；Romer，1990）。因此，人力资本成为最重要的资本形式、最宝贵的财富。更进一步的，人力资本的资本收益性以及特有的人身依附性，使其能够转化为人力资本载体的一种产权（周其仁，1996），成为其载体据以分享收益、实现效用最大化的重要手段（周其仁，1996；张友棠，1999；李建民，1999；李忠民，1999）。此外，不同于物质资本的同质性和边际收益递减性，人力资本具有异质性和边际收益递增的特性（丁栋虹，1999；姚树荣、张耀奇，2001）[①]。

（二）人力资本理论追溯

英国古典政治经济学家威廉·配第（William Petty）提出了"土地是财富之母，劳动是财富之父"的著名论断，因为其中蕴涵认为人力（劳动）与物质资本在生产中发挥同等作用的经济判断，而通常被认为是"首次严肃地运用了人力资本的概念"。亚当·斯密（Adam Smith）更进一步将"一个社会全体居民或成员所具有的有用的能力"归结为其所定义的四种固定资本之一，并认为这些"有用的能力"具有和物质资本一样的特征。其后又有许多经济学家，如萨伊（Say）、穆勒（Mill）、李嘉图（Ricardo）等，继承并发展了斯密的劳动价值学说，并不同程度地强调了人在经济活动中的重要地位与作用。马歇尔（Marshall）更是提出，"所有投资中，最有价值的是对人本身的投资"，以及"绝大多数资本是由知识和组织所组成，知识是生产发展的最大动力"。虽然这些

[①] Fredrick Muyia Nafukho, Nancy R. Hairston & Kit Brooks, "Human Capital Theory: Implications for Human Resource Development", *Human Resource Development International*, Vol. 7, No. 4, 2004, pp. 545–551.

古典经济学者因为所处时代的局限，并且受到各自研究目的的影响，都没能集中深入地论述人力资本问题，但是，这些思想和观点，都构成了人力资本理论丰富的思想渊源，为其形成奠定了基础。

20世纪50~60年代，经济学家对经济增长的性质及根源的深入研究，为人力资本体系的形成创造了契机。后来被称为"人力资本之父"的舒尔茨，正是在破解用资本和劳动投入无法解释的"索洛余值"（Solow Residuals）时，开创了人力资本理论[①]。通过对美国农业经济的长期研究，舒尔茨提出，不是土地、劳动和实物资本存量的增加，而是人的知识、能力和技术水平的提高（即人力资本投资），导致了美国农业在20世纪初至50年代的生产率大幅度提高。这种论断极大地挑战了新古典经济学一直秉持的信条，即资本存量决定劳动生产率增长[②]。就此，人力资本理论成为经济学的一个新的分支。舒尔茨明确阐释了人力资本的概念和性质、人力资本投资的内容与途径，并且论述了人力资本在经济增长中的功能和作用。他批评了传统经济学关于资本同质性的假设，并强调，考察各经济增长促进要素时，不仅要考虑数量问题，还要重视要素的质量。

如果说舒尔茨主要分析教育对经济增长的作用，从而在

---

① 如果严格以研究的时间而论，雅各布·明塞尔（Jacob Mincer, 1957）的研究早于舒尔茨和贝克尔，因此，他才应该是现代人力资本理论的最早开拓者。但是，正如著名经济史学家马克·布劳格（Mark Blaug）曾经指出的："明塞尔在舒尔茨和贝克尔之前发现了人力资本理论，但是该理论的创始人却通常被认为是后者。"
② 〔美〕平狄克、鲁宾费尔德：《微观经济学》，张军、罗汉译，中国人民大学出版社，2004，第165~167页。

宏观层面上完成了人力资本理论的构建，那么贝克尔（Becker，1964）的研究，则是从个体及家庭的人力资本投资决策的视角分析了人力资本投资与收益的关系，从而为人力资本理论提供了微观基础。具体地说，贝克尔将人力资本投资描述为"通过增加人的资源而影响未来的货币和非货币收益的活动"，这就使得人力资本投资问题得以微观化为个人或家庭以个人效用最大化为目标的投资决策问题，从而构建了人力资本理论的微观经济基础，同时提升了人力资本投资的科学性和可操作性。

同样是从微观层面研究人力资本投资问题，明塞尔（Mincer，1957）则更关注个人人力资本投资与收入分配之间的内在联系，着力解释现实中的工资收入提高和工资差距缩小现象。在他的研究中，以大量微观数据分析论证了教育程度、在职培训以及劳动流动等因素对个人收入的影响，从而开创了人力资本研究的另一个分支。

除此之外，美国经济学家丹尼森（Denison，1962）采用增长因素分析法，将经济增长中的"索洛余值"分解成规模经济效应和劳动力质量的提高，并计算得出，教育投资所导致的劳动者素质的提高（人力资本提升）对美国1929～1957年的国民收入的实际贡献是23%。阿罗（Arrow，1962）则提出了著名的"干中学"理论，他认为人们在边干边学中积累的大量生产经验，使得人们能够在提高产品质量的同时，降低生产成本，因此"干中学"成为促进经济增长的"发动机"。

综上所述，以舒尔茨、贝克尔以及明塞尔的研究成果为代表的人力资本理论的主流思想，彼此互为补充、相得益彰，有机地构成了人力资本理论的"模块和界面"（潘清，2008）；而丹尼森的实证研究和阿罗的"干中学"理论，则提供了必要的、有益的补充，至此，人力资本理论体系基本形成。

20世纪80年代中后期开始，以技术内生化为特征的新经济增长理论逐渐兴起并发展起来。其中，卢卡斯（Lucas，1988）和罗默（Romer，1986，1990）的研究成果与人力资本理论最为相关。他们在经济增长模型中，直接引入人力资本和知识作为内生变量，并以人力资本和知识的溢出效应解释了技术进步以及经济增长的原因。因为采用了不同于60年代舒尔茨等以劳动力要素分析为中心的人力资本理论的研究思路，内生经济增长理论更清楚、深入地诠释了人力资本促进经济增长的内在机理，进一步证明了人力资本的重要作用。同时，内生增长理论指出了专业知识及专业化人力资本形成的方式及重要作用，因而为人力资本投资及投入决策提供了具体、可行的原则和方向，促进了人力资本理论的进一步发展。

20世纪90年代以后，学者们将人力资本理论的研究向更广阔的领域扩展，并逐渐形成了多个研究分支，主要包括经济增长与发展、收入与分配、贫困问题、就业与职业培训、投资收益、人口增长率与生育率变动、人口迁移与流动、婚姻与家庭研究以及社会性别等。

20世纪80年代，人力资本理论传入我国，在经过了最初的借鉴、分析之后，90年代国内开始出现大量的人力资本研究成果，在沿袭国外研究的基本路径之外，我国的人力资本研究的问题导向性和实践倾向性更强。现有文献的研究领域主要集中于：人力资本的内涵及特性（周其仁，1996；丁栋虹，1999；李忠民，1999；姚树荣等，2001）；人力资本的计量（李京文等，1997；钱雪亚等，2003）；人力资本对经济增长的作用（吴建国，2002；杨立岩等，2003）；人力资本产权与收益分配（李建民，1999；李宝元，2001）；人力资本与经济增长方式转变研究（侯亚非等，2001；李磊等，2008）。

二 技术选择理论综述

技术选择是技术经济研究的核心内容，致力于为国家、企业等技术选择主体的技术选择决策提供理论依据和方法工具。围绕选择何种技术，其研究焦点主要集中于中间技术、累进性技术、适宜技术、先进技术等，所依据的技术选择标准主要有产值标准论（鲍拉库，1943；布加南，1945）、社会极限生存率论（卡恩，1951；裘拉里，1953）、再投资率论（卡雷逊、赖赛肖仁，1955）以及时间序列标准理论（恩斯，1957）。

关于制约技术选择的因素，学者们给出了不同的答案。①要素投入组合。Atkinson 和 Stiglitz（1969）认为是具有本地化特征的资源要素的投入组合。Lam（2000）进一步指出，不同地区的要素结构存在差异，而这种异质性将影响技术的引进及创新。②要素禀赋结构。林毅夫等（2002）认为，技术是内生于其要素禀赋结构的，而且，技术结构要与投入的要素结构相一致，因此，选择的技术要与要素禀赋相匹配（Acemoglu et al.，2001）。③技术生态环境。Antonelli（1993）认为技术的产生和应用是从属于一定环境的，因此，技术选择要考虑其所在环境要素的影响。鞠晓伟(2007)沿用了这一观点,并综合运用生态学理论和技术经济学理论,研究了基于技术生态环境的区域产业技术选择问题。本书重点从适宜技术理论诠释制约技术选择的因素,有关适宜技术理论的综述详见第二章,此处不再赘述。

三 人力资本与技术选择适配性研究现状

国内外理论界分别以人力资本或技术选择为主题的研究成果非常丰富,但是专门讨论二者间相互作用及其匹配关系的研究则较少。甚至在作者的文献搜索范围内,尚未发现以人力资本与技术选择适配为主题的研究成果。但是,以经济增长理论、技术进步、技术引进、技术能力等为主题的相关文献,都会涉及一些人力资本与技术相互作用的研究,这些理论和经验研究成果,都是本书重要的思想和观点基础,对本书有着重要的参考意义。为此,将这些文献中对本书极具借鉴意义的研究内容及结论进行综述。

(1)经济增长理论。经济增长理论中有关人力资本对经济增长作用的研究中,涉及了人力资本对技术进步的促进作用。这点在以卢卡斯(Lucas,1988)和罗默(Romer,1986,1990)为代表的新增长理论中尤为明显。在他们的内生增长模型中,专业知识和专业化的人力资本积累内生了技术进步,而且,知识的外部性和人力资本的外部效应,促成了全经济范围的规模收益递增,使得经济能够持续增长。这种论述,使得他们在分析经济增长原因的同时,也揭示了人力资本对技术进步的影响作用。比如,罗默(Romer,1990)认为,研发活动能够产生新的知识,进而促进技术进步并带来经济增长,而人力资本的投入及其研发活动的边际生产率对新知识的积累影响最大。

(2) 有关技术进步对工资收入的影响研究。本书主要借鉴了这类文献中关于"技术进步对劳动者人力资本投资决策的影响作用",以及"技术进步对劳动者技能的需求变化"两个方面的研究结论。

(3) FDI和国际贸易的技术溢出效应的相关研究。在这类文献中,主要将人力资本看作技术吸收能力的代表,探讨人力资本水平或人力资本结构(主要以教育层次划分)对引进技术的溢出效应的影响。其结论对于本书分析人力资本约束下的技术选择决策时影响重大。

(4) 技术能力的形成及提升研究。这类研究成果中,有比较少量的文献涉及技术能力发展各阶段中个别人员的作用。

而以"人力资本"和"适配性"为主题的文献,国内有几篇对本书的架构具有一定的借鉴意义,现介绍如下。

张延平、王满四(2008) 以实现区域的产业结构优化升级为目标,从提供人力资本支撑为视角,提出了一个动态优化配置模型。这个模型包括人力资本需求预测、供给预测以及动态调整匹配三个子系统。模型的作用机理是,在确定了区域产业升级的目标和适配指标后,以系统动力学预测支撑产业升级所需的人力资本,然后预测区域中的人力资本供给,之后根据需求与供给的匹配情况,在得到不匹配的结论时,分析其中原因,并据此决策:是通过调整供给影响因素,以使人力资本供给符合要求;还是以其他产业结构升级影响因素替代人力资本,以支撑区域产业升级。这个模型充分考虑了人力资本的供需关系,并在供需不平衡时给出了可供参考的问题解决思路。但是，该模型的核心即适配性指标体系仅是个粗略的框架，并没有对具体指标的内涵、合理性进行解释，也未给出衡量标准，因此降低了可操作性。

靳卫东(2011) 以产业结构升级要与人力资本基础相互协同为理论依据，在分析了山东省实际人力资本水平和结构及其对山东省产业结构升级的作用和制约之后，指明了：在现有人力资本禀赋约束下，山东省产业结构升级应该选择的实际路径，以及为提高产业结构升级的速度，应该适时进行的人力资本对策、产业政策的调整。

杨爽(2009) 以经济增长中的人力资本适配性为主题，将与经济增长相"适配"的人力资本定义为高水平的、具有"合适性"与"有效性"的人力资本，据此建立了适配性度量的指标体系，并以中国30个省、市、自治区的数据为基础计算了"人力资本的适配度指数"，从与经济增长适配的角度评价了中国人力资本的总体情况。

四 对已有研究成果的简要评析

通过上文的综述可以看出，人力资本理论和技术选择理论都已经形成了各自的研究方法和研究体系。而且，传统上二者的研究是割裂、分离的。而内生增长理论以及以技术进步、技术引进、技术能力等为主题的相关研究成果中，虽然都对技术与人力资本之间的关系有一定的涉及，但较为零散不成体系，更鲜有以技术选择与人力资本间的相互影响作用为基础探讨二者因何适配以及如何适配的研究，而这两方面恰是本书将要分析、论述的重点。这固然增加了本书的研究难度，但同时也为本书提供了更大的创新空间。

第三节 研究内容及框架

本书共分为八章,将重点探讨"技术选择为何要与人力资本适配"以及"人力资本如何与技术选择适配"两个问题。针对第一个问题,本书将以三章内容对其进行解答。首先,全面综述适宜技术理论,借此分析外生技术选择中影响技术适宜性的主要因素(第二章)。在适宜技术理论研究成果中,人力资本始终是影响技术适宜性因素之一,本书的研究主题——人力资本与技术选择适配性,正是由此延伸而来。其次,深入分析技术选择与人力资本的动态适配机理,以此诠释外生技术为何要与人力资本适宜匹配(第三章)。最后,针对外生技术与人力资本可能适配或不适配的不同结果,提出适宜的技术选择决策(第四章)。

第五章开始,本书将从技术能力形成和提升的角度分析"人力资本如何与技术选择适配"。技术能力是技术的获取、吸收、应用和改进、创新的能力。它既影响了引进的外生技术的适宜性,又决定了技术进步的方式和效率,同时也是技术选择决策效果的具体体现。而且,现实中各行业、各职能领域的技术间的差异很大,若从技术角度研究其与人力资本的适配问题,不利于得出更具普适性的分析框架和结论。而研究人力资本对技术能力的形成和提升的支撑、适配,则是对人力资本与技术选择适配问题的进一步深化和具体化。

作为本书承上启下的转折章,第五章将首先探讨适配技术能力形成与提升的人力资本结构;随后的两章将分别从提升(技术型)人力资本水平(第六章)和充分利用现有(低技能）人力资本（第七章）两个方面回答人力资本如何适配并促进技术能力的形成和提升。

为了更好地说明研究重点从技术选择过渡到技术能力的内在逻辑，特绘制技术选择、人力资本、技术能力三个研究主题之间的关联图，如图1-1所示，以此对本书所涉及的技术选择、人力资本、技术能力三个主题之间的联系进行描述。

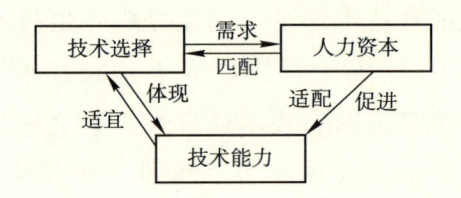

图1-1 技术选择、人力资本、技术能力研究主题关联情况

一 研究内容

本书各章主要内容如下。

在第一章绪论中，首先将对论文的研究背景、研究意义和研究目的进行介绍；其次对相关理论及研究现状进行综述；最后对本书的研究内容、研究框架进行概要说明。

第二章将全面综述适宜技术理论的研究成果。首先，将深入诠释技术选择的内涵、动因及其重要性；其次，系统地梳理已有的适宜技术理论研究结果，以便清楚地把握外生技术选择（即技术引进）中影响、决定技术适宜性的因素。这些适宜技术理论研究成果，既是本书后面章节的理论基础，同时也彰显和佐证了本书选题的理论和实践意义。

第三章将着重分析技术选择与人力资本的动态适配机理。首先全面分析外生技术选择与人力资本间相互作用、相互影响的关系，在此基础上，构建技术选择与人力资本相互作用机理模型；其次进一步深入分析技术选择与人力资本之间的动态适配关系。本章的主要目的在于分析、论证所选择的外生技术与人力资本适配的原因和必要性。而且，这一章分析得出的"可以借助二者间的相互作用关系，以人力资本水平提高促进技术升级"的结论，将为后面章节（尤指本书第五、第六、第七章）通过优化人力资本结构、构建人力资本运营模式以及合理利用现有人力资本等方式，适配技术选择和技术能力提升，预设好研究角度并提供理论依据。

第四章将主要探讨人力资本与技术差距约束下的技术选择决策。本章旨在分析：面对外生技术与现有人力资本水平可能出现的适配或不适配的不同情况，应该如何进行技术选择决策。技术转移双方的技术差距，是影响外生技术与人力资本是否适配的重要因素；而且，技术引进之外，技术选择决策中还包括自主创新。因此，本章研究的重点是，技术差距和人力资本水平的双重约束下，如何进行适宜的技术引进或自主创新的选择决策。

这一章将首先全面论述技术引进和自主创新各自的优势、作用以及二者间的关系；其次将分别分析技术差距对引进技术的溢出效应的影响，以及人力资本对技术吸收能力的影响，并在此基础上提出技术差距与人力资本约束下的技术选择决策模型；最后以我国汽车工业的经验数据，采用计量统计的方法回归分析技术差距、人力资本与技术溢出效应之间的关系。

第五章将集中分析人力资本结构与技术能力提升的适配机制。具体内容安排如下：首先以知识和能力为标准，重新界定与技术和技术能力直接相关的技术型人力资本；其次深入分析技术能力发展的三个阶段以及各阶段的能力构成和形成条件；沿用"技术能力的本质是知识"的观点，在第三节中将会具体分析各阶段技术能力形成中的知识演化过程，并在此基础上，依据技术型人力资本和企业家人力资本在技术能力形成和提升中重要性的相对变化，提出与技术能力发展相适宜的人力资本结构；第四节将会构建人力资本结构与技术能力提升的适配发展模型，并在此基础上提出人力资本结构与技术能力提升的适配机制。

  第六章的重点是构建适宜的技术型人力资本的运营模式。目的在于，提升企业中技术型人力资本存量，同时激活技术型人力资本的能量，提高其在技术能力提升中的积极性、主动性和创造性。具体内容安排如下：第一，在全面分析人力资本主要特性的基础上，提出人力资本运营的必要性以及人力资本运营的主要内容。第二，对两类技术型人力资本特征进行分析，以此作为构建技术型人力资本运营模式的理论依据。第三，在全面分析、对比内部开发和外部招募这两种人力资本获取策略的优缺点及适用情境之后，结合技术型人力资本特征，提出适宜采取的人力资本获取策略。第四，由于技术型人力资本的专用性对于企业技术能力的提升和竞争优势的形成具有重要意义，但是企业和员工双方，在专用性人力资本投资上都存在着一定的风险，以致动力不足，因此，将在全面分析其中的原因之后，提出能够促使双方进行专用性人力资本投资的激励措施以及有效的投资途径。第五，针对技能型人力资本和研发型人力资本各自的特点，提出相应的薪酬激励措施。

  第七章将提出适配低技能人力资本的技术选择方案。本章致力于提出一个依托低技能人力资本形成技术能力，并利用企业内部价值链上价值活动的相互影响作用，形成竞争优势、促进技术能力升级的解决方案。具体地说，以技术分解实现技能替代型的技术进步，达成以低技能劳动力替代先进生产系统中机器设备和高技能劳动力的目的。这样不仅能够解决资金缺口、降低资本成本，还能够充分利用我国现有的劳动力资源及其比较成本优势，快速形成技术能力，同时提高企业的自生能力。而且，在价值链思想指导下，将企业技术选择问题转化为价值链上价值活动的技术选择；可以充分利用价值活动之间的联系，即某项活动的技术选择会使得相关价值活动的要素禀赋结构发生变化，着意培养优势环节，促进要素的持续积累和结构优化，进而形成竞争优势并提升技术能力。

这一章首先在第一节将价值链思想引入技术选择问题，使企业技术选择问题转换成价值链上具体价值活动的技术选择；第二节将全面分析技术与技能间的互补和替代关系及其产生原因，并在此基础上，揭示出技术进步的技能偏向产生的原因；第三节提出以技术分解实现适配低技能人力资本的技术进步，并将全面分析技术分解的实质、技术分解的可行性、技术分解实施的关键；第四节以比亚迪公司产品竞争力形成和吉利公司流水线式研发为案例，实证本章的研究结论。

第八章概括总结本书所得出的主要结论，并提出适当的政策建议。

二 研究框架

综合本书各章的主要研究内容、重点解决的问题以及彼此间的理论和逻辑联系，绘制本书的研究内容框架图，如图1-2所示。

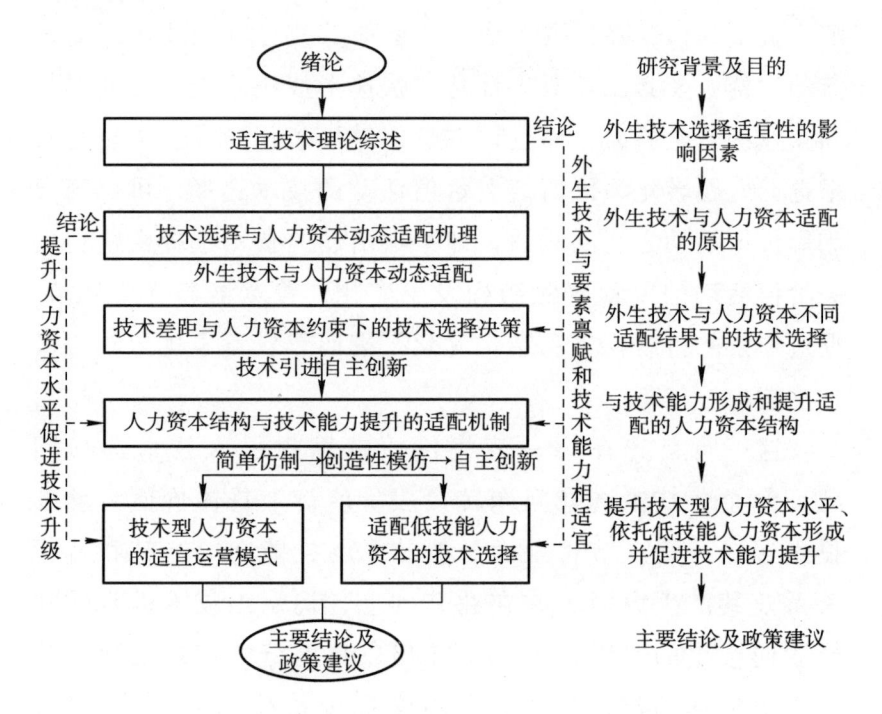

图 1-2 本书的研究内容框架

第二章
适宜技术理论综述

科学史专家乔治·巴萨拉在其著作《技术发展简史》中写道："任何社会在任何时代都拥有技术创新，但只能有一小部分备选项目得以充分开发而成为一个民族生活的组成部分，这就意味着新产品、新技术要通过人们对技术的选择而得以生存。"可见，技术选择是个广泛存在的问题。那么，什么是技术选择？为什么会出现技术选择？技术选择有何重要意义？这正是本章第一节首先要分析研究的问题。

既然是选择，就存在适宜性的问题，因此本章的另一个主题是关于适宜技术理论。适宜技术理论主要用于解释发展中国家和发达国家之间存在巨大人均收入差距和增长速度的差异的原因。按照 Solow(1956) 的经济增长理论，由于资本的边际报酬递减，发展中国家应该比发达国家增长更快，两者的人均收入差距应该逐渐缩小，最后各国的经济增长率将等于人口增长率。但是，事实与此相去甚远，绝大多数发展中国家的经济增长和人均收入不仅没有如预期地向发达国家收敛(Pearson et al., 1969; Romer, 1994)，甚至出现了差距扩大的现象。而技术水平的差异是造成这一现象的重要因素之一(Prescott，1998)。那么，技术落后的发展中国家能否通过引进发达国家的先进技术，借以快速缩小技术差距，实现经济增长呢？阿根廷、巴西等美洲国家，以及日本、韩国等东亚国家的技术引进实践却给出了不同的答案，由此引发了有关技术适宜性的研究和讨论。

适宜技术的思想始于20世纪60年代初，盛行于20世纪70~80年代，近十几年来又备受关注。虽然已经有了几十年的研究积累，但是，关于什么才是适宜技术，学者们的意见却并不统一。有鉴于此，本章第二节，将对已有适宜技术理论研究成果进行全面综述。而且，为了更好地揭示这些研究成果的差异和联系，依据学者们诠释技术适宜性时所采用的主要因素的不同，将这些研究成果划分为三类适宜技术观，并对其主要观点、局限性以及三者间的关联进行评析。第三节将对全章内容进行归纳总结。

第一节 技术选择的内涵及重要性

为了更好地分析技术选择问题，本节首先探索技术选择的内涵实质及其发生的内在动因；然后从宏观和微观两个层面分别分析国家技术选择和企业技术选择的重要性；最后综述技术选择标准理论及其研究思路。

一 技术选择的内涵及动因

(一) 技术选择的内涵

关于什么是技术选择，专家学者们并没有给出统一的答案。但是无论怎么表述，技术选择总是具有如下的一般意义：①技术选择是技术选择主体为了实现既定的经济、技术和社会发展等目标，综合考虑技术使用环境等内外客观因素的制约，对各种可能得到的技术手段进行比较，选取最佳方案的过程；②技术选择不仅是生产工具、工艺和方法的抉择，更是对技术方针、原则和政策的选择（杨德荣，1983），它是在发展技术时决定做什么或不做什么、这样做或那样做的一种主体做出的有意识行为（肖峰，2002）。

根据选择主体层次的不同，技术选择可以分为国家技术选择、区域技术选择、产业技术选择和企业技术选择。根据本章研究的重点，只介绍国家技术选择和企业技术选择的概念。

所谓国家的技术选择，是国家为加快经济发展、缩短与发达国家的技术差距、提高本国居民的收入水平、增强国家的竞争优势，而采取的确定技术获取方式、技术获取策略、技术研究与开发重点领域和重点项目的技术评价与决策过程。

企业的技术选择，是企业以技术战略为指导，结合自身内部和外部的资源和条件，评价各种可得的技术，决策出最有利于实现企业技术、利润、发展等方面长短期目标的技术或技术组合的过程。

（二）技术选择的总体动因

现实中之所以存在技术选择，不外乎两个原因：一是技术选择主体预定目标的多样性；二是技术选择主体资源禀赋的约束。

从技术选择的定义中可以看出，不同层次的技术选择主体具有不同的技术发展目标，即便同一层次的选择主体，其技术发展战略也常常具有明显的差别。正因如此，才会有技术选择行为的发生。

另一个促成技术选择的原因是资源禀赋的约束。从经济学的角度来看，人们在从事任何经济活动时，其可用的资源总是有限的，技术选择也不例外。这就使得技术选择问题演变成了新旧技术对可供使用的要素资源的竞争。这场竞争的优胜结果，主要取决于技术与现有要素资源的组合能为技术选择主体带来收益的多少，而收益的具体衡量又因主体预定目标的不同而有所差异。

虽然从历史的角度来看，技术进步是个具有时间性的无穷序列，但是，因为技术选择主体的多层次需要及其自身资源禀赋的差异，以及宏观层面上社会、经济发展的不平衡，往往使得现实中多重层次的技术在同一时期内并存。这正是技术多样性产生的根本原因。它既丰富了可供选择的技术集合，使得技术选择成为可能，同时也提高了技术选择的难度。

二 技术选择的重要性

技术选择以及技术进步的方式，将直接影响到一个经济体的增长速度和绩效（林毅夫等，2002，2004）。因此，对任何一个经济体而言，技术选择都至关重要。下文将分别从宏观层面和微观层面上分析国家和企业技术选择的重要性。

（一）国家技术选择的重要性

技术是经济发展的原动力，技术差异是造成国家之间巨大人均收入差距和经济增长速度差异的重要原因（Prescott，1998）。面对国际经济竞争日益加剧的形势，任何一个国家都必须慎重做出选择，以确定在现有的资源约束下优先发展、推广、应用哪些技术。如果选择不当，就会失去技术发展的机遇，影响国家技术竞争力的提升。因此，技术选择是国家技术进步过程中的一个关键因素,是一个国家技术能力发展的首要阶段(安同良,2003)。

国民经济发展进程中,要素禀赋结构的升级、要素相对价格的变动、整体技术水平和产业结构的升级等,使得每个国家都需要持续地进行技术发展战略上的调整和资源的重新调配,这是国家进行技术选择的根本原因。与此同时,来自国际上的竞争压力也会促使国家为了实现技术进步、加快技术变迁、赢得竞争优势而进行技术选择。正因如此,各国政府尤其是发达国家政府都已经认识到,技术不仅是产业结构升级、经济发展的根本推动力,更是决定国际竞争能力的关键因素。因此,各国非常重视国家层面的技术选择工作。

为了保持世界领先的经济地位,加强自主创新,实现技术优势,自1971年开始,日本政府就开始委托原日本科学技术厅组织实施技术预见以及国家发展关键技术的选择工作,并已取得良好效果。受日本影响,美、英、德、法等主要发达国家也相继开展了技术预见或国家关键技术选择研究。各国纷纷成立了由政府牵头,吸收了各行业的科学家、学者和企业家的技术预测委员会,主要对技术进行预测,并在其中选择适合国家发展的关键技术。不仅发达国家如此,韩国、泰国、匈牙利和南非等国家,也结合各自国情,以满足国家经济和社会发展为目标,展开技术预见或关键技术选择工作。可以说,20世纪90年代以来,选择和研究国家、区域或部门的"关键技术",已成为各国促进经济发展,提高竞争力的重要手段。我国也从"七五"期间开始,由原国家科委开始组织实施国家关键技术选择研究;从"八五"期间(具体指1997~1999年)开始,有计划地针对重点领域的技术发展进行专项预测研究；从 2003 年开始，每年针对三个重点领域发布《中国技术前瞻报告》[①]。

实践证明：一个国家的技术选择往往是国家发展战略的重要体现，是技术政策的核心，是夺取技术优势的前提。如果技术发展的路线、机会或战略选择不当，就会失去技术发展的机遇。

(二) 企业技术选择的重要性

不仅宏观层面上国家技术选择的意义重大，从微观层面上看，技术选择对企业的发展存亡以及战略目标的实现也具有重要影响。企业技术选择的重要性主要体现在以下三个方面。

1. 技术选择是企业战略目标实现的重要保障

技术对企业发展的重要性不言而喻，企业的技术战略直接决定着企业的竞争能力和发展潜力，技术与战略的高度整合已经成为企业战略管理的核心。而技术选择中往往包括发展合适技术、放弃过时技术，以及在企业价值链中如何应用技术，这些决策会直接影响到企业的技术变迁和技术竞争优势的形成，最能体现企业的发展战略。在实践中，企业通常会从经营管理的角度出发，基于特定需求或目的进行技术选择，因而使得技术选择决策呈现一定的特点。比如，一般而言，韩国企业痴迷于降低成本、提高产量的技术；日本企业更看重财务利润，因此对技术的获利

---

① 本段内容主要参考以下文献。杨起全：《我国重点高新技术领域技术预见与关键技术选择研究实施方案》，《世界科学》2003 年第 4 期，第 38～40 页；蒲勇健、杨秀苔：《经济发展中的产业关键技术选择研究》，《科技与管理》1999 年第 1 期，第 14～18 页；鞠晓伟：《基于技术生态环境视角的技术选择理论及应用研究》，吉林大学博士学位论文，2007。

前景以及获得成本更敏感；德国企业则更专注于追求技术的精细化或精益化（Porter，1990）。不同的战略目标导致了不同的选择。因此，只有正确地进行技术选择，才能促使企业将资源集中于发展有利于形成优势的技术，进而保证企业战略的实现。

2. 技术选择决定了企业技术能力的积累形成路径，并促使企业核心竞争力的形成

技术具有积累性，它是人们在长期生产实践和科学实验的基础上，不断积累起来的一整套系统知识、技能和经验总结。"干中学"是其重要的积累方式之一。因此，技术选择在确定了企业的技术发展路径的同时，也决定了人们积累技术知识和技能的路径。而且，技术中包含有专用的默会（Tacit）知识，它们产生于日常生产操作当中，渗透于日常组织程序、团队的集体经验以及个人专长中，在很大程度上为企业所独有。这些默会知识的存在，使得技术转移成为一个昂贵而又复杂的过程（Nelson & Phelps，1966），从而为企业形成特定的技术优势。而这个优势的大小，就依赖于这些技术信息的可复制程度和进行转移的难易。这种优势积累多了，这项技术就成为企业的核心技术；与此同时，企业也沿着特定的技术路径逐渐形成独有的技术能力，而核心技术和核心能力正是企业核心竞争力的重要组成部分。

3. 技术选择决策的正确与否影响到企业的兴衰成败

技术选择并不是一次性行为，而是贯穿于企业整个发展过程中。为了生存发展、获取更大的竞争优势，企业需要不断地做出技术选择决策。从这个角度看，企业技术选择是一种不断滚动的战略性行为，每一次选择，都是为了在资源约束下确定技术发展的重点，实现收益最大化。而且，技术发展轨迹具有路径依赖的特征（Arthur，1989），其演化过程敏感依赖于初始状态。这就意味着初始条件中偶发的、微小的历史事件，都可能影响和决定技术最终的发展方向，而一旦某一技术（往往此技术并非最优技术）受偶然性因素影响而被采用，收益递增机制便会促使它进一步流行，并呈现出前后连贯、相互依赖的特征，使其很难再被其他潜在的甚至更优的竞争技术所替代。因此要慎重对待技术选择，避免因为可能的失误而导致技术路径发生偏离，再经技术发展中存在的报酬递增和自我强化效应，而被锁定在技术能力发展的低级化道路上（安同良，2003）。这必然导致企业技术水平落后、缺乏竞争力、利润下降，终至衰败。

随着技术进步速度的不断加快，技术开发所需投资规模日益增大，技术选择的重要性也越来越明显。企业更加重视技术选择工作。日本企业正是这方面的典范。据估计，日本企业每年花费在技术搜寻和技术选择方面的费用平均可达销售额的 1.5%，一些企业更是高达 5% ~ 6%，甚至超过了 R&D 的支出。

三 技术选择的标准

围绕着选择哪种技术最有利，西方学者提出了系列技术选择标准理论，产值标准论（鲍拉库，1943；布加南，1945）主张以产值大小作为技术选择的评判标准；社会极限生存率论（卡恩，1951；裘拉里，1953）主张应以收益率、产值、国际收支效果等组合而成的综合标准进行技术选择；再投资率论（卡雷逊、赖赛肖仁，1955）强调以资本积累率或再投资的大小和利润分配率作为技术的衡量标准。而时间序列标准理论（恩斯，1957）则博采众长，主张在不同的计划时期内采用上述诸标准中最适应当时条件的标准，因此可以说，时间序列标准理论实质上综合采用了上述各种理论的标准[1]。

以上这些技术选择标准理论都属于结果侧的研究，即以技术选择后的效果作为评价指标，据此向前推导应该选择何种技术。因为研究问题的角度，使得这些理论有着无法克服的缺陷，具体表现在以下两个方面。首先，任何一个理论设计的指标都无法充分反应技术选择后所能带来的所有效果，尤其在技术选择的效果以及技术选择的预期目标不能以经济指标衡量的时候，这些理论的适用性就会有限；其次，技术是应用于一定环境中的，应用过程受到内外各种因素的影响，所以，任何经济效果的产生都是多种要素交互作用的结果，其产生具有一定的偶然性和因果模糊性，那么，仅以经济效果来衡量技术选择正确与否，其结论难免出现一定的偏颇。更为重要的是，实践中不乏这样的例子，依照这些选择标准理论评测的可行性效果极好的技术，实际应用中却难以达到预期目标，甚至失败。

事实上，技术是内生于一定的要素禀赋结构和技术结构当中的，因此要与这些要素以及其他相关的技术系统相匹

---

[1] 黄茂兴：《论技术选择与经济增长》，福建师范大学博士学位论文，2007，第24页。

配、适应，方能真正融入技术选择主体的技术体系中，发挥作用，实现预期目标。

既然基于结果侧的技术选择标准理论存在一定的缺陷，不如换个角度，从制约技术应用、发展的因素方面考虑如何选择，即在技术选择时，着重考虑技术必须与哪些因素相匹配以及如何匹配方能保证技术选择正确，这是一种"原因"侧分析思路。而适宜技术理论正是因循着这种思路分析技术选择问题的。

第二节 适宜技术理论评述

"二战"以后，出现出了一大批发展中国家，它们不仅收入水平低下，而且技术水平也很落后。为尽快摆脱落后状态，它们将大量引进工业化国家的最新技术看作快速实现工业化、促进经济发展、提高国民收入的捷径。比如，阿根廷、巴西、智利等国实施"进口替代"战略，鼓励企业模仿当时的世界前沿技术，甚至是当时的最先进技术（潘士远，2008）。然而，到了20世纪60年代末期，事实让人们逐渐意识到，这条人们以为存在的捷径其实是行不通的。因为这种做法导致这些国家普遍出现了二元经济，以及与之伴生的大量失业和乡-城迁移，以致陷入"贫困陷阱"[①]。这使学者们开始反思：发展中国家照搬发达国家的工业化模式的做法是否适当？进而，发达国家的

[①] 由于这些拉丁美洲国家自然资源丰富，可以通过提高自然资源的租金来保持高储蓄和高投资，因此，在实施"进口替代"战略的初期，这些国家经济高速增长。

技术是否对发展中国家也适用？这正是适宜技术理论的缘起，近几十年来学者们从不同的角度对这个问题进行了广泛的探讨，并给出了不同的解释。根据技术适宜性的考量重点，本章将学者们的研究成果大体上分成三类：基于新古典经济学的适宜技术观、基于要素结构的适宜技术观和基于技术能力的适宜技术观。

一 基于新古典经济学的适宜技术观

这类适宜技术研究在对技术适宜性进行解释时，主要借鉴了新古典经济学的思路。在新古典经济学视角下，劳动和资本要素被视为同质的，可相互替代，因此技术选择问题就转变成了以"利润最大化"或"成本最小化"为目标如何实现资源（主要指资本和劳动）有效配置的问题。

按照诱致理论，当要素价格发生变动时，就会促进特定种类的创新、发明以及技术引进，以减少使用那些成本极高的生产要素，也就是说，此时应选择那些能够减少成本较高要素使用比率、降低生产成本的技术（Ruttan, 2001）。所以，当要素价格发生变动时，企业就会进入新一轮的技术选择（Ahmad, 1966）。正因如此，如果假设技术具有连续可微性质，并采用不同的资本-劳动比率（K/L，也即人均资本量）代表不同的技术状态，那么，企业的技术选择过程就是随着要素价格的变动，依次以劳动替代资本或资本替代劳动的过程。按照这种分析思路，可以发现：利率（r）与人均资本量（K/L）之间呈现"逆向"的单调关系，而工资率（w）则与人均资本量（K/L）之间呈"正向"单调关系。不过，这种关系的成立，有赖于经济学家们所采用的"资本"与"劳动"之间相互"替代"的原理(即消费替代和生产替代①)。要素价格变动引发的技术方向变化的传导机制如表2-1所示。

表 2-1 要素价格变动引发技术变化的传导机制

	传导机制②	技术变迁方向
情况 I	$r\downarrow$(资本价格下降)→$K/L\uparrow$(人均资本量上升)→资本密度增加(资本深化)→以资本替代劳动	资本密集型技术
情况 II	$r\uparrow$(资本价格上升)→$K/L\downarrow$(人均资本量下降)→资本密度下降→以劳动替代资本	劳动密集型技术

资料来源:陆长平著《对新古典经济学技术选择"悖论"的理论反思》,《财经理论与实践》2002年第117期,第9~13页。

其对技术选择实践的指导意义就是:工资率下降或工资率本来就很低的发展中国家,利率则相对较高,因此资本相对较为稀缺,这时选择更低的资本-劳动(K/L)比率所代表的技术是更为经济合理的做法,此即"适宜技术"。反之,就应该采用相对更高的资本-劳动(K/L)比率所代表的"更加先进"的技术。

据此,这些基于新古典经济学的适宜技术理论研究指出,发展中国家之所以没能通过引进发达国家的先进技术实现工业化以及经济增长,是因为它们选择引进的技术"是与

---

① 第一种替代是所谓的"消费替代"理论,如果利率对工资而言相对下降,那么那些人均资本(K/L)较高的部门(即"资本密集型")的产品价格就会相对下降,而人均资本(K/L)较低的部门(即"劳动密集型")的产品价格则会变得相对昂贵,这将激励消费者改变他们的需求,更多地消费相对跌价的商品,促使资本利用的增加以及技术的改进。第二种替代是所谓的"生产替代"理论,如果利率对工资率而言相对下降,那么资本要素(K)的价格相对于劳动要素(L)的价格而言,就变得相对便宜,这就会促使以成本最小化为目标的生产厂商,更多地利用资本要素替代劳动要素,其结果必然导致生产技术状况的改变。

② 需要注意的是,这里的利率变动是一种"相对变动":在工资率(w)下降的情况下,即可视为利率(r)的相对上升;反之亦然。

它们的要素禀赋结构和社会需要不相称的"（Todd & Simpson，1983），其实质是个重大战略错误。具体而言，发展中国家普遍存在的情况是资本贫乏而劳动力富足，那么，按照上述新古典经济学对技术选择问题的分析，就应该以劳动替代资本，采取那些能够节约资本的劳动密集型生产技术，这样不仅能够有效吸收经济中的富余劳动力，还能减轻国内的资本需求，缓解资本稀缺压力。然而，发展中国家的实践却正与此相反，它们引进采用的发达国家的先进技术，恰恰属于以资本替代劳动的资本密集型技术，因此大大缩减了劳动力的使用，自然导致大量失业（Grieve，2004）。日本和印度经济转型时期的不同实践做法及其结果，能够很好地为这种观点提供例证。日本在结构转型的初期，采取了资本节约型的技术进步，在工业部门吸收了大量劳动力之后，才慢慢转向资本偏向型的技术进步，进而实现了技术进步和经济增长，同时解决了二元经济中的劳动力配置问题。与之相反，印度则从一开始就选择了劳动节约型的技术进步，结果劳动力的转移受到抑制，失业问题严重，也因此被当作解决劳动力配置问题的失败案例之一（费景汉等，2004）。而且，Todd 和 Simpson（1983）认为，这种不适宜的技术选择会影响到发展中国家的长期发展，比如增加失业、稳定国内已经扭曲了的收入分布、生产出一些社会不需要的产品等。因此，发展中国家在技术选择时，最有前途的做法是引进那些既能维持比较优势，又不扭曲要素价格的先进技术。

通过以上分析可以看出，这些基于新古典经济学进行的适宜技术理论研究，其重点在于研究发达国家的先进技术是否能够充分吸收发展中国家的富余劳动力问题。因此，它们对发展中国家引进发达国家先进技术后出现的系列经济问题，尤其是二元经济及失业问题做出了很好的回答。正因如此，格里夫（Grieve，2004）将之称为"适宜技术的新古典处方（Neoclassical Prescription of Appropriate Technology）"。其对实践的主要指导意义在于，呼吁各国根据自身要素丰裕度选择适宜的技术。

这种观点面临着来自理论和实践中的双重挑战。"资本倒流"和"技术再转换"的存在，使得新古典经济学在解决技术选择时，所依据的人均资本量与利率、工资率之间分别存在的单调关系，成为了一个"悖论"。与此同时，一小部分国家以其发展实践证明，不遵从新古典经济学给出的技术选择最优路径，也能成功地完成技术升级、实现工业化。

二 基于要素结构的适宜技术观

这类研究成果通常以不同的要素组合描述技术选择集，因此，主张技术的适宜性主要取决于技术转移双方的要素结构是否一致，它们不仅关注要素组合中资本、劳动要素的比例，更关注资本、劳动要素各自的质量。

（一）国外的相关研究成果

最早以要素禀赋结构解释技术适宜性的研究来自 Atkinson 和 Stiglitz（1969）。他们认为，一国或地区经济发展会受到当地特定的投入要素组合的制约，并以"本地化干中学"（Localized Learning by Doing）解释技术的适宜性。此后，尤其是 20 世纪 90 年代以后，涌现出一批研究成果，主要从要素禀赋结构差异，解释产生自发达国家的先进技术不适用于发展中国家。它们各自从资本存量或质量、劳动力质量等方面解释了要素禀赋的差异。其中比较有代表性的研究结果列示在表 2-2 中。

表 2-2 以要素结构差异解释技术适宜性的代表性研究成果

学者	要素结构差异的体现	缩小差距的办法
Basu & Weil(1998)	人均资本量	提高储蓄率以增加资本存量
Acemoglu & Zilibotti(2001)	熟练劳动力和非熟练劳动力的比例	改善工人劳动技巧，提高熟练劳动力比例
Caselli & Wilson(2004)	资本(设备)的质量	提高资本(设备)的质量

资料来源：根据相关文献整理。

Basu 和 Weil(1998) 沿用了 Atkinson 和 Stiglitz 的思想，并提出一个新的理论框架(简称"BW 模型") 来衡量技术进步速度的差异。在 BW 模型中，技术进步是"干中学"的结果。而"干中学"是行为人在长期的机械使用和产品制作等经济活动中，积累相关经验和知识的过程(Arrow，1962)，因此不可避免地会受到所采用的技术和生产要素、学习过程，以及行为人能力和经验水平的限制，这就使得技术变迁不可避免地具有本地化特征(Antonelli，1999)。据此，Basu 和 Weil 以要素投入组合表征技术的专用性(Specific)，即每种技术仅对一个资本劳动比是适宜的，而技术进步则表现为与给定的资本劳动比相对应的生产可能性边界的向外扩张。因此，即便假设存在持续的知识扩散，且技术采纳没有任何成本，要素结构上的较大差异，也使得技术落后国家无法采纳技术领先国家的前沿技术。比如，引进日本对磁悬浮列车的最新改进技术，不会对提升主要依赖自行车和牛拉车的孟加拉国的运输技术产生任何溢出效果(Basu & Weil，1998)。至于要素禀赋差异的具体体现，Basu 和 Weil(1998) 认为是发展中国家的人均资本较低，因此他们建议发展中国家应通过提高储蓄率来增加资本存量以缩小同发达国家的要素禀赋差距。

Acemoglu 和 Zilibotti(2001) 则注意到，发达国家与发展中国家在熟练劳动力和非熟练劳动力的比例上存在较大差距，因此提出：发达国家的先进技术是与熟练工人相匹配的，而发展中国家使用这些技术的劳动力却不具备相应的技能技巧，因此导致发达国家和发展中国家在人均产出和总要素生产率上出现巨大差距。Lucas(1993) 也持有类似的观点。Caselli 和 Coleman(2006) 则在 Acemoglu 和 Zilibotti(2001) 研究的基础上，进一步考虑了劳动力的异质性，以熟练劳动力与非熟练劳动力的单位效率的比例重新界定了技术进步，并以二者的组合构成了可能的技术选择集，建议发展中国家根据自身的不同要素禀赋选择适宜的技术。

（二）林毅夫的技术选择假说和自生理论

对于发达国家的技术是否适用于发展中国家的问题，林毅夫提出了技术选择假说对此进行解释，其观点恰巧弥补了上述国外研究文献某些方面的不足，其主要思想可概括为三点。

1. 发展中国家应遵循比较优势选择适宜技术

在 Basu 和 Weil(1998)、Acemoglu 和 Zilibotti(2001) 以及 Lucas(1993) 的假设中，发展中国家总是引进发达国家处于技术前沿的技术，其所得结论也是依据前沿技术对要素的要求，判断出的发展中国家与发达国家间的差距及其对技术适宜性的影响，因而现实指导意义有限。林毅夫的技术选择假说，则将技术选择范围放宽为技术前沿以内，即允许发展中国家自由选择适宜技术。因而适宜技术的判别标准是，内生于发展中国家自身要素禀赋结构的比较优势(林毅夫，2002)。一项技术的应用，总是需要匹配以其他相应的生产要素(比如人力资本和物质资本)，而这些生产要素的相对价格是由经济体系的要素禀赋结构所决定的(林毅夫、张鹏飞，2006)。这样，如果遵循比较优势，就意味着企业能够在由其所处经济的要素禀赋结构所决定的要素相对价格下，在成本最低的产业区段选择产品和技术，这无疑会使得企业的自生能力[①]增强。也就是说，选择了适宜技术，虽然可能技术相对不太先进，但是，其与现有技术水平差距也不会像最前沿技术那样巨大，而技术差距越大，学习成本就会越大(Barro & Sala-i-Martin，1997)，所以选择适宜技术必然会使得学习成本相对降低。因此，如果发展中国家在保持技术结构与本国要素禀赋结构一致的前提下选择适宜技术，就能够以尽可能小的成本实现技术变迁，同时，全要素生产率和每个劳动力的人均产出将向发达国家逐渐靠近，最终赶超发达国家。

此外，考虑到技术变迁的成本以及本国的要素禀赋结构的特性，发展中国家在遵循内生于自身要素禀赋结构的比较优势发展技术时，技术变迁应该是循序渐进的(林毅夫、张鹏飞，2006)。

2. 技术结构和产业结构的升级内生于要素禀赋结构的升级

如果一个经济中的要素价格结构能够充分反映出各种要

[①] 一个正常管理的企业，在开放、竞争的市场中，不需要政府保护和补贴而能赚取市场可接受的预期利润的能力(林毅夫，2002)。关于自生能力和技术选择假说，可参见林毅夫及其合作者的系列文献，如 Lin(1991，1994，1996a，1996b，1999，2001)，林毅夫等(2004，2005，2006)。

素的相对稀缺性，并且，其最终产品价格是由竞争性的国际市场所决定的，那么，追求成本最小化的厂商会依据这样的价格信号，进行产品结构和技术选择以及安排经营、生产，其实质是对产品和要素的供求状况及相对稀缺性做出了反应。从全社会的角度来看，这样的产品和技术选择的结果集合，就形成了与特定的要素禀赋相适应的产业技术结构。因此，技术结构内生于要素禀赋结构，而要素禀赋结构的升级，将为产业和技术结构升级提供基础（Lin，1994；Basu & Weil，1998）。当企业充分利用要素禀赋的比较优势选择技术进行生产时，生产成本降低、产品竞争力加强、创造的经济剩余（或者说利润）增多、投资回报率提高，这将会推高国民经济的储蓄总额，并与经济剩余一起转化成资本积累。资本在要素禀赋结构中的相对丰富，将会带动整个国家的要素禀赋结构升级。这样，随着要素禀赋结构和比较优势的动态变化，一个经济的产业和技术结构也会逐渐地升级。所以说，产业结构的升级归根结底有赖于要素禀赋结构的提升（刘明兴，2002）。

正因如此，发展中国家政府应以促进要素禀赋的结构升级为目标，而不是以技术和产业结构升级为目标，因为一旦要素禀赋结构升级，利润动机和竞争压力，就会驱使企业自发地进行技术和产业结构升级（林毅夫、张鹏飞，2006）。

此外，Basu和Weil（1998）在解决发展中国家和发达国家的要素禀赋差距问题时，认为可以通过偏离本地的要素禀赋结构，运用政府行政手段人为地改变和提升企业所面临的要素禀赋结构。而林毅夫（2002），林毅夫、张鹏飞（2005）的研究则表明：人为地提升企业所面临的要素投入结构来迎合引进的发达国家的成熟技术,只能使得企业缺乏自生能力,并因此引发一连串的经济问题。因为在一个自由、开放和竞争的市场中,技术选择偏离特定经济下的要素禀赋结构的企业,是没有自生能力的(林毅夫、董先安、殷韦,2004),企业会因此遭受损失。因为这个损失是企业执行政府战略决策时所招致的,林毅夫将其称为"战略性政策负担(Policy Burden)",政府需要承担损失,对企业进行政策补贴(Policy Subsidy)。为了支持不具备自生能力的企业,政府就会通过一些行政手段,在国际贸易、金融部门和劳动市场等方面,采取一系列扭曲措施,将资源直接配置给它们。这样做等于全面排斥了市场机制的作用,人为扭曲了生产要素和产品的相对价格(林毅夫、潘士远、刘明兴,2006)。因此可能导致金融市场发育受到压抑、对外贸易发展受阻、寻租活动猖獗,甚而宏观经济不稳定、收入分配不公平、国民经济缺乏竞争力,这些都使得发展中国家难以在经济和技术上向发达国家收敛(林毅夫、董先安、殷韦,2004)。

3. 政府应该正确引导技术选择,并维持良好的市场环境

技术选择会受到很多偶然因素的影响。比如,苏联在建国初期所取得的巨大成功,美国大萧条时期形成的对初级产品出口的悲观情绪,以及凯恩斯理论,都在一定程度上促使人们形成了错误的观念——现代化等同于工业化,特别是重工业化,以至于20世纪50年代以来,大多数发展中国家,无论其身属社会主义阵营,还是资本主义阵营,都想通过发展重工业来缩小与发达国家的差距(Krueger,1992)。事实证明,这种技术选择脱离其自身要素禀赋结构,因而导致它们的经济发展未能如预期地向发达国家收敛。但是,现实中类

似的技术选择错误仍然在重复发生,因为人们实现赶超的愿望太过迫切。因此,政府应该发挥正确的引导作用。同时,尽量依照市场规律行事,避免发生如上文所述的以行政干预扰乱市场秩序的行为。另外,自生理论认为,在市场机制能够充分发挥作用的经济中,技术的产生和选择将是个寻求产量最大、成本最小的自然发生的过程。也就是说,只有当经济体的价格结构能够如实地反映要素禀赋即资本、劳动和自然资源的相对丰裕度的时候,企业才能够据此确定比较优势,并选择适当的技术和产品。这就需要一个自由、开放的竞争性市场。因此,政府应该充分发挥其基本职能,努力维持市场的良好运转。

三 基于技术能力的适宜技术观

如果说前文中的适宜技术研究更注重从要素丰裕度、要素禀赋结构方面,以静态角度解释技术适宜性的话,那么基于技术能力的适宜技术研究,就可以被看作以动态发展的观点考虑技术选择问题,因为它们着重研究技术与技术能力的匹配。这也说明,人们的关注焦点正从静态的技术选择问题转向动态的技术进步研究,日益重视技术能力建设。这被格里夫(2004)形象地称为一个"U形大转弯"。

尽管文献表明,最早是 Frances Stewart(1981)提出了技术能力(Technological Capability)的初步定义。但是,技术能力这一概念能够引起广泛关注并被认可,却是因为马丁·弗朗斯曼(Martin Fransman)、克尼斯·肯(Kenneth King)主持的"第三世界技术能力"课题的完成,以及1984年作为课题研究成果的《第三世界的技术能力》一书的出版。20世纪

70年代末期至80年代，第三世界国家经济发展中出现了迥异的结果：一侧是韩国、印度、中国香港等新兴工业化国家和地区的经济快速发展；另一侧则是坦桑尼亚、肯尼亚等发展中国家经济的相对不断落后。对此，Martin Fransman等人从技术能力角度解释了这种差距产生的根本原因。这一研究结论打破了20世纪70年代以前主要从引进和购买合适技术、通过技术转移获得竞争优势角度研究第三世界国家科技政策的传统思路，将研究方向转为技术引进后的技术变革过程，并就此提出，发展中国家应通过自身技术能力的不断提高，形成持续的竞争力。尔后，学者们开始对技术能力进行深入研究，并给出了不同的定义，研究角度也逐渐拓展到企业层次技术能力的研究。宏观层次的技术能力研究主要集中于分析一个国家（主要是发展中国家）应该如何通过技术引进、消化吸收，来提高自身的技术创新能力，从而实现对发达国家的技术赶超。微观层次上的技术能力研究，则主要探讨技术能力低的企业（主要也是发展中国家的企业）应该如何获取先进的技术，并经消化、吸收实现自主创新。20世纪80年代末期，企业核心能力理论的兴起，引起了从事企业技术能力研究的学者们的兴趣，因而在研究中将二者融合。其中比较有代表性的是巴顿（Barton，1991），他从技术和知识的双重视角探讨了企业技术能力的核心，并因此成为最早提出核心技术能力概念的学者之一。通过以上对技术能力理论起源及发展的简单回顾可以看出，技术能力的概念起源于对发展中国家技术追赶实践效果的研究，并在与"企业能力理论"的融合中得到发展。

关于技术能力的定义，至今尚未统一。安同良（2002）

曾将国外早期的技术能力定义划分为三个学派：结构学派（Fransman & King, 1984; Westphal, Kim & Dahlman, 1985），将技术能力分解为生产能力、投资能力和创新能力三个要素；过程学派（Stewart, 1981; Desai, 1984; Lall, 2000），把技术能力看作由技术选择、技术使用、技术改进及技术创新组成的行为流程；资源学派（Pavitt, 1992），则将技术能力看作为产生和管理技术变化所需要的资源。无论定义的角度如何有别，但是，因为分析、探讨技术应用和创造能力时所持有的动态研究角度，使得每个技术能力的定义中，都蕴涵技术能力发展提高的含义。而从发展中国家的技术能力提升的历史来看，无论是宏观技术能力还是微观技术能力，都基本经历了一个从技术引进、消化吸收到自主创新的过程（Fransman, 1984; Stewart, 1987）。更为重要的是，技术能力提升的过程也是一个学习、积累的过程。

传统经济学认为，技术转移过程中，所有厂商都能平等、充分地获得技术的所有知识，并能够立即而高效地展开应用，也就是说，技术扩散时没有成本产生也无时滞的存在。而且，虽然其中或许包含有一丝的努力意识，但是，主要是在应用技术进行生产的"干"中进行被动地学习，因此，整个过程的风险极小或者完全没有风险。而事实上，虽然所有的国家都拥有平等的技术引进机会，但是，技术却不能像物质产品那样一经交易完毕就可实现完全转移。因为即便配套有设备、说明书、专利、设计或者蓝图等显性技术知识的载体，技术中的隐性知识也难以被引进方所洞察和理解。而且，技术引进后还存在与应用环境的融合、匹配问题。因此，只有在技术中的隐性部分，被结合使用地具体情况开发完成后，那些技术中的嵌入元素才能真正得到应用（Nelson，1990）。由此可见，技术转移并非是一个完全自动完成的被动学习过程，虽然也许会有一小部分被动的学习，但主要还是一个有意识的主动学习的过程（Kim & Nelson，2000）。而且，这个过程需要花费较大成本，其中蕴涵巨大的失败风险。正是因为技术学习能力的不同，导致了同一时期针对同一项技术，不同的企业的吸收掌握情况却截然不同，也即同样的技术有着不同的适宜效果。

Pack（2000）以技术能力解释了基于新古典经济学的适宜技术研究解释不了的现象——一小部分发展中国家（比如新兴国家）经过了迥异于新古典经济学给出的技术选择路径，却成功地实现了工业化——因为这些国家具有能够利用现有技术储备对先进技术进行有效吸收的能力。邹薇和代谦（2003）也从引进技术的吸收能力角度解释了技术的适宜性。他们认为，技术的适宜性实际上取决于发展中国家的技术吸收能力，吸收能力的不同会导致不同的适宜结果。因此，发展中国家技术引进失效以及经济增长绩效低下的主要原因在于，发展中国家引进的技术对其吸收能力而言并不适宜。

概括地说，基于技术能力的适宜技术观，提供了一个判别引进技术是否适宜的新标准——技术能力，即落后国家或地区能否引进发达经济体创造的先进技术，关键取决于其自身技术能力的高低。如果其自身技术能力足够的话，就可以引进、吸收这些先进技术，并在充分吸收和利用它们的基础上，进行改进及创新，以此实现技术追赶目标，甚而以持续的自主创新能力形成持久的技术竞争优势。

四 适宜技术理论评析

基于上文对适宜技术理论所做的全面分析和综述，下文将着重分析三类适宜技术观之间的联系及其各自的局限性。

（一）三类适宜技术观的关联

虽然本章按照学者们解释技术适宜性时所考量的重点因素的不同，将适宜技术理论研究成果划分为三类，但是，需要指出的是，这三类适宜技术观之间是有着密切的关联和一定的承继关系的，因此，被本章划归为不同的适宜技术观类属之下的研究成果，区别也只体现为侧重点的不同，而不是截然分开的。

具体地说，基于要素禀赋结构的适宜技术观，一定程度上沿用了基于新古典经济学的适宜技术观的观点。比如，林毅夫提出的自生能力和比较优势理论就与其同源。而且，基于要素禀赋结构的适宜技术观，重点关注技术转移双方的要素禀赋结构上的差异，而这些要素禀赋也正是技术能力的重要组成部分，其差异也是技术能力差距的一部分。

归属于三类适宜技术观的文献的研究结论也有一定的重合。比如，提出技术"本地化"特征的 Atkinson 和 Stiglitz，虽然是最早以要素禀赋结构解释技术适宜性的学者，但是他们的研究初衷，以及研究的主要结论，仍然针对的是产生于发达国家的技术是否与发展中国家丰裕的劳动力和贫乏的资本相适宜的问题。而且，归类为要素禀赋结构的适宜技术观之下的一些研究成果，也已经体现出技术能力的思想。比如 Acemoglu 和 Zilibotti(2001) 提出，劳动者技能与技术的不匹配导致了发展中国家不适宜使用发达国家的先进技术，这其中就已经隐含了发展中国家非熟练劳动力对发达国家技术无法吸收的含义。而林毅夫及其合作者近年来的研究成果，也引入了吸收能力、学习成本等概念。因此，三类适宜技术观的分类只是为了更好地诠释技术适宜性的影响因素而做的相对区分。

（二）三类适宜技术观的局限性

基于新古典经济学的适宜技术理论研究，沿用了新古典经济学的观点，将劳动与资本同质化看待，认为它们可以彼此无差异地替代，这本身就是忽略了人的能动作用并将其物化，更何况，人力资本不仅与物质资本差别明显，不同类型的人力资本对技术的影响作用也差异巨大，正因如此，基于新古典经济学的适宜技术观的解释力非常有限。

而且，按照新古典经济学的观点，人均资本与工资率存在着"正向"单调关系，其与利率则存在着"逆向"单调关系。因此，可以依据利率或工资率的高低所导致的资本或劳动丰裕与否，选择资本密集型技术还是劳动密集型技术。但是，"资本倒流"和"技术再转换"[①] 现象却破坏了人均资本与工资率、人均资本与利率之间的单调一致规律，这就使得"新古典的技术选择发生了'悖论'"，以此为基础的"适度技术"的命题也遭到了质疑。但是，这为发展中国家可以不仅局限于适度技术，而且能够在一定范围内采用先进技术，

---

① 资本倒流和技术再转换是指这样一种现象：如果把劳动（L）应用于两个生产过程即两种技术时，有时在低利率的条件下，花费较少劳动（即较多资本）的技术，是两种技术中较为有利的一种；而在利率稍微提高时，它就转变成不太有利可图的生产技术，然而，当利率进一步提高时，该技术又成为两种技术中较为有利的一种。参见陆长平《对新古典经济学技术选择"悖论"的理论反思》，《财经理论与实践》2002年第117期，第9～13页。

提供了理论依据。因为这个"悖论"证明了,在某些情况下,即使采用的不是按照要素丰裕度所确定的适度技术,而是高新技术,也同样具有赢利的可能。虽然,这是以企业的微观视角研究得出的结论,而且,企业出于赢利目的,自然在能采用先进技术时,不会采用"适度技术",但是,它可以推而广之,上升到宏观层面,为发展中国家的技术选择拓展思路。其实践启示是:只要发展中国家不过分在技术发展政策中强调"适度技术",甚至能够适当地配合以政策优惠鼓励采用先进技术,势必会有更多的高新技术被更早地采用,这无疑将迅速提升国家的整体技术水平(陆长平,2002)。

自生理论对企业在产业内部区段上的技术选择具有一定的指导意义,这对于各种要素配比相对均衡的某些产业来说更有解释力和借鉴意义(李宏林、杨茚,2004)。而且,劳动密集型产业中的企业能够据此自发地按照要素禀赋优势组织生产,但是,对于资本密集型产业中的企业,自生理论却无法指导其如何利用要素禀赋优势(沈堃、陈孝兵,1998)。此外,自生理论将企业内部经营过程看成一个黑箱,以致"对于企业内部资源组织的不同环节的技术选择和组合,不能给出更为具体的指导",因此对企业的技术选择指导意义有限(李宏林、杨茚,2004)。

基于技术能力的适宜技术观,脱离了从静态的要素资源投入角度对技术适宜性的解释,转向以动态能力的角度判别技术的匹配与否,在为技术引进决策提供了合理判别标准的同时,也为国家、企业如何实现及保持技术竞争优势,提供了重要思路。因此,对技术适宜性的解释力较强。但是,需要注意的是，技术能力的形成与提高，要比简单的要素积累复杂得多，因而导致对技术适宜与否的判别愈发困难，增加了现实应用的难度。所以，在实践中要注意对其规律的把握。

此外，无论哪种适宜技术观，在诠释技术适宜性的时候，都对人的因素给予了充分的考虑。基于新古典经济学的适宜技术观下，劳动是必备要素之一；基于要素结构的适宜技术观的研究成果中，已注意到了人力资本的异质性对技术适宜性的影响；而基于技术能力的适宜技术观也强调人的重要性。20世纪80年代末期，泰国技术能力研究小组（The Technology ATLAS Project）所完成的《基于技术的发展框架》研究报告，也是基于技术能力的适宜技术最早期的研究成果之一，报告中就已明确提出人员与设备、信息、组织一起，构成了技术能力的四要素。而有关技术吸收能力、技术创新能力的研究成果，也都充分强调了人力资本的重要性。在经验研究中，更是将人力资本水平作为吸收能力的替代变量。本书的人力资本与技术选择适配性的研究主题，正是由此延伸而来。这些研究成果既为本书的研究提供了深厚的理论基础，同时也彰显出本书选题的理论和实际意义。

第三节　本章小结

本章首先诠释了技术选择的内涵，又从国家和企业两个层面分析了技术选择的重要性。在综述技术选择标准理论之后，指出：这些以技术选择效果评价反向推论合适技术的研究成果，在技术选择决策建议方面往往贡献有限；而从制约技术选择的因素方面研究技术选择问题，其研究结论对现实的指导意义和解释力更强。适宜技术理论正是其中的代表。

本章第二节进行了适宜技术理论综述。为了更好地厘清技术适宜性的影响因素,本章创造性地依据学者解释技术适宜性时所关注的重点因素的不同,将适宜技术理论研究成果划分为三类适宜技术观。基于新古典经济学的适宜技术观,更关注资本和劳动构成比例对技术适宜性的影响,即依据要素丰裕度而引发的价格变化,以资本和劳动的相互替代,寻找能够实现"最低成本"或"最高利润"的要素组合,这就是适宜技术的判别标准。基于要素禀赋结构的适宜技术观,则不仅关注要素组合中资本、劳动要素的比例,更关注资本或劳动要素自身的构成和质量。无论是基于新古典经济学的适宜技术理论,还是基于要素结构的适宜技术理论,都注重从技术转移双方要素禀赋上的差异解释技术的适宜性。而基于技术能力的适宜技术观,则脱离了从静态的要素资源投入角度对技术适宜性的解释,转向以动态能力的角度判别技术的匹配与否,也就是说,技术能力是决定技术适宜与否的关键因素。在此基础上,本章指出三类适宜技术观之间具有密切关联,因此归属不同类适宜技术观的研究成果也有一定的重合,而它们各自又都有着一定的局限性。

第三章
技术选择与人力资本动态适配机理

　　从上一章适宜技术理论的研究成果综述中可以看出，无论哪种适宜技术观在诠释技术适宜性的时候，都对人的因素给予了充分的考虑。基于新古典经济学的适宜技术观下，劳动是必备要素之一。而基于要素结构的适宜技术观，则注重从发展中国家与发达国家人力资本结构上的差异解释技术的适宜性。比如 Acemoglu 和 Zilibotti（2001）认为，产生自发达国家的先进技术是与熟练劳动力相匹配的，而发展中国家的劳动力无法满足这一要求，因而导致先进技术引进后无法被充分利用。而 Caselli 和 Coleman（2006）则在此基础上，进一步考虑了劳动力的异质性，并以熟练劳动力与非熟练劳动力的单位效率比例，重新界定了技术进步，以二者的组合形成了可供发展中国家选择的技术集合。基于技术能力的适宜技术观也强调人的重要性。人力资本不仅是技术能力的基本要素之一（The Technology ATLAS Project，1984；魏江，2002），人力资本水平更是表征技术吸收能力的重要因素。可见，正是人在技术引进中，对外生技术进行吸收、消化、应用、改进和创新的过程中发挥的无可替代的主体作用，使其对外生技术适宜性的影响更为显著。正因如此，本章主要分析外生技术选择与人力资本之间的相互作用关系，努力探索二者为何需要适配的深层原因，从而为本书后面章节的研究搭建一个理论分析框架。本章的第一节和第二节，将全面分析技术选择与人力资本之间的相互影响和作用；在第三节，将构建技术选择与人力资本相互作用机理模型，进而分析并提出二者间存在动态适配关系；第四节概括总结了本章的主要结论。

第一节 技术选择对人力资本积累的影响

技术进步一方面表现为物质形式的新工具、新机器的出现和应用，另一方面则表现为掌握技术的劳动者的人力资本水平的提高，因此技术选择必然影响到人力资本的积累形成。

一 技术选择决定了人力资本中技术知识和技能的积累形成路径

在技术应用过程中，出于提高效率、降低成本的目的，人们会不断地进行生产实践和科学实验，也因此逐渐积累起针对特定技术及其应用情境的知识和技能。不同于单纯的概念、公式、定理等理论知识，这些知识和技能是关于技术应用中人与物、人与人之间相互依赖、彼此协同的成功经验的总结，通常表现为：与特定时间和地点相关联的知识、操作特定机器设备的技能、关于特定的生产流程和信息沟通的知识、特定的工作团队和人际关系技能(程德俊，2003)。它们带有极强的实践性和专用性，主要通过"干中学"的方式获得。因此，技术选择确定了技术发展路径的同时，也决定了人们的专用性人力资本的积累形成路径。而且，这种专用性人力资本不仅提升了人们应用特定技术的能力，也因为其对特定环境的依赖以及其中隐性知识的包含而难以被复制和转移，因而成为技术优势和核心技术能力形成的基础和源泉。

二 技术选择决定了人力资本积累的速度和水平

Lucas(1988，1993)的人力资本溢出模型和经验研究都表明，人力资本积累主要得益于"干中学"，而专业化生产不同的产品会产生不同的"干中学"效应，进而导致不同的人力资本积累速度和水平；专业生产活动的技术含量越高，人力资本积累速度越快。因此，专业化生产的不同，是解释人力资本积累速度和技术进步速度差异的主要原因。Young(1991)扩展了 Lucas 的模型并证明："干中学"所产生的外溢效应，会随着产品复杂程度的增加而放大。对此，一些学者提供了实证证明。Autor 等(1998)的研究显示，计算机使用普及率高、增长快的行业，工人技能也会上升迅速。而翁华强等(2004)的研究发现，中国内资汽车企业多年来主要采取直接引进车型、引进生产线和装备线的合资模式，而且普遍偏重技术引进、轻视消化吸收、缺乏产品开发层次上的技术学习，因此导致研发人员严重缺乏设计经验和产品开发技术。由此可以推论：技术选择的不同，会导致不同的人力资本积累速度和水平，长此以往，则会造成技术选择主体间人力资本水平差距的出现。正因如此，专业化生产复杂产品的发达国家，其"干中学"外溢效应强于专业化从事简单产品生产的发展中国家,以致后者难以实现赶超。而将人力资本从简单产品生产转向复杂产品生产的速度和程度的差异,造就了各国不同的比较优势和经济增长率。

三 技术进步会诱发和引导人力资本投资行为

1. 技术进步会诱发人力资本投资行为

新技术及其伴生的新物质资本的出现,对现有就业结构往往具有破坏性效果,因为它们会使部分现有知识和技能失效,同时产生新的知识和技能需求,比如自动化流水线的采用,极大地降低了对生产操作技能的要求,却增加了维修、管理等技能的需求,这就会诱发人们的人力资本投资行为。具体地说,一方面,技术进步可能会使某些人力资本发生贬值,并因此导致其载体在组织中和劳动力市场上就业竞争力的变化;另一方面,当技术进步引发的对某些知识和技能的需求与现有供给之间不均衡时,就可能导致工资差距(收入不均等)的出现(Tinbergen,1975)。人们在决策是否进行人力资本投资(比如接受教育、培训[①])时,通常会将人力资本投资后预期可能获得的未来收入的现值与因人力资本投资活动而放弃的收入现值进行比较,如果比较后发现投资可获收益更大,就会选择进行人力资本投资。因此,面对新技术采用所导致的人力资本贬值和由此引发的就业压力,以及掌握新知识和技能可能增加收入的动力,人们就会选择接受教育或者参加培训。

---

① 虽然人力资本投资包括教育、培训、迁移、保健等途径,但为使研究内容更有针对性,本章只涉及其中的教育和培训。

正如 Mincer(1991) 所说，正是技术进步导致的就业状况的差别以及收入分配上的不均等，使得进行人力资本投资变得更为有利，因此引发了人力资本投资的增加。

综上所述，技术进步通过两个信号机制对人力资本投资行为产生了诱致作用。其一，技术进步预示着新技术采用，尤其当人们预期到新技术会获得普遍采用时，技术进步本身就充当了促进人力资本投资活动的投资导向信号；其二，技术进步可能导致的收入差距，会转化成能够更直接诱发人力资本投资行为的工资信号。

此外，技术进步缓慢，将会阻碍人力资本的积累提升。这是因为，一方面，任何技术的"干中学"效应都是有限的，长期使用同一技术时，其"干中学"效应将面临递减的风险，人力资本提升有限；另一方面，劳动者是人力资本投资行为的决策主体，如果技术进步缓慢，劳动者就缺乏进行教育、培训等投资的动力。反之，技术进步速度越快，人们越会意识到人力资本投资的重要性。

2. 技术进步能够影响人们所投资的人力资本类型

一般而言，新技术的使用使得一般性人力资本表现出更强的适应性，而通过专业培训以及长期的"干中学"形成的专用性人力资本，则更容易过时。教育往往是形成一般性人力资本的主要途径。Yamauchi 和 Godo(2003) 针对日本、美国和韩国所做的研究发现：以就业机会和收入的增加来考量，快速的技术进步对接受了最新教育的年轻人更为有利，而接受了大量培训、积累了较高专用性技能的老工人则处境恶化。而且，学习新技术所需时间会随着教育水平的提高而递减(Galor & Moav, 2002)，这就意味着，提高教育水平能够增强人力资本对技术环境变动的适应性，从而一定程度上抵减技术变化引起的人力资本折旧。因此，现在的企业越来越倾向于培训那些受过高等教育的工人（Acemoglu，1998）。基于以上原因，技术进步的加快，使得人们更倾向于接受教育形成一般性人力资本，这必然会影响人力资本的总体结构。

四 技术变迁对人力资本积累具有一定的负向效应

技术变化往往导致现有知识和技能与新技术的需求出现一定程度上的不衔接，这会使得现有人力资本贬值，也会造成技术变迁过程中，实际有效劳动减少（Galor & Moav，2002），即产生退化（Obsolescence）效应。无论是通过学校教育获得的人力资本，还是经由在职培训积累形成的人力资本，都面临着退化的风险，而通过在职培训获得的人力资本的专用性较高，其退化效应就更大。而且，人力资本的折旧率与技术进步率正相关（Reis & Sequeira，2007）。与此同时，技术进步越快，人们学习新技术所需时间也会增多（Galor & Moav，2002）。退化效应的存在会影响劳动者个人的生产效率及其人力资本收益率，因而会影响个人和企业的人力资本投资决策，最终影响到人力资本的积累和形成。

综上所述，技术选择确定了技术发展进步路径，而在对技术进行持续、有目的地吸收、改进和创新的过程中，劳动者也因循着这条技术变迁路径获得了相应的技术知识和技能，积累、形成了相应的专用性人力资本，并促使技术选择主体形成了具有自身特点和优势的技术能力。而且，技术进步对人力资本投资的诱发和引导作用，以及退化效应的存在，都会影响到人力资本投资行为，从而引起人力资本总量和结构的变化。

第二节 人力资本对技术选择的影响作用

人是消化、吸收技术的主体，因此人力资本水平不可避免地会影响到技术选择决策。主要表现在以下几个方面。

一 人力资本水平决定了可以选择的适宜技术

任何先进的技术都是由人创造和掌握的，也是由人将其应用到实际的生产、服务过程，转化为现实生产力的。人的主体特征及其能动作用，决定了其不仅是技术知识的"存储器"，更是技术知识的"选择器""解读器""吸收器"和"生成器"（王大洲，2000）。若要真正发挥这样的作用，则必须具备相应的能力和素质。因为技术知识中既包含有显性的内容，又有隐性的部分。显性技术知识是物化的技术和技术的公共知识，常以设计、蓝图、软件、专利等形式体现；而隐性的技术知识，则如前文所述，是劳动者在特定情境下、在生产实践中，多以"干中学"方式积累起来的默会知识，它们往往渗透于日常组织程序、团队的集体经验以及个人专长中。即便是显性知识，也是对客观世界的一种规范的、深入的、系统的、较全面的、有内在联系和规律的认识，也需要劳动者具有一定的知识水平和学习能力才能理解和吸收；而隐性技术知识的较高隐蔽性和专用性，则更需要劳动者经过系统、专门的培训和训练，甚至需要熟练掌握基础科学，再加上自己的努力摸索，才能真正理解和掌握，这都使得技术转移成为"一个昂贵而又复杂的过程"（Nelson & Phelps，1966）。可见，只有人力资本达到一定的水平，方能实现对引进技术的掌握、解析，乃至改进、创新等创造性应用。

进一步的，学者们发现并验证了人力资本"门槛效应"的存在。在检验国家间 FDI（Foreign Direct Investment，外商直接投资）溢出效应时，学者们发现，发达国家间所进行的 FDI 中普遍存在着技术外溢效应；而发达国家对发展中国家（比如委内瑞拉、墨西哥、印度等）的 FDI 则或者完全没有技术外溢，或者只在一定条件下才存在技术外溢效应。对此，较为合理的解释是：FDI 所导致的先进技术转移，依赖于发展中国家的技术吸收能力，而人力资本水平是吸收能力的主要决定因素；因此，只有在发展中国家人力资本存量足够丰裕，即达到一个最低临界水平时，其经济才具有吸收国外先进技术的能力，引进的技术才有可能促进发展中国家经济的持续增长（Benhabib & Spiegel，1994；邹薇、代谦，2003），这被称为人力资本的"门槛效应（Threshold Effect）"。并且，学者们采用了诸如接受教育时间（Borensztein et al.，1998；Bin Xu，2000；杨俊等，2007）、高等教育人数比例（刘厚俊、刘正良，2006）、企业中技术人员所占比例（孙文杰、沈坤荣，2009）等指标，分别计量了人力资本门槛值。另外，人们在研究国际贸易的技术溢出效应时，也发现了类似的人力资本"门槛效应"。人力资本"门槛效应"的存在，更直观地揭示了人力资本对可选择的技术及其水平的决定作用，正因如此，人力资本水平成为决定选择技术的适宜性的关键因素。

据此可以解释，为什么有的发展中国家引进了发达国家的先进技术，却会在质量或者生产率方面无法达到发达国家原有的水平，以至于无法如预期的那样缩小与发达国家的技术差距，实现经济收敛。正是人力资本水平不同所导致的技术吸收能力的不同，造成了同样的技术对有些国家合适，对另外一些国家不合适。进一步说，如果发展中国家引进了某个技术却未带来预期的经济绩效，那么，与其说是因为技术不适合，毋宁说是因为自身较低的人力资本水平无法与之匹配。而且，人力资本水平越高，对技术的吸收、模仿能力就越强，适宜技术的选择空间也就越大。

二 人力资本水平影响了技术的吸收和创新水平

在对先进技术进行消化、吸收的过程中，"干中学"贯穿始终，劳动者在实践中不断学习、尝试提高技术的应用效率，在实践-学习-实践中积累起针对特定技术的相关知识和经验。而将这些知识和经验反馈作用于生产过程，就会引发对生产过程或产品性能局部甚至全部的重新设计，从而产生了新的知识、新的技术。因此，"干中学"是取得技术进步的一个重要方式，是研究与开发(R&D)的重要补充或替代。内生经济增长模型更是将以"干中学"积累形成的专用性人力资本看作技术进步的直接原因。但是，"干中学"过程的自有属性，使其溢出效果不可避免地会受到行为主体现有能力、经验水平以及有限的涉猎领域的限制。因此，人力资本水平越高，"干中学"的外溢效果就越好(Lucas，1988，1993；Young，1991)，越有利于促进技术的消化与吸收，并诱发技术创新。

三 人力资本供给决定了技术进步的技能偏向和方式

1. 人力资本供给决定了技术进步的技能偏向

技术进步是内生的(Acemoglu，1998，2002)，技术的发展和使用至少部分是对利润激励的反应，因此，技术会以偏向性对要素供给情况做出反应。Acemoglu(2002)以模型证明，当稀缺要素与丰裕要素的替代弹性较高时，技术进步就会更偏向于使用丰裕要素，这是因为，某种要素供给的增加，会使得偏向于这种要素的技术更有利可图，由此决定了技术进步的偏向性。他举例说，19世纪早期英格兰之所以出现技能替代型技术进步，就是因为当时有大批来自农村地区和爱尔兰的移民涌入城市，增加了低技能劳动力的供给，从而使采用替代高技能劳动力的技术更有利可图。与之相对，20世纪以后出现在工业化国家的技能偏向型技术进步(Skill-Biased Technological Change, SBTC)，则是因为人力资本投资提高了熟练劳动力的比例，使得与高技能互补的技术的利润空间更大(Acemoglu, 1998)。并且，技术进步的方向是"状态依存"的，也就是说，如果过去的技术进步偏向于某一要素，那么这一要素在未来会更加丰裕，这又会激励未来的技术进步更多地使用这种要素。所以，近几十年来西方发达国家高技能劳动力供给和需求的增加，并不是偶然的，相反，它反映了技术对技能供给的反应。Caselli和Coleman(2006)也以跨国数据分析发现了穷国和富国的不同技能偏向：高收入国家因自身高技能劳动力丰裕，因此技术进步具有技能偏向性，会选择适合高技能劳动力的技术，比如计算机控制和操作的设备；而穷国则依据自身丰富的低技能劳动力禀赋，倾向于选择与低技能劳动力匹配的技术，比如装配线。

2. 人力资本供给将影响技术进步的方式

Eicher和Penalosa(2000)把技术进步分为"干中学"和主动R&D两种，而技术进步将会采取哪一种方式，完全取决于高技能劳动力的供给数量：当高技能劳动力数量小于某一个值时，技术进步是"干中学"的；在大于这一值时，技术进步就会采取主动的 R&D 的形式，因为这时主动的 R&D 行为会变得更有利可图。易先忠、张亚斌(2008) 也建议，应根据熟练劳动与非熟练劳动的比例高低，决定是专业化于对国外技术的模仿，还是本国的技术创新。

四 人力资本对技术变迁具有一定的阻碍作用

退化效应的存在，使得现有人力资本与新技术出现一定程度上的不衔接，也使得针对现有技术积累形成的人力资本发生折旧，这一方面限制了新技术的应用和扩散，另一方面会导致生产率下降(尽管这种情况可能只是暂时的)。再加上形成新的人力资本需要时间和成本，企业可能会因此置具有更高生产率的新技术于不顾，继续投资于已有技术(唐文健等，2007)。更为重要的是，劳动者可能会因为新技术的采纳导致其在就业市场和收入分配中处于不利地位，而结成同盟反对技术进步(Parente & Prescott, 1999)。因此，Tushman 等(2001) 认为，企业之所以在突破性创新方面容易失败，是因为它"既是一个正在迅速过时的旧技术的有力保护者，同时也是新技术的有力进攻者"。

综上所述，人力资本是技术进步的重要源泉、技术扩散的必要条件，以及技术应用的基础和先决条件。而从外生技术选择的角度来看，更为重要的是，人力资本水平，限制了可以选择的技术水平、影响了"干中学"产生新知识和新技术的效果、决定了技术进步的类型和途径。因此，技术选择中人力资本的支持和配合至关重要。

第三节 技术选择与人力资本的动态适配

基于上文对技术选择与人力资本相互作用影响的分析，我们得以进一步深入地探讨技术选择与人力资本之间的相互作用机理。

一 技术选择与人力资本相互作用机理

技术选择与人资本之间存在一种适配关系。适配（Fit）一词源于种群生态学模型和情境理论（Van De Ven，1979），它是指两个主体之间具有的一致或互补关系（苏敬勤等，2009）。不仅如此，本章中的适配一词，还强调适配关系的"有效性"。具体而言，就是指人力资本与特定技术之间能够实现有效的契合与匹配，其"有效性"表现为适配时技术与人力资本组合的边际生产率最大（Acemoglu，1996）。我们将技术选择与人力资本之间的相互关系概括为技术选择与人力资本相互作用机理模型，如图3-1所示。

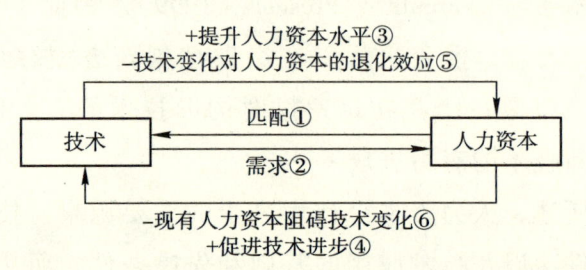

```
              +提升人力资本水平③
              -技术变化对人力资本的退化效应⑤
         ┌─────────────────────────────┐
         │           匹配①              │
    ┌────┴───┐  ←──────────────  ┌─────▼──┐
    │  技术  │                    │ 人力资本│
    └────▲───┘  ──────────────→  └─────┬──┘
         │           需求②              │
         └─────────────────────────────┘
              -现有人力资本阻碍技术变化⑥
              +促进技术进步④
```

图 3-1 技术选择与人力资本相互作用机理模型
资料来源：笔者绘制。

从图3-1可以看出，由于人对技术的消化、吸收乃至改进、创新发挥着主体作用，所以技术只有在选择了与其相适宜的人力资本的情况下，才能最大化地转变为现实生产力，也即技术对人力资本有着匹配要求。而在技术选择人力资本的同时，人力资本也在选择技术，即人力资本对技术也有着适宜性的需求。现实中可供选择的技术是多样的，而人力资本是异质的，尤其经专业化生产积累形成的专用性人力资本会使这种差异更为明显，因此存在着人力资本与何种技术结合，才能够最大限度地发挥现有优势并形成潜在优势的问题。因此，技术选择与人力资本之间的匹配是彼此相互的要求（即有图3-1中的①和②所代表的关系的存在），而当二者实现适配时，技术真正得到应用，并最大地转化成现实生产力；人力资本也会得到充分利用，生产效率最高。从微观层面企业角度看，这意味着企业利润增加、自生能力提高；在宏观层面上就国家而言，则意味着经济增长、就业率上升。

如果技术与人力资本不能实现适配，就会引发系列不良后果。具体地说，如果选择的技术水平过高，导致人力资本无法有效消化、吸收，就会使得技术的生产效率和溢出效应无法达到预期目标，造成资源的浪费，技术选择主体可能因此延误技术发展良机，甚而技术发展战略失败，技术进程被阻断。而且，这种情况下，人力资本的提升也会变得缓慢甚至停滞。

同样，人力资本也只有结合适宜的技术才能发挥作用，并实现积累和提升。如果人力资本水平较高，而且结构合理、供给充足，但选择的技术低于适宜水平，就无法充分发挥人力资本的作用、提高劳动生产率。这样不仅会造成人力资本的浪费，还会导致人力资本发生贬值。例如，殖民时期的英国，资金、熟练劳动力及科研能力等方面的供给都较为充足，但是，因拥有大量的殖民地，英国选择了较低水平的技术，结果导致原有的要素比较优势逐渐减弱，以致战后失去产业竞争优势、陷入持续衰退。这种不适宜的匹配不仅会降低人力资本投资收益[①]，还会抑制人力资本投资行为，阻碍人力资本水平的提升。

可见，技术与人力资本彼此适配至关重要。因此，单独讨论人力资本水平的高低和技术的先进与否，对技术选择决策缺乏指导意义，二者是否能够有效地互补和匹配才应该是选择技术的判别依据。

二 技术选择与人力资本之间的动态适配机理

技术选择与人力资本之间的适配关系具有动态演化的性质。这主要是因为，技术选择和人力资本之间能够相互促进、彼此增强（即经过图 3 - 1 中的③和④），形成良性循环。其具体实现机制是：技术与人力资本彼此适配→技术应用过程中专用知识和技能得到积累→人力资本水平提升、高技能劳动力供给增加→对技术的吸收和利用的能力增强→技术改进和创新得以实现并催生了新的知识和技术→促使技术进步发生→诱发更多的人力资本投资。而且，技术进步越快，人力资本积累就越快；同时，人力资本的进一步增加也将促使技术进步加速。因此，在实践中只要采取适当措施，克服因技术变迁与人力资本之间彼此阻碍而产生的负向效应（即图

---

① 官华平、谌新民（2011）的实证研究表明，同样的人力资本在现代产业体系中的教育投资收益率为 9.4%，而在传统产业中则为 7.3%。详情参见官华平、谌新民著《珠三角产业升级与人力资本相互影响机制分析——基于东莞的微观证据》，《华南师范大学学报》（社会科学版）2011 年第 5 期，第 95～102 页、第 160 页。

3-1中的⑤和⑥),技术选择与人力资本就能够在相互增强、彼此促进中,进入一个良性循环的轨道。

在二者相互作用、彼此促进的过程中,各自产生了一定的升级和增长,这就决定了二者之间的适配关系不仅是某个时点上的静态有效契合,更是不断发展进化中的动态适配。这种动态适配关系在图3-1中已部分体现,为了更进一步完整、明确地揭示技术选择与人力资本相互作用所导致的各自状态的改变,以及新状态下的适配关系,特绘制技术选择与人力资本动态适配模型,如图3-2所示。

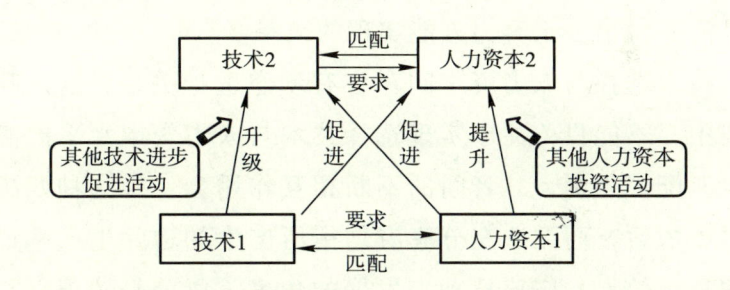

图3-2 技术选择与人力资本动态适配模型
资料来源:笔者绘制。

其动态适配过程为:初始状态下,技术1与人力资本1彼此适配,通过二者间的相互促进、彼此增强的良性循环。技术1促进人力资本积累,并与其他人力资本投资活动,比如人才引进等,共同作用促使人力资本1提升至人力资本2;而人力资本1提高了技术1的应用效率,并和其他技术进步促进活动,比如新技术引进等,一起实现技术1到技术2的升级,而此时,在技术2与人力资本2之间需要形成新的适配关系。

虽然技术和人力资本的相互促进使得技术升级和人力资本提升具有一定的内生性；而且，初始状态下技术与人力资本的彼此适配也为新状态下技术与人力资本的有效匹配奠定了基础，但是这种适配仍然不是必然发生的。这是因为，技术升级、人力资本提升都有着自身的产生规律和周期，虽有交叉，但并不完全重合；而且技术与人力资本之间相互促进的良性循环，并非新均衡实现的唯一作用因素，其他技术进步促进活动和人力资本投资活动也会作用其中，这都使得二者的升级跃迁过程可能出现不协调、不一致。因此，图3-2中所描述的技术2与人力资本2的适宜匹配并非自发产生，而是需要付出一定努力方能实现的结果。

技术选择与人力资本间存在有动态适配关系，这意味着实践中，不能只关注于实现选择技术与人力资本水平的静态适合匹配。否则，二者间的不断相互作用会使得这种匹配均衡过于短暂，而无法充分享有均衡所产生的边际生产率最大化的经济效果。应该从动态发展的角度，以前瞻性规划与适时的合理调配，使二者间实现动态发展中的持续适配。也就是说，技术发展的最优路径应该是，由一个个技术与人力资本适配的静态契合点组成的动态适配演化路径。若要实现这一目标，必须注意把握两个方面：其一，谨记技术选择与人力资本之间适配关系所具有的动态发展性，在实现二者间的适配时，不仅要科学考量现有的技术水平和人力资本水平，还要充分考虑二者的提升速度和成长能力。既要以适宜的适配差距，为其未来发展预留空间；又要提前计划、合理协调二者的成长进程和速度，努力实现动态适配。比如，考虑到人力资本水平的增长性，有意选择略高于现有人力资本水平的技术；或者，考虑到人力资本的培养周期，在技术发展战略指导下，提前积累人力资本。其二，适当借助其他技术进步促进活动和人力资本投资活动，提高技术或人力资本的水平，营造技术与人力资本间的适配差距，然后充分利用技术与人力资本间的相互促进，使之自发弥补适配差距，由此实现更高水平上的技术与人力资本的适配。具体地说，当现有人力资本"干中学"所产生的技术升级动力和能力不足时，可以借助新技术引进等技术进步促进活动，提高技术水平，以此拉动人力资本水平提升，促使技术与人力资本在高水平上适配。或者，现有环境下人力资本积累提升速度较慢、后劲不足时，可以借助人才引进等人力资本投资活动，提高人力资本水平，以此推动技术水平的提升，实现技术与人力资本在高水平上的适配。

总之，在一定程度上，可以借助技术与人力资本的适配差距，以技术或人力资本为驱动力，利用二者间良性循环产生的相互促进使之自发弥补适配差距，促成二者实现高水平上的适配。当然，虽则因为二者相互作用使得选择的技术与人力资本之间可以先保留一定的适配差距，后以二者的相互促进来弥补，但需要注意的是，这种差距本身也要是适宜的，否则差距过大，就会导致二者真正无法适配，从而引发一系列经济发展问题。

三 技术选择与人力资本之间的均衡适配机理

在多种因素作用下，现实中技术选择与人力资本间的动态适配结果，可能表现为技术与人力资本之间的多重平衡共存。具体地说，既有"高技术－高人力资本"适配产生的

"双高"均衡，即技术较为先进、人力资本水平较高；也有"低技术-低人力资本"适配产生的"双低"均衡。当然，技术水平的高低是个相对的概念。

"低技术-低人力资本"的适配均衡的产生是很多因素作用的结果。首先，导致这种均衡产生的技术与人力资本水平的初始状态，都必然是低水平的。也就是说，在技术的内生偏向性的作用下，促成了低技术与低水平人力资本的结合匹配。其次，低技术、低水平人力资本之间相互促进效应较小，使得"双低"均衡得以长期持续。最初，受到低水平人力资本技术吸收能力较低的限制，只能选择采纳低水平的技术，以免造成资源的浪费和技术效率的损失；而低水平技术产生的"干中学"效应较差，同时，过于简单的技术对人力资本投资的激励不足，由此导致人力资本水平积累提高缓慢、人力资本水平维持低位运行，这就意味着无法吸收高水平的技术、难以实现技术进步。因此，在低技术采用与低水平人力资本之间形成了恶性循环，其传导作用机制如图3-3所示。这也正是"双低"均衡形成和持续的主要原因。再次，技术发展的"路径依赖"性，以及技术选择与人力资本之间存在的相互阻碍的负向效应，也会助长"双低"均衡的出现及维持。技术具有积累性，其发展轨迹具有"路径依赖"的特征(Arthur，1989)，其演化过程敏感依赖于初始状态。这就意味着，如果初始条件下选择了低水平技术，即便它非最优，但经"路径依赖"性所具有的收益递增机制，仍然会促使它进一步流行并呈现前后连贯、相互依赖的特征，以致很难再被其他潜在的甚至更优的竞争技术所替代。最后，正如前文所述，技术进步对人力资本积累，以及人力资本对技术进步，都有着负向阻碍效应（即图 3-1 中的⑤和⑥），不利于人力资本提升和技术升级。这些都是"双低"均衡得以保持的促进因素。

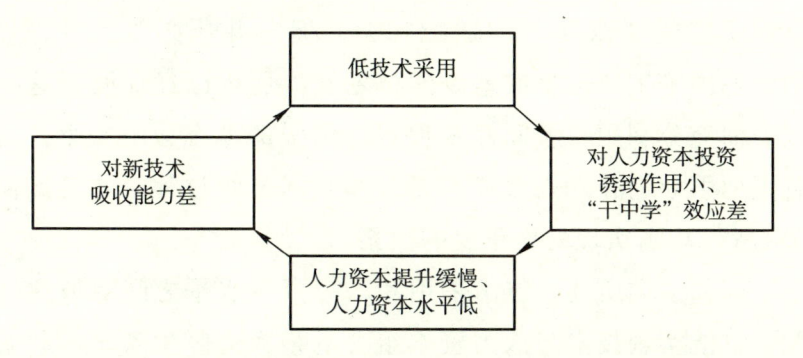

图 3-3　低技术采用-低水平人力资本的恶性循环
资料来源：笔者绘制。

按照本书关于适配的定义，"低技术-低人力资本"的适配均衡也能够实现低水平的技术和人力资本组合的最大边际生产率，使得现有技术和人力资本得到充分利用，因此对于经济发展和实现就业也具有积极的意义。但是，这种积极作用是有静态局限性的，也就是说它是一种静态优势，却不利于长期动态比较优势的形成。因为低技术处于技术链的底部，这就意味着技术的竞争力不强、可替代性高，并面临着因技术进步而被淘汰的风险。而且，因其技术溢出效应小，再经"低技术采用-低水平人力资本"形成的恶性循环加以强化，就会造成人力资本和技术在低水平上的"锁定"状态。因此，从长期看，还是要适时打破这种"双低"均衡，引导其向"双高"均衡状态发展过渡。

"双高"均衡的产生，既可能是初始状态即为高水平的技术和人力资本彼此适配的结果，也可能是以"低技术-低人力资本"为初始状态，再经技术与人力资本间相互增进的动态适配过程，最终实现的技术和人力资本在高位上的适配均衡。而且，技术和人力资本的初始水平如果较高，固然更有利于实现"双高"的适配均衡，但它并非必要条件，日本、韩国等东亚国家或地区的技术发展历程已经证明了这一点。而充分利用二者间互相促进、增强的动态适配关系，有意识地引导、介入人力资本提升和技术升级过程，才是促使"双高"均衡实现的更重要的因素。

正如上文所述，技术采用和人力资本水平之间要彼此适配，方能实现技术与人力资本组合的最大边际生产率，此时才能充分利用现有资源，并以最快的速度和最小的成本实现技术变迁。但是，因为技术选择中搜寻成本的存在、政策因素的影响、决策者自身水平的限制等诸多因素，都可能使得技术和人力资本水平并不适配。不适配情况分为两种，即所采用技术水平高于现有人力资本水平和人力资本水平高于现有技术水平，现实中前者往往更为常见。这种情况意味着人力资本的吸收能力较弱，以致技术未能被充分吸收和利用，因此，最直接的措施是提升人力资本水平。通过外派员工参加培训，以及鼓励提高"干中学"效应等内部积累人力资本的做法固然重要，但其效果可能会受到人力资本积累周期、现有培育环境的局限等因素的影响，因此可以考虑通过外部引进的方式，尽快实现提升人力资本存量和优化人力资本结构的目的。当然，以提升人力资本水平适配技术，其实施效果依赖于二者间的适配差距。若是差距过大，那么，放弃这种现有人力资本无法吸收的技术也许是最好的选择，因为其技术溢出效果往往有限。

综上所述,通过技术引进实现技术进步时,较为理想的技术发展路径应该是每个阶段都选择与自身人力资本水平相适宜的技术(这其中已包含了适宜的适配差距),在此基础上,通过二者的相互影响促进作用实现二者水平的提升,并配合以适当措施进行引导,使之在高位上实现适配,经过这样多个总体上升的静态适配时点,最终能够实现"双高"均衡。

第四节 本章小结

本章首先分析并梳理了外生技术选择与人力资本间相互作用的关系,得出:一方面,技术选择决定了以"干中学"方式获得的技术知识和技能等专用性人力资本的积累形成路径、水平和速度,而且技术进步会诱发和引导人力资本投资行为;另一方面,人力资本水平决定了可选择的适宜技术,以及"干中学"产生新知识、新技术的效应,而且人力资本供给情况会影响到技术进步的技能偏向及其实现途径。除此之外,技术变迁和人力资本积累之间存在有彼此阻碍的负向效应。

基于技术选择与人力资本的相互作用、相互影响关系,本书构建了技术选择与人力资本相互作用机理模型。在此基础上,提出技术选择与人力资本之间存在着动态适配关系。①技术选择与人力资本要彼此适配。适配意味着技术与人力资本彼此之间能够有效契合,即实现技术与人力资本组合的边际生产率最大化,此时技术与人力资本都可得到充分利用。否则,就会造成:技术无法得到应用、资源浪费、延误技术发展时机；同时，人力资本无法充分发挥作用、遭遇贬值，或者提升和积累受到抑制。②技术选择与人力资本的适配关系具有动态演化性质。二者存在有相互促进、彼此增强的相互作用，这使得适配关系下技术与人力资本都有增长变化，因此，其适配关系就从某一时点的静态契合转化为动态发展过程中的持续匹配。③技术选择与人力资本间的动态适配，会导致现实中采纳技术与人力资本水平之间存在多重均衡。既有"高技术-高人力资本"适配的"双高"均衡，也有"低技术-低人力资本"适配的"双低"均衡。"双高"均衡会实现持续的技术升级和人力资本提升，并会形成技术竞争优势，因此是实践的努力方向。而"双低"均衡，虽具有适配产生的要素充分利用、边际生产率最大化的优势，但是，这种优势有着静态局限性，从长期看，不利于动态比较优势的形成。

第四章
技术差距与人力资本约束下的技术选择决策

本书第三章已经通过全面分析外生技术选择与人力资本相互影响作用的关系，得出结论：所引进的外生技术要与技术选择主体的人力资本水平彼此适配，只有这样，技术与人力资本才能够有效契合，实现技术与人力资本组合的边际生产率最大化。本章的主题仍然关于如何做出适宜的外生技术选择决策，但是，其重点在于解决，既然外生技术与技术选择主体的人力资本水平间可能出现适配或不适配的不同结果，那么此时应该如何进行技术选择决策的问题。这个问题的答案，绝不止于重新评估选择适合的技术进行引进那么简单，因为如果那样，就会陷入"引进－落后－再引进"的循环中，以致永远存在与先进技术间的"最后的最小差距"。

技术转移双方的技术差距，是影响外生技术与人力资本是否适配的重要因素。因此，本章引入影响技术引进成败和效果的另一个重要影响因素——技术差距，并将其作为外生技术选择决策的另一个约束条件，在深入分析了技术差距与人力资本对外生技术选择决策的影响的基础上，着力探索技术差距和人力资本水平的双重约束下的适宜技术选择。

全章共分为六节,具体内容安排如下:第一节重点分析了两种获得技术、实现技术进步的基本途径,即技术引进和自主创新,其各自的优势以及二者间的关系,因为技术选择决策首先面临的就是技术引进或自主创新的抉择;第二节主要分析技术差距对技术溢出效应的影响;第三节则聚焦于人力资本对技术吸收能力的影响研究;第四节结合以上分析,提出技术差距与人力资本约束下的技术选择决策模型;第五节以我国汽车工业吸引外商直接投资的经验数据,实证了技术差距、人力资本与技术溢出效应之间的关系;第六节对全章内容进行了总结。

第一节 技术引进与自主创新

获得技术的方式不外乎两种,或者取之于外——进行技术引进,即通过技术引进活动,获得所需技术,应用于自身发展;或者得之与内——进行自主创新,即通过自身的研究与开发活动获得所需技术。自主创新时企业主要通过自身的研发活动开发新技术,而技术引进则是对外部技术进行选择、评判之后,将其引入自身系统进行应用的过程,其中包括针对引进技术进行的模仿、消化、吸收以及二次创新等系列活动。自主创新和技术引进中都包含研究与开发活动,二者的根本差别就在于研发活动所针对和依赖的技术源的归属不同。如果主要通过自身的研究开发投资和活动产生的新技术,就属于自主创新;如果主要依靠学习消化、吸收引进的外来技术实现的技术变迁,就属于技术引进。

技术引进之所以能够成为技术获得的方式，主要源于技术的两个特性。其一是非竞争性。具体而言就是，主体 A 使用了某一技术，却并不妨碍 B 使用相同的技术，即使使用是同时进行的。其二是技术的部分排他性，即某些情况下技术发明者或所有者难以防范和禁止其他经济主体使用此项技术，这就使得技术的其他使用者的边际成本很小甚至可以忽略（Keller，2003；David，1992；Qua，2001）。正因如此，技术选择首先面对的就是技术引进还是自主创新的抉择，也由此导致了技术进步的不同实现途径，如图 4-1 所示。

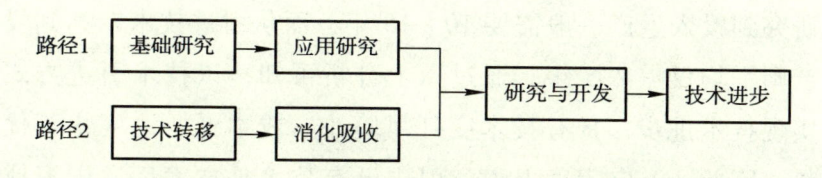

```
路径1  基础研究 → 应用研究 ┐
                              ├→ 研究与开发 → 技术进步
路径2  技术转移 → 消化吸收 ┘
```

图 4-1　企业实现技术进步的两个基本路径

资料来源：陈国宏著《浅析企业技术发展的路径选择与资金配置》，《系统工程理论与实践》2001 年第 11 期，第 56~60 页、第 74 页。

一　技术引进与自主创新的优势和作用

技术引进和自主创新各自有其优势和作用。技术引进的优势主要体现在以下三个方面：①技术引进的成本远低于自主创新。Teece(1977) 和 Mansfield 等 (1981) 的经验研究表明，与通过研发创新实现技术进步的成本相比，通过引进或模仿的方式实现技术进步的成本较低。有研究表明，即使是通过购买专利的方式获取技术，其成本也只有初始研发成本的 1/3 左右。据日本长期信用银行调查，1955~1970 年，日本机械工业引进技术及其研究、推行费用为 30 多亿美元，而国外最初产生这些技术的研究、试验费用总额估计至少需1000亿美元，也就是说，通过技术引进日本节省了90%以上的技术研究投资。②技术引进的风险较小。自主创新的成功比率偏低、风险性较高。据统计，美国的基础性研究的成功率为5%，技术开发的成功率一般为50%左右，而且，即便技术开发取得了成果，也仅有一小部分具有商业价值，能够得到应用。相比而言，技术引进的成功率则要高出许多。③通过对引进技术的有效消化、吸收，能够相对快速地实现技术升级。有研究表明，依靠独立研发活动，一项科技项目从研究到投入生产一般需要10~15年，而从引进技术专利到投产则平均仅需2.5年。通过以上分析可知，以技术引进方式实现技术进步，具有技术变迁风险小、成本低、速度快等优势。因此，一定程度上说，引进已有技术是技术后发国家或企业实现缩小技术差距、实现技术追赶的有效途径。日本、韩国等亚洲新兴工业化国家就是依靠引进技术实现了技术快速的变迁与经济快速的转型和增长。而且，即便是发达国家实力雄厚的大企业，也难以抗拒技术引进带来的显著优势。很多时候，它们在积极从事自主技术创新的同时，也密切关注行业内竞争对手的创新活动和其他行业技术发展的最新动态，以便及时跟进并进行模仿创新，这样既保证了技术水平的先进性，又节约了首创开发的成本。例如，针对美国杜邦公司25年间的25种主要技术创新的调查表明，其中只有10项是该公司研发部门首创开发的，其余60%的重大创新都来自外部。

尽管技术引进有诸多好处，但是也存在着一些弊端：①引进的技术未必能完全适应于技术接受方的技术应用环境;②技术中重要的隐性知识使得技术具有本地化特征,因而并不存在"全球技术池"①;③技术拥有者从自身竞争利益出发可能会采取保密和限制流动的措施,因此难以通过技术引进获得先进技术。可以验证第③点的现实例子极多,在一些尖端科技领域,如巨型计算机技术、超大规模集成电路制造技术、与军事相关的尖端技术的进口等,我国始终面临被技术封锁的局面,一直受到西方发达国家的严格控制(江小涓,2004)。再比如,我国长期实施"市场换技术"战略,希望借此接轨世界先进技术,但是,外资企业实际上转移的多是成熟的、标准化的技术,主要利用其品牌信誉、产品质量和售后服务等与中国企业合作,严格控制有形的、无形的技术诀窍(原小能、宋杰,2007)。因而很难接触到它们的核心技术,更不用说介入其技术创新环节。所有这些均表明,尽管外部技术来源对于提升技术水平很重要,但是单靠技术引进无法获得技术上的优势,更遑论形成核心竞争力。

与之相比,自主创新能够使得创新主体掌握不易被他人模仿的核心技术和核心产品,使之因此拥有技术领先的优势。对于一个企业来说,技术上领先的一小步,就意味着率先占领绝大多数市场份额的可能,而后来者却往往难以生存。而且,由自主创新产生的技术,其突破的内在性、市场的领先性和知识资本的集成性,使其具有很强的自组织能力及市场应变力,有利于摆脱技术的依赖性与依附性(吴贵生等,2010),进而形成核心竞争力。

技术引进与自主创新所具有的不同优势,决定了它们在

---

① 原文为"Global Pool of Technology"。

技术进步中发挥着不同的作用。对此，Fagerberg(1994) 将其概括为：自主创新主要功用在于扩大技术差距，而引进（模仿）则通过对外来技术的获取和使用，有效地减少了技术差距。

二 技术引进与自主创新的关系

一般认为技术引进与自主创新之间存在互补关系。一方面，技术引进本身是一个学习过程，因此，在对引进技术的消化吸收和反求工程中，技术研发人员得到锻炼，R&D 能力获得积累，从而为自主创新奠定了基础、积蓄了能量；另一方面，通过自主创新提升了技术能力，更有利于吸收外界的先进技术。但学者们的实证研究却得出了略有不同的结论。Ozawa(1985) 以日本为例的实证得出：技术引进显著地提升了日本的自主研发的能力。而 Katrak(1989) 则在针对印度的研究中发现：技术引进与自主研发之间只呈现较弱的互补关系。Kumar(1987) 针对印度的 FDI 和技术许可这两种技术引进方式与自主研发之间的关系进行了实证，结果发现：在印度，自主研发与 FDI 负相关，呈替代关系；而其与技术许可之间则存在有互补的正相关关系。Kim 和 Stewart(1993) 则考察了 10 个国家技术引进与自主研发的关系，发现各国的结果不尽相同。这些实证研究结果的差异固然与学者们所采用的方法及数据的不同有关系，但是也说明了自主创新与技术引进之间关系的复杂性。

科学技术的飞速发展和激烈的市场竞争，使得任何国家或企业都难以始终保持技术创新者的领导地位。而且，技术创新的高风险性、低成功率、长周期、高成本，也使得任何一个国家或企业都无法独揽所有成果的研究开发工作。既然每一个国家或企业都不可能拥有自身所需要的一切技术资源，也不可能在各个领域都具备技术优势，况且技术又具有共享性、外部性、可转让性，这就使得任何一个国家或企业都不会甘愿放弃技术引进的比较利益，一切从头做起；同样的，也不会有哪一个国家无视自主创新的战略价值。正因如此，实践中各个国家或企业往往需要依据自身的研发能力和资源禀赋以及其他影响因素，在不同时期、不同产业，科学做出技术引进或自主创新的不同选择。

第二节 技术差距与技术溢出效应

技术引进时，技术转让方和接受方之间存在技术差距，这是技术转移发生的前提条件，因为只有这样，接受方才有必要进行技术引进和模仿，并借此获得技术进步。那么，是不是技术差距越大，技术溢出效应越大？本节将重点讨论技术差距与技术溢出效应间的关系。

一 技术差距的内涵

技术差距（Technology Gap）一词最早由美国经济学家波斯纳（Posner，1961）提出，用于解释国际贸易发生的原因。技术差距体现为：不同的技术使得同一要素投入组合的产出不同，或者产出相同，但所需要素投入量或要素组合不同。从这个意义上说，技术的先进性就体现在要素的高效使用上。由于技术差距的存在，使得经技术创新拥有先进技术的国家或企业享有了某种产品的垄断优势，因而对其他国家或企业产生了示范效应,促使它们或者通过技术引进,或者进行研究与开发来掌握该技术,直至技术差距最终消失。

对于技术差距如何衡量,并未有统一的结论。在已有的研究中,学者们以技术水平之差或者技术水平之比表示技术差距。而在实证中,主要采用单一指标表示技术差距,比如人均固定资产(方宏,2006)、资本劳动比(Blomström et al.,1983；Kokko,1994；孙兆刚等,2006)、全员劳动生产率(Blomström et al.,1983；Kokko,1994；等等)。这些衡量技术差距的指标,都存在一定的局限性,因此需要根据所分析的具体问题适当选取。

二 技术差距对技术溢出效应的影响

在技术引进过程中,技术转让方和接受方间存在的技术差距的大小,是技术引进能否成功,以及引进技术溢出效应大小的重要决定因素之一。对此,学者们基本达成共识。但是,关于技术差距对技术溢出效应的具体影响,学者们的理论和实证研究却得出了不同的结论,大体可以分为三类。

1. 技术差距越大,越容易产生技术溢出效应

Barro 和 Sala - I - Martin(1995)认为,在先进技术从发达国家向发展中国家转移的过程中,技术外溢效应与两国间的技术差距,尤其是初始技术差距呈正比。Findlay(1978)也认为,技术差距越大,技术扩散率越高,因此技术溢出效应是技术差距的增函数。Sjoholm(1999)则以针对印度尼西亚的 FDI 所做的经验研究,证明了内外资技术差距有利于 FDI 的技术溢出。技术差距之所以对技术溢出存在着正向效

应，是因为技术水平差距越大，可供选择的技术越多，后发国家或企业可以通过引进先进技术迅速提高生产率，从而获得"生产率溢出（Productivity Spillovers）"（Blomström & Kokko，1998）；并且可以借助跨国公司的强大实力将自己的产品销往国际市场，由此获得"市场渠道溢出（Market Access Spillovers）"（Findlay，1978）。

2. 技术差距越大，越不利于技术溢出效应的产生

Haddad 和 Harrison（1993）对摩洛哥、Kokko（1994）针对墨西哥、Kokko 等（1996）针对乌拉圭、Imbriani 和 Reganati（1997）针对意大利、Girma 等（2001）针对英国制造业的实证研究都表明，技术差距较大时，技术的溢出效应不明显；而在技术差距较小时，溢出效应才比较明显。这是因为技术具有很强的自我累积性和路径依赖的特点，太大的技术差距导致技术接受方无法有效地吸收、消化新的技术，技术溢出自然无法产生。而且，当技术差距较大时，会导致技术引进方的技术人员，难以通过充分吸收引进的新技术实现人力资本积累，同时也会减弱其提高技术创新能力的动机，以致引进方技术人员人力资本积累不足，降低了其生产效率和技术创新效率，导致对技术引进的依赖进一步增强，具体传导机制为：技术引进依赖→人力资本积累速度不同→人力资本投资激励不足→人力资本生产率差异→企业技术创新效率的差异（孙文杰、沈坤荣，2009）。

3. 只有适度的技术差距才会导致技术溢出效应的产生

Perez（1997）运用演化经济学的方法证明得出：技术差距与技术溢出效应之间可能存在有类似倒"U"形的非线性关系。也就是说，当技术差距在某一临界值以下时，技术溢出效应随技术差距的增加而增加；而在这一临界值以上时，技术差距的增大，使得技术溢出效应不再明显，甚至为负值。对此较为合理的解释是：FDI 中的内资企业已经无法吸收国外先进技术，技术溢出效应变小甚至完全没有；与此同时，技术差距的增大却使得外资企业对内资企业的挤出效应更加显著。由此可见，技术差距对于技术溢出的影响具有"双面效应"（Driffield & Taylor, 2000），也即，技术差距的增大既可能促进，也可能抑制技术溢出效应的产生。易先忠（2010）也以拓展的 R&D 增长模型以及中国 2000~2006 年省际面板数据，证明了技术差距与技术溢出效应间存在着倒"U"形非线性关系，以及技术差距对技术溢出效应的双面效应。技术溢出效应拐点的存在，意味着技术转移中因技术差距而产生了"门槛效应（Threshold Effect）"。Driffield 和 Taylor（2000）甚至研究得出，技术差距的门槛值为 1.2，即内外资技术差距一旦高于 1.2，则技术外溢效应为负。Proenca 和 Fontoura（2002）以其针对波兰企业的面板数据所做的实证研究，分析得出：当内资企业的生产率为外资企业生产率的 60%~95% 时，外资所产生的技术溢出效应最大。Girma 和 Wakelin（2001）采用英国制造企业的面板数据分析得出，那些与外资企业技术差距小于或等于 10% 的内资企业，其生产效率会随着行业中外资比例的增加而提高；对于技术差距大于 10% 的企业来说，情况则恰好相反。

技术差距与技术溢出间存在着非线性关系的研究结论，能够更好地解释现实现象，因此近年来获得更多学者的认同。其对技术选择决策的指导意义具体体现为：技术引进时应尽量选择在适宜的技术差距以内的技术，将更有利于获得最大的技术溢出效果。可以由此得到推论：在技术差距门槛区间内，最适宜的技术进步途径是引进外来技术进行模仿。而在区间之外，则或者因为与先进技术的差距过小而导致技术模仿成本过高，或者因为技术差距过大，而导致无法吸收和掌握引进技术。

此外，以上分析在帮助我们厘清技术差距对技术溢出效应的影响的同时，也揭示出吸收能力在其中的影响作用，正是受限于技术接受方的吸收能力，使得技术差距对技术溢出的产生形成了"门槛效应"，由此推论出吸收能力对技术引进决策具有影响作用，因此，下一节以此为主题展开深入分析。

第三节　人力资本与技术吸收能力

吸收能力（Absorptive Capability）最早由 Cohen 和 Levinthal（1990）提出，用于衡量企业所具有的，能够识别外部新的（技术）知识和信息的价值，并经有效吸收使其商业化的能力。而 Narula 和 Marin（2003）则将吸收能力定义为：能够将别人产生的知识内在化，并进行适当修改使其适应自身特定的应用、过程和程序的能力。技术转移中之所以关注技术接受方的吸收能力，是因为技术转移过程并非像古典经济学中所假定的一般无成本、无时滞，且一经转移，技术接受方几乎瞬间就可以以与技术转让方相同的函数进行生产。技术天然具有的本地化特征以及其中包含的大量默会知识，使得技术转移过程成为了对引进技术进行消化、吸收的学习过程。

自吸收能力的概念问世以来，学者们尝试从多个角度对其进行解释，也因此扩展了吸收能力的概念范围，使得东道国的经济发展水平（何洁，2000；张建华、欧阳轶雯，2003）、研发投入（Cohen & Levinthal，1989）、经济对外开放度（Moran，1998）、基础设施、知识产权保护度、金融市场效率等都成为了影响企业吸收能力的构成要素，其中，人力资本对技术吸收能力的影响最为显著，因此在理论研究和实证检验中都受到了极大的关注，实证中更是常常将其作为吸收能力的替代指标。

一 人力资本对技术吸收能力的作用

只有具备了一定的知识和技能，才能真正掌握并应用引进的先进技术。这些知识和技能主要体现于人力资本中，因此，人力资本水平越高，越有利于吸收和利用国外的先进技术（Nelson & Phelps，1966）。Benhabib 和 Spiegel（1994）采用由柯布-道格拉斯生产函数推导而来的简化公式，将物质资本和人力资本作为解释变量，实证结果得出：人力资本水平对本国的技术创新具有直接影响，而且，人力资本存量还会影响对国外先进技术的吸收能力。Narula（2004）直接指出，东道国吸收能力的一个重要组成部分就是人力资本水平。Keller（1996）指出，技术引进方只有保持人力资本积累与技术引进持续的匹配时，才能获得持续的技术进步和经济增长，换句话说，相对较高的初始人力资本固然有利于获取新技术，但从长期来看，如果人力资本存量没有改变和增长，则无法实现不断获得更新、更先进的技术的目的，因此需要不断积累和提高人力资本水平。为了证明这一点，他对比列举了韩国(1965~1967年)和巴西(1965~1973年)技术引进的例子。这两个国家几乎同时实行外向型经济政策引进技术,但是结果却大相径庭。韩国在实行贸易自由化4年后,经济增长率从之前的年均12.3%增长到22.3%,而且保持持续快速的增长。但巴西的经济增长率却从之前的年均3.83%增长到10.3%后,很快又降到年均5%以下。这不仅是因为韩国的初始人力资本水平较高,更是因为韩国在此期间增加的人力资本投资使得两国出现了人力资本的积累差距,以致最终造成两国技术吸收的效果和经济增长率的不同(Keller,1996)。

更进一步的,学者们发现并验证了国际技术转移中(具体指 FDI 和国际贸易)人力资本"门槛效应"的存在。即只有在技术接受方人力资本存量达到某一最低临界水平后,其经济才具有吸收国外先进技术的能力(Benhabib & Spiegel,1994;Eaton & Kortum,1996),并且在这一门槛值之上随着技术接受方人力资本存量增加,FDI 的技术外溢效果更加明显。而且,学者们选取了不同的指标对门槛值进行了测算。Borensztein 等(1998)和 Bin Xu(2000)采用的指标为受教育年限,前者计算得出的门槛值为0.52年,后者的计算结果则是2.4年。另有学者以高等教育人数比例(刘厚俊、刘正良,2006)、企业中技术人员所占比例(孙文杰、沈坤荣,2009)等指标,分别计量了人力资本门槛值。

在部分学者以人均人力资本水平为吸收能力变量的同时,一些学者注意到了人力资本异质性,以及不同类型的人力资本在吸收能力上的差异。Lanlchuizen(2001)着重深入研究了研发部门人员结构对吸收能力的影响。赖明勇等(2002)

分别以中学生入学率、大学生入学率和政府财政教育投入代表人力资本存量,并证明了我国引入的 FDI 主要与初、高中教育水平的劳动者结合产生了溢出。王艳丽、刘传哲(2006)以中国省际的 FDI 数据,林可全和周怀峰(2011)以广东省改革开放后 30 多年的 FDI 数据,都证实得出同样的结论:相较于高等教育,中等教育的人力资本能够更好地与 FDI 结合。究其原因,我国的 FDI 属于以加工贸易为主的劳动密集型产业,中等教育人力资本能够更好地满足产业的技术需求,因而能够对经济做出更直接的贡献。这些实证结论都在表明,与人力资本的绝对总量或人均人力资本水平相比,人力资本结构能够更好地反映一个国家或企业的技术吸收与学习能力。而一些具体的人力资本因素对技术吸收能力有着更直接的影响。

二 影响技术吸收能力的人力资本因素

Cohen 和 Levinthal(1990)认为,吸收能力是企业先验知识(Prior Relate Knowledge)水平的函数。先验知识对于吸收新技术至关重要。因为企业技术学习是一个具有累积性、差异化和路径依赖的过程,这就使得先前的知识基础(或知识结构)会严重影响企业对新知识的识别、获取和利用。具体地说,如果已经积累了相关知识,企业就能更容易地识别出新知识的价值,即使处于不确定的环境中,企业也能够更精准地预测到技术的本质和商业潜力,进而制定出科学的技术选择和发展决策。与之相反,如果初期就没有发展相应的吸收能力,那么新的技术知识就会超出企业吸收能力的理解和捕获范围,企业或者意识不到信号的意义,或者即使理解也因与已有知识基础太远而不予重视或接受。

影响企业先验知识的主要因素包括，关于行业的先进技术知识、员工知识的多样性、员工的基本技能、员工的教育背景或高学历员工比例、员工知识的重叠性、员工工作经验等。可见，除了第一项以外，其他均与人力资本密切相关。

Cohen 和 Levinthal(1990) 及 Mariano 和 Pilar(2005) 研究发现，企业员工知识的多样性更有利于员工评估和搜索外部知识，进而为企业创造更多吸收外部新知识、新技术的接口。而员工知识的重叠性，则有利于员工间的沟通和交流，因此便于企业消化吸收外部的知识溢出。Anker(2006) 将员工经验看作经"干中学"积累获得的一种特殊的知识，其对外部知识的转化以及产生新的知识都具有重要作用。而高学历的员工所拥有大量的高水平知识，使得他们能够更好地识别和评估外部的新知识(Carter, 1989)，而且，他们往往会与具有相似知识和能力的企业外部的个体建立更多的联系，从而帮助企业拓展了外部知识网络(Mangematin & Nesta, 1999)。

当然，这里所涉及的影响技术能力的人力资本因素，其作用的真正发挥还需要借助于组织学习与共享机制、内部网络联结等组织管理、网络环境因素才能真正发挥作用。

通过以上分析可以得出如下结论：人力资本是技术吸收能力的重要构成要素，对技术吸收能力有着重要影响；人力资本"门槛效应"的存在，意味着人力资本水平必须达到一定临界值才能有效地吸收新技术；不同类型的人力资本与技术的结合会产生不同的经济效应,揭示出不同类型的人力资本对技术进步模式有着不同的影响作用。

第四节 技术差距与人力资本约束下的技术选择决策模型

一 技术差距与人力资本约束下的技术选择决策模型的构建

通过前文的分析已知,技术差距对技术溢出效应的影响具有"门槛效应"和"双面效应"。具体地说,在适宜的技术差距范围内,随着技术差距的增大,技术溢出效应也随之增强,而在适宜的技术差距范围之外,技术差距的增大也会减弱技术溢出效应,甚至使之变为负值。由此进一步推论:技术引进只在一定技术差距范围内才是适宜的技术进步模式,因为此时可以获得正向的技术溢出效应;在适宜的技术差距范围之外,无法通过技术引进的方式获得技术溢出、实现技术进步。

而导致技术溢出效应出现拐点的主要决定因素是技术接受方的吸收能力。正是因为技术接受方无法有效吸收和掌握先进技术才导致技术溢出效应的减弱。也就是说,虽然技术转移双方现有技术水平的差异形成了二者间的绝对技术差距,但是,技术吸收能力使得绝对的技术差距转变为一个相对的差距。有鉴于此,基于技术吸收能力考量相对技术差距所进行的技术选择决策,其与现实状况的契合度会大大提升,进而提高决策的科学性和合理性。

技术引进是一个包含着对引进技术进行消化、吸收的学习过程。这个过程中人力资本既是技术知识的载体，其载体更是技术学习过程的主体，因此，人力资本对技术吸收能力的影响至关重要，以其代表技术吸收能力较为合理。更为重要的是，人力资本的异质性特征使得不同类型的人力资本对技术进步的作用不同：一般地说，高水平人力资本对自主创新作用更明显，而低水平人力资本主要通过技术模仿促进技术进步（Benhabib & Spiegel，1994；Andrew et al.，2004）。正是出于上述原因本书将人力资本引入技术选择决策模型。

至此，已经完成技术选择决策与技术差距和人力资本这两个约束条件的连接。现将技术差距和人力资本的吸收能力作为两个维度，并将它们分别划分为两个档级，经两两组合得出四种可能的情况，对应以适宜的技术选择决策，本章构建出技术差距与人力资本约束下的技术选择决策模型，如图4-2所示。

技术差距	吸收能力弱-技术差距大： 不适宜引进，增加研发投入 I	吸收能力强-技术差距大： 适宜引进，创造性模仿 II
	吸收能力弱-技术差距小： 适宜引进，但竞争力弱 III	吸收能力强-技术差距小： 不适宜引进，自主创新 IV

人力资本的吸收能力（弱→强）

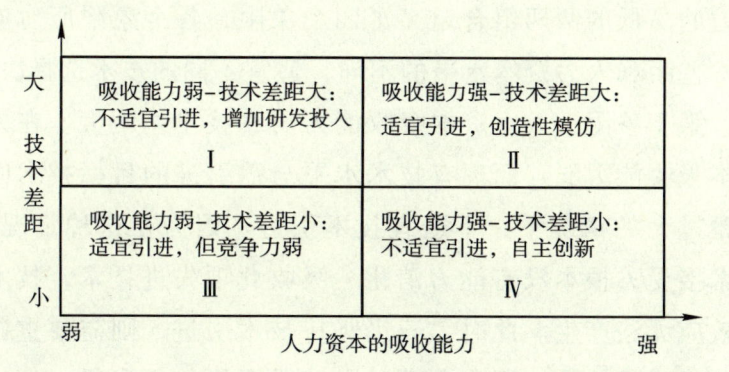

图4-2 技术差距与人力资本约束下的技术选择决策模型

资料来源：笔者绘制。

二 技术差距与人力资本约束下的技术选择决策模型的应用

本章所提出的技术差距与人力资本约束下的技术选择决策模型,其构建的初衷是用于解决在技术差距和人力资本水平的约束下能否引进特定外生技术的决策问题。在此前提下,模型的成立需要依托两个假设。首先,技术引进时所选择的目标技术为国际先进技术。既然是外生技术选择,因为利益驱动或迫于竞争压力,技术选择主体自然倾向于先进技术,所以这个假设也比较合理。其次,本模型虽然只采用大小、强弱等定性指标划分了技术差距和人力资本吸收能力的档级,但是,在对技术差距和人力资本的吸收能力进行判别时,是将技术转让方的技术水平和人力资本水平作为客观标准加以衡量的。

在如图 4-2 所示的技术差距与人力资本约束下的技术选择决策模型中,根据技术差距的大小和人力资本的技术吸收能力的高低的两两组合定义了四个象限,各个象限所对应的技术差距和人力资本水平的不同,适宜不同的技术选择决策。

第Ⅰ象限:人力资本吸收能力弱-技术差距大。在人力资本吸收能力弱,而现有技术水平与欲引进的目标技术间的差距过大的情况下,不适宜技术引进。因为在这种情况下,技术接受方根本没有能力消化、吸收此项先进技术,技术外溢效应无法产生。此时,若仍坚持技术引进,则需要重新评估选择目标技术。更为重要的是,需要增加研发投入,依靠自身的创新活动,提升技术吸收能力和创新能力。

第Ⅱ象限:人力资本吸收能力强-技术差距大。如果技术接受方具有较强的技术吸收能力，而此时技术差距较大，意味着可以充分发挥技术后发优势，引进先进技术，迅速提高生产效率。而且，较强的吸收能力也使得针对引进技术的创造性模仿成为可能，借此，技术接受方逐渐积累起自主创新的能力。

第Ⅲ象限：人力资本吸收能力弱-技术差距小。目标技术与现有技术水平的差距小，使得技术引进成为可能。但是，人力资本的吸收能力弱，意味着对引进技术的学习、消化不够充分，因此，应用引进技术形成简单仿制能力的可能性更大。这种情况不利于企业依托引进技术形成技术优势，更难以通过对技术的消化、吸收，促进人力资本的积累、提升，这些都会导致企业竞争力不强。因此，这种情况下，企业首要的任务是提升人力资本的吸收能力，并以此为基础选择技术差距较大、溢出效果较强的技术进行引进。

第Ⅳ象限：人力资本吸收能力强-技术差距小。这种情况下技术模仿的溢出效应较差，因此，最适宜的技术选择决策应该是依托强大的人力资本，积极投资研发活动，开展技术创新。而且，此时可以将依靠自主创新、实现技术领先作为技术发展战略，摆脱对外部技术源的依赖。

通过以上分析可以看出，对于第Ⅰ象限（即人力资本吸收能力弱-技术差距大）和第Ⅳ象限（即人力资本吸收能力强-技术差距小）所对应的两种情况，不适宜进行技术引进，而增加研发投入、进行自主创新可能才是最佳选择。但是，需要注意的是，虽然同是创新，但二者的目标并不相同。前者的目标则主要集中于以研发活动增强企业对先进技术的吸收能力，以便更好地利用企业外部的先进技术，而后者的主要目标则是以研发活动实现自主创新,从而彻底改变对外来技术的依赖状态,获得技术领先优势。

因为技术差距和人力资本的吸收能力的影响因素较多,而且理论研究和实践经验都未能给出相对统一的判别指标,因此模型中只对两个因素做了定性的分类。在实践应用中,可以结合具体情况选择合适的方法和指标对技术差距、人力资本水平进行衡量,然后据此做出适宜的技术选择决策。

第五节 技术差距、人力资本与技术溢出效应的实证分析

20世纪80年代初我国开始实行对外开放政策,积极引进外资,至今,外资已经进入我国绝大多数产业,甚至在一些行业已经形成了外资主导的基本格局,这其中就包括汽车产业。经过30多年的发展,中国汽车工业迅速发展,已形成年产量千万辆级的整车生产规模,2009年、2010年更是超过美国,连续两年成为世界产销量第一大国;与此同时,中国自主品牌汽车却未能随之发展壮大,无论是品牌效应,还是产品质量、技术,与国际先进水平的差距仍然很大。"满街外国车,到处合资厂"成为我国汽车工业的现实写照,而这与国家政府希望通过合资形式、让出部分市场、换取外资先进技术的初衷相去甚远。中国汽车产业也因此被一些学者(比如,黄亚生,2007)看作"市场换技术"政策失败的典型范例。那么,我国的汽车产业的FDI实践是否具有技术溢出效应?而且,面

对技术引进的效果,这种利用外商投资的政策是否需要做出调整?这些正是本节研究的重点。

一 FDI对我国汽车工业发展的影响

自1983年第一家中外合资汽车企业成立以来,在中国市场巨大潜力、劳动力等资源要素优势以及政府推行的系列引资优惠政策的吸引下,到如今,国际汽车市场著名的"6+4"跨国巨头(即大众、通用、福特、戴姆勒-克莱斯勒、丰田、雷诺-日产六大企业集团,以及宝马、本田、PSA、菲亚特四大独立公司)均已相继在我国投资成立合资公司。与此同时,伟世通、德国博世、日本电装、美国德尔福等世界著名汽车零部件生产厂商,也都纷纷选择在中国投资办厂。而且,随着中国政府依照WTO协议落实有关承诺,各大跨国汽车企业更是加快了进入中国的速度。截至2010年底,汽车行业的外资企业已有620家,年末资产总额达58016190万元,占行业资产总额的25.68%,从业人员达457483人,占行业总从业人数的20.77%,全年创造工业产值99257855万元,占当年行业总产值的32.81%[①]。外资的全面进入和迅猛发展,对我国汽车工业发展的技术溢出效应究竟怎样?学者们给出了不同的结论,具体可以分为三类。

(1) FDI对我国汽车工业发展有正向技术溢出效应。赵英(2000)认为,外商直接投资能够加速汽车产业成为

[①] 中国汽车技术研究中心和中国汽车工业协会编《2010年中国汽车工业年鉴》,2011。

我国支柱性产业的进程、提高整个汽车工业的技术水平、促使汽车工业的产业组织结构更加合理化、优化汽车工业产品的结构、满足市场消费需要，因此产生了技术溢出效应。张雪倩（2003）则认为，FDI 对我国汽车工业所产生的溢出效应广泛存在于汽车产业及其上下游产业间；产业内的技术溢出效应尤其明显，因而促进了整个产业的技术进步和产业升级。

（2）FDI 对我国汽车工业发展有正向技术溢出效应，但不显著。刘晶莹（2007）在其硕士论文中指出，尽管跨国公司的投资行为对我国汽车工业投资和产业效率具有一定的正向促进作用，但是，针对 1995~2005 年汽车工业发展数据所做的计量分析结果显示，FDI 的持续增加对我国汽车行业发展的综合贡献并不十分显著，并未促进我国汽车产业效率的大幅提高。柯广林、华阳（2006）也得出了类似结论：虽然 FDI 对我国汽车产业存在技术溢出效应，但溢出效果并不理想。进一步的，赵增耀和王喜（2007）以中国汽车行业 1998~2005 年的数据实证分析了 FDI 对我国民营汽车企业的溢出效应。他们的实证结果虽然表明外资对我国民营汽车企业具有正向溢出，但是，从所得回归系数看，FDI 技术溢出效应并不显著。

（3）FDI 对我国汽车工业发展有负向溢出效应。尹勇威（2006）指出，FDI 对整个汽车行业具有积极作用，但对内资汽车企业的技术溢出却不明显。王天骄（2011）在其博士论文中，分别为检验技术溢出效应和技术溢出效应影响因素所设立的相应模型的回归分析结果均表明，FDI 对我国汽车内资企业的贡献不显著，总体体现出负向挤出效应。王梓薇和刘铁忠(2009)也认为，FDI对我国汽车整车生产制造企业具有明显的挤出效应。

综上所述，关于FDI对我国汽车工业是否存在溢出效应，学者们的研究结论并不一致，这固然与学者们实证分析时选用的模型、指标及数据的不同有关，但是，更为重要的是，这揭示出技术溢出效应的复杂性。因此，面对跨国汽车公司的大量涌入，以及日渐增强的产业主导地位，更需要认真分析这些FDI投资对我国的汽车工业发展，是否产生了技术溢出效应，通过哪些主要途径产生了技术溢出，哪些因素会影响到溢出效应，进而在FDI的吸收决策以及促进其产生溢出效应方面，分析得出有效的建议。

二 FDI对我国内资汽车产业技术溢出效应及其影响因素的实证分析

影响技术溢出效应的主要因素不仅包括国家、产业发展战略及政策的影响，以及技术"溢出源"的溢出能力，更重要的是技术溢出"接受方"的吸收能力。人力资本水平和技术差距是影响技术吸收能力的两个重要因素，因此，本节以我国汽车产业1992~2010年的经济数据，实证分析FDI对我国内资汽车产业的技术溢出效应，以及技术差距和人力资本对其产生的影响。

（一）模型的构建

学者们大多借鉴Caves(1974)、Globermen(1979)、Persson与Blomström(1983)的理论和模型，由柯布-道格拉斯生产函数(C-D函数)的经典模型，推导出测度FDI技术溢出效应的回归方程，以度量FDI对当地企业产出的影响以技术外溢效应。本章也采用这一思路构建检验技术溢出效应及其影响因素的理论模型。

借鉴 Feder(1982) 的思路,将整个汽车产业划分为内资和外资两个部分,在不考虑外资的作用时,内资汽车产业的生产函数可以表示为:

$$Y_d = AK_d^\alpha L_d^\beta \qquad (4-1)$$

其中,Y_d 表示内资汽车产业的工业增加值,K_d 是内资汽车产业的资本投入,L_d 为内资汽车产业的劳动投入;α、β 分别是资本和劳动的产出弹性,A 表示全要素生产率,包含了除资本和劳动之外所有影响内资汽车产业产出的因素。为简便起见,假设:$\alpha + \beta = 1$,这样,模型(4-1)可以变换为:

$$Y_d = AK_d^\alpha L_d^{1-\alpha} \qquad (4-2)$$

在模型(4-2)的两边同时除以 L_d,可以得出内资汽车产业的生产效率函数为:

$$Y_d/L_d = A'(K_d/L_d)^\alpha \qquad (4-3)$$

Caves(1974) 采用基本形式为 $LP_d = f(FDI, X_1, X_2, \cdots)$ 的模型检验行业内技术溢出效应,其中 LP_d 为内资汽车产业生产效率,等于 Y_d/L_d。通过在内资产业生产效率函数中加入表示外资参与程度的参数项,借以衡量外商直接投资是否存在技术溢出效应。如果数据检验结果显示 FDI 与 LP_d 正相关,表示内资产业的劳动生产率会随着外资在行业中的参与程度的提高而获得提高,这时 FDI 就产生了"集聚性的内溢出效应",其主要产生机制为模仿学习、关联效应以及人员流动。

学者们多构造交叉乘项来考察各影响因素对技术溢出效应的作用（比如，Borensztein et al.，1998），本章重点要考察的是技术差距和人力资本，因此将技术差距和人力资本分别与 FDI 连乘，并将其引入内资产业生产效率函数中。

此外，为了获得平稳序列，本节将各参数分别取自然对数，这样不仅不会改变数据的时序性，而且能够消除变量间的异方差性，提高估计的可靠性。

在综合考虑这些因素之后，在模型（4-3）的基础上，本节构建了用来度量 FDI 对我国内资汽车产业的技术溢出效应及其影响因素的回归检验模型（4-4）。

$$\ln(Y_d/L_d) = C + \alpha\ln(K_d/L_d) + \theta\ln(FDI) + \eta_1\ln(TC \times FDI) + \eta_2\ln(HR \times FDI) + \varepsilon \quad (4-4)$$

其中，Y_d/L_d 为内资汽车产业人均产值，代表着内资汽车产业的劳动生产效率；K_d/L_d 为内资汽车产业人均资本量，可以刻画内资汽车产业的资本密度；FDI 用于描述外资在行业中的参与度，以外资资产占汽车行业资产的比例来度量；TG 为内外资产业间的技术差距；HR 为人力资本水平。C 为常数项，ε 为误差项，系数 θ 表示溢出效应，如果 $\theta > 0$，则说明外商直接投资，即 FDI 对我国内资汽车产业存在正向溢出效应；如果 $\theta < 0$，则说明 FDI 对我国内资汽车产业产生了挤出效应。系数 η_1 和 η_2 分别表示技术差距和人力资本水平对 FDI 溢出的实际作用效果。

（二）参数变量和数据的选择

数据主要来源于 1993～2011 年的《中国汽车工业年鉴》，模型（4-4）中的各参数及其数据的选取说明如下。

Y_d/L_d 表示内资企业的全员劳动生产率,采用内资汽车产业工业增加值 Y_d 与内资产业劳动力投入 L_d 的比值,Y_d 和 L_d 分别取自《中国汽车工业年鉴》中内资汽车产业的汽车工业增加值和年末从业人员总数。

Y_d/L_d 代表内资汽车产业人均资本,K_d 表示内资汽车产业的资本总额。由于统计口径的差异,我国很难找到具有西方经济学意义上的资本存量数据,经验研究中多将"固定资产净值"与"流动资产年平均余额"之和,作为总资本存量的替代变量。本章也采用这一做法,数据由取自《中国汽车工业年鉴》中的内资汽车产业的流动资产年平均余额与固定资产净值相加而得。

FDI 为外资资本占汽车行业总资本的比例,等于 $K_f/(K_f+K_d)$,K_f 为外资汽车产业(包括港澳台商投资企业和外商投资企业)资本,由《中国汽车工业年鉴》中的外资产业的流动资产年平均余额与固定资产净值相加而得。

TG 表示技术差距,为外资汽车产业和内资汽车产业的全员劳动生产率之比,全员劳动生产率等于工业增加值与年末从业人数的比值,即有:$TG=(Y_f/L_f)/(Y_d/L_d)$,而 Y_f 和 L_f 分别代表外资汽车产业工业增加值和劳动投入,数据分别取自《中国汽车工业年鉴》中外资汽车产业的汽车工业增加值和年末从业人员总数。

HR 代表人力资本水平。与人力资本绝对存量相比,人力资本结构能够更好地度量技术吸收能力,因此本章采用行业中技术人员占总从业人数的比例来度量人力资本水平。

表4-1、表4-2、表4-3、表4-4,分别列示了取自

《中国汽车工业年鉴》（1993～2011年）的原始数据，以及经求和等初步计算获得的预处理数据结果。

表4-1 1992~2010年中国内资汽车产业主要经济指标

年份	工业增加值 Y_d（万元）	资本总额 K_d（万元）	年末从业人数[①] L_d（人）
1992	2523884	7247590	1799927
1993	3275840	11194642	1854852
1994	4158727	14898158	1866058
1995	4101753	18124184	1823092
1996	4234484	21775568	1810373
1997	4388789	27132198	1814725
1998	4806437	30788188	1804125
1999	5000279	30833915	1630239
2000	5692900	35305699	1627480
2001	6802444	36203844	1341887
2002	11147789	41916863	1378874
2003	13756028	49246386	1392884
2004	14917939	55354816	1464560
2005	12740129	53577405	1336030
2006	18589302	62343373	1411023
2007	23870038	74759438	1550703
2008	27517531	89192773	1676325
2009	36210664	105773246	1795060
2010	42125971	118118858	1745250

资料来源：中国汽车技术研究中心、中国汽车工业协会编《中国汽车工业年鉴》，1993～2011。

表4-2 1992~2010年中国外资汽车产业主要经济指标

年份	工业增加值 Y_F（万元）	资本总额 K_F（万元）	年末从业人数 L_F（人）
1992	443241	841325	48725
1993	753452	1539736	77723
1994	996830	2527429	102773

---

① 自2000年起，《中国汽车工业年鉴》中的年末职工人数调整为年末从业人员人数。

续表

年份	工业增加值 Y_F（万元）	资本总额 K_F（万元）	年末从业人数 L_F（人）
1995	1305644	4095773	129450
1996	1527020	5019136	140254
1997	1552697	7143158	163366
1998	1807037	8463477	158712
1999	2489150	9447929	176576
2000	2947710	9497978	153846
2001	3753085	11295387	163620
2002	4699718	12247617	191666
2003	7777612	14859729	211674
2004	6959598	17643844	228566
2005	9359169	24824891	332511
2006	15037672	32697527	444073
2007	17544397	36536145	489916
2008	13523728	32552287	417834
2009	17578330	35127873	370430
2010	25471272	50532011	457483

资料来源：中国汽车技术研究中心、中国汽车工业协会编《中国汽车工业年鉴》，1993～2011。

表4-3　1992～2010年中国汽车行业年末从业人数及工程技术人员比例

年份	年末从业人数（万人）	工程技术人员（万人）	所占比例（HR）
1992	184.9	15.4	0.0833
1993	193.3	16.2	0.0838
1994	196.9	16.8	0.0853
1995	195.3	16.6	0.0850
1996	195.1	16.7	0.0856
1997	197.8	17.1	0.0865
1998	196.3	16.9	0.0861
1999	180.7	16.1	0.0891
2000	178.1	16.4	0.0921
2001	150.6	15.6	0.1036
2002	157.0	16.8	0.1070
2003	160.5	17.3	0.1078

续表

年份	年末从业人数（万人）	工程技术人员（万人）	所占比例（HR）
2004	169.3	20.0	0.1181
2005	166.9	19.3	0.1156
2006	185.5	22.0	0.1186
2007	204.1	24.5	0.1200
2008	209.4	25.4	0.1213
2009	216.5	26.7	0.1233
2010	220.3	31.1	0.1412

资料来源：中国汽车技术研究中心、中国汽车工业协会编《中国汽车工业年鉴》，2011。

表 4-4 主要参数变量数据

年份	行业资本总额 K（万元）	内资人均产值 Y_d/L_d [万元/（人·年）]	内资人均资本 K_d/L_d（万元/人）	FDI	技术差距（TG）
1992	8088915	1.4022	4.0266	0.1040	6.4874
1993	12734378	1.7661	6.0353	0.1209	5.4890
1994	17425588	2.2286	7.9838	0.1450	4.3522
1995	22219957	2.2499	9.9415	0.1843	4.4829
1996	26794704	2.3390	12.0282	0.1873	4.6548
1997	34275356	2.4184	14.9511	0.2084	3.9300
1998	39251665	2.6641	17.0654	0.2156	4.2737
1999	40281844	3.0672	18.9137	0.2345	4.5960
2000	44803677	3.4980	21.6935	0.2120	5.4775
2001	47499231	5.0693	26.9798	0.2378	4.5248
2002	54164480	8.0847	30.3993	0.2261	3.0329
2003	64106115	9.8759	35.3557	0.2318	3.7205
2004	72998660	10.1860	37.7962	0.2417	2.9893
2005	78402296	9.5358	40.1019	0.3166	2.9517
2006	95040900	13.1743	44.1831	0.3440	2.5704
2007	111295583	15.3930	48.2100	0.3283	2.3264
2008	121745060	16.4154	53.2073	0.2674	1.9717
2009	140901119	20.1724	58.9246	0.2493	2.3524
2010	168650869	24.1375	67.6802	0.2996	2.3067

资料来源：中国汽车技术研究中心、中国汽车工业协会编《中国汽车工业年鉴》，1993~2011。

（三）实证结果及简要分析

将相关数据代入模型（4-4），运用 PASW Statistics 18

（原SPSS软件18.0版）进行回归分析，具体结果如表4-5所示。

表4-5　FDI对我国内资汽车产业的技术溢出效应及影响因素回归分析结果

C	$\ln(K_d/L_d)$	$\ln(FDI)$	$\ln(TG \times FDI)$	$\ln(HR \times FDI)$	R^2	调整R^2	F值	$D-W$
6.358 (4.149)	0.534 (3.869)	-2.793 (-5.585)	-0.476 (-2.776)*	2.800 (6.264)	0.990	0.987	335.282	2.288

注：括号内的值为回归系数的t检验统计值，*表示显著性水平为5%，其余均为1%显著水平。

从表4-5显示的回归分析结果可以看出，模型的调整R^2为0.987，说明方程总体拟合效果良好，各个参数变量的回归系数均通过t统计检验，除技术差距与FDI的连乘项（即$TG \times FDI$）的显著性水平为5%以外，其他均在1%水平上显著。$D-W$检验值为2.288说明各个变量之间无线性相关性。F值为335.282，经检验也大于显著性水平$\alpha=0.05$的临界值。

从回归结果来看，内资汽车产业的人均资本（即K_d/L_d）的回归系数为正，表示其对内资产业的全员劳动生产率具有正向促进作用，也即人均资本量每提高1%，内资汽车产业的全员劳动生产率就会增加5.34‰，说明内资产业资本投入的增加有利于其劳动生产效率的增长，这也反映出汽车行业的资本密集型特征。

外资汽车产业资本占行业总资本的比例（即FDI）的回归系数为负，意味着外资资本占汽车行业总资本的比例每提高1个百分点，就会降低内资产业全员劳动生产率2.793个百分点。这表明，外资资本已对我国内资汽车企业产生挤出效应，外资的增加将阻碍我国内资汽车产业劳动生产效率的提高。

技术差距与 FDI 的连乘项的系数为负,意味着技术差距对内资汽车产业的全员劳动生产率存在负向阻碍作用。说明技术差距越大,更易造成内资企业学习成本和模仿难度的增加,导致无法充分吸收先进技术,阻碍了内资企业生产效率的提高。

人力资本结构与 FDI 的连乘项的回归系数为 2.8,意味着汽车行业中技术人员比例每增加 1%,即可使得内资汽车产业全员劳动生产率提高 2.8%,表现为较明显的正向促进作用。

在指标确定和数据选取时,该项目没有采用内资汽车产业技术人员占从业人员总数的比例数据,而是采用了全行业的该项指标数据。这样做的主要原因是:虽然内资企业技术人员是内资企业技术吸收的主体,但是,整个行业中的技术人员,也是内资汽车企业的潜在技术力量。因为通过外资企业技术人员的个人创业或流动等行为,以及内资企业聘请技术顾问等方式,外资企业的技术人员得以直接服务于内资企业。现实中也不乏这样的事例,比如,吉利、奇瑞的部分骨干技术力量都来自三资企业。回归分析结果也证明了这一点:整个行业中技术人员比例的提高有利于内资企业生产效率的提升。而且,采用此项指标其政策意义更加明显,即政府、企业等机构应加大力度投资培养汽车专业人才,打造良好的产业人才基础将有利于促进整个汽车产业的发展。此外,抛开经济学意义不谈,仅从数据上比较,内资企业技术人员占总从业人数的比例与行业的取值相近,也就是说,此项指标是采用行业数据还是内资汽车产业数据,对回归分析结果的影响不大。为了说明内资企业的技术人员占从业总人数的比例与全行业的该项数据取值相近，特节选 1998~2010年的具体数据对比列示如表 4-6 所示。

表 4-6 1998~2010 年中国汽车行业与内资汽车产业技术人员占从业人员总数的比例

年份	内资企业	汽车企业
1998	0.0843	0.0861
1999	0.0867	0.0891
2000	0.0945	0.0921
2001	0.1020	0.1036
2002	0.1065	0.1070
2003	0.1065	0.1078
2004	0.1181	0.1181
2005	0.1138	0.1156
2006	0.1197	0.1186
2007	0.1217	0.1200
2008	0.1217	0.1213
2009	0.1246	0.1233
2010	0.1403	0.1412

资料来源：中国汽车技术研究中心、中国汽车工业协会编《中国汽车工业年鉴》，1999~2011。

三　我国汽车工业发展的适宜技术选择及政策建议

因为计量分析方法本身的需要，实证时会将现实中影响因素复杂的技术差距、吸收能力、技术溢出效应等，都做高度简化和概括处理，仅通过某个（些）特定参数指标来反应，因此需要辅助以其他数据及事实依据加以佐证和具体化，才能更为充分地把握我国汽车产业的发展现状，并提出合理的建议。

（一）FDI 对我国内资汽车企业产生负向技术溢出的原因

从本节的实证分析结果来看，对我国汽车工业而言，外商直接投资对我国内资汽车产业的外溢效果为负向，更多体现为挤出效应，本书认为其产生的主要原因包括以下几个方面。

1. 技术上的较大差距使得内资企业的市场竞争力较弱

中国内资汽车产业和外资汽车产业存在的较大技术差距，不仅使得内资企业无法充分吸收引进技术，而且，外资企业较大的技术优势，也给内资企业造成了巨大的竞争压力，导致其在市场竞争中处于弱势。我国内资汽车企业的竞争劣势具体表现在两个方面。

（1）规模小、利润率低，赢利能力较弱。自主品牌企业在资产规模、生产规模、工业产值方面与合资品牌差距明显。比如，一汽大众、上海大众、上海通用、东风日产乘用车产值都超过1000亿元，而自主品牌企业的汽车工业产值都基本处于500亿元以下级别。而且，自主品牌企业的营业利润率明显低于合资品牌，从数据上看，内资企业的代表，江淮汽车、上汽通用五菱、奇瑞汽车、长城汽车、一汽轿车等几家企业不及上海大众、一汽大众、上海通用、东风日产等外资乘用车生产企业的利润高。若是企业的赢利状况缺乏可持续性，企业的发展也难以为继。图4-3对比了2010年部分乘用车企业营业利润状况。

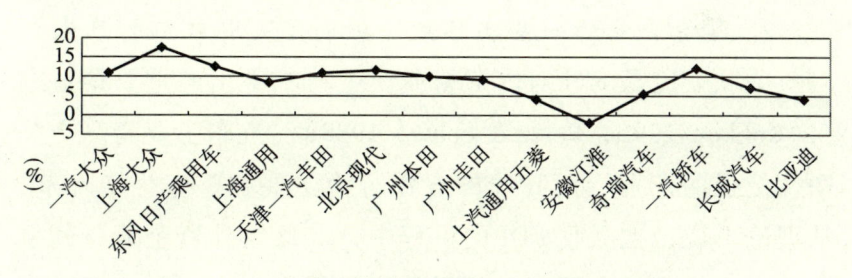

图 4-3　2010 年部分乘用车企业营业利润率

资料来源：中国汽车技术研究中心、中国汽车工业协会编《2010年中国汽车工业年鉴》，2011。

（2）自主品牌虽有积累但价值不高。一直以来，自主品牌能够在国内汽车市场竞争中谋得一席之地，主要得益于其执行了差异化战略——主攻经济型轿车，这个细分市场是合资车企曾经不屑参与的市场。但是，近年来，随着经济型轿车市场潜力的日益显现，外资企业在牢牢占据高端品牌的同时，也开始投入小排量经济型轿车的研发和生产，这无疑将令自主品牌企业的竞争力面临挑战。而且，由于一直主推经济型轿车，自主品牌在消费者心目中已逐渐形成"廉价、低端"的产品地位，5万～8万元的自主品牌汽车的市场销售量最大，超过10万元的产品已经极少，而15万元以上的则几乎空白。对于自主品牌在消费者心目中的定位，中国汽车技术研究中心曾经做过一项调查，结果显示：对于价位在5万～8万元的汽车，67%的消费者会选择自主品牌产品；对于价位在8万～12万元的汽车，就只有32%的消费者会选择自主品牌产品；而价位在15万元以上的汽车，仅有不足10%的消费者表示可能选择自主品牌。虽然吉利希望借助对沃尔沃轿车的并购，将产品定位从低端向高端过渡，但其实际效果还有待观察。

2. 外资企业的一些实际做法抑制了关联效应的产生

关联效应是FDI对内资企业产生技术溢出的重要渠道之一（Kokko，1992；Perez & Soete，1988）。汽车工业是一个关联性极强的产业，而我国的合资行为主要在整车生产环节，从理论上说，在吸收FDI的过程中，应该在外资企业与其上游的本地供应商之间产生关联效应。但事实上，一方面国内汽车产品配套企业的技术水平有限，无法满足外资企业对部件产品质量的要求，这一点在FDI引入初期尤为明显。另一方面，外资企业出于自身利益考虑，而采取的一些实际做法更是抑制关联效应产生的主要原因。现实中，这些合资整车生产企业进入中国时，往往会通过要求"原始供应原则"等方式，将自己的供应商网络带入中国，这些汽车零部件或是通过全球采购来自国外厂家，或者来自其合作伙伴在中国开办的合资厂，真正用到本地内资企业的产品比例极小，国内生产零部件的内资企业因此被排除在合资企业的配套体系之外，技术能力无法获得提高。

而且，2000年修改的《三资企业法》对国产化率已不再做硬性要求，与此同时，国际著名零部件企业大量涌入中国，这都使得外资引发的关联效应进一步受到了抑制。

3. 人员流动效应也受到一定程度的限制

虽然外资的涌入的确为我国汽车工业的发展培养了大批工程技术人员，而且确实存在前文提到的吉利、奇瑞等内资企业吸引合资企业的技术人才加盟的实例，但是，从整个行业来看，人员流动效应也是有限的。我国汽车工业人才分布的主要现实是：外资企业以其优厚的待遇和强大的企业品牌影响力，仍然吸引着绝大多数专业人才，依旧是大多数高等院校汽车相关专业毕业生就业的最优选择。而且，据统计，即便有人才流动，近90%的比例是发生在外资企业之间。另外，合资企业中外方往往垄断了技术开发工作，并且不断弱化着中方的研发职能，比如不允许修改产品设计图纸（即便有错误）。这就使得合资企业中的研发人员的能力得不到锻炼和提升，因此，其人才培养效果也是有限。

综上所述，内外资企业技术差距过大，导致了内资企业技术吸收困难、市场竞争力较弱，加上FDI方式本身存在的弊端，这些共同造成了外商直接投资对我国内资汽车企业技术溢出效应为负的结果。而且，长期施行技术引进政策，已使得我国汽车企业对外技术依赖严重，缺少自主创新的动力和能力基础。虽然，FDI 是技术后发者进行技术学习、实现技术追赶，并获得持续自主创新能力的一条"捷径"，但是，以我国汽车工业的 FDI 实践结果看，有必要认真审视 FDI 的真正效果，评判其对我国汽车产业现阶段发展的适宜性，并据此做出适当调整。

（二）适宜我国汽车产业现阶段发展的技术选择

正如前文已经分析得出的结论：技术差距对技术引进决策而言有着适宜的范围，技术差距太小，提升空间就小；而技术差距过大，技术的接受方就无法充分吸收、利用引进技术。目前，虽然没有关于我国汽车工业的技术差距"门槛"的存在及其取值的直接研究成果，但是，有关技术差距与技术溢出的研究结论应该也具有参考意义。按照这些研究结论，技术差距"门槛"存在，并且，Driffield 和 Taylor (2000) 认为这个"门槛"为 1.2，而 Proenca 等 (2002) 给出的适宜技术溢出效应产生的技术差距范围是，内资企业生产率为外资企业生产率的 60% ~ 95%，换算过来就是 1.05 ~ 1.67。反观我国的汽车工业内外资企业的技术差距，其最小值也为 1.97（见表 4-4）。也就是说，虽然经近三十年的努力，内资企业与外资企业的技术差距不断缩小，但是，仍属不利于技术溢出产生的范畴。而且，本章的实证结果也一定上佐证了这个结论：技术差距的增大，会导致内资企业的全员生产率的下降。

既然技术差距是内外资企业全员生产效率的比值，其大小既取决于内资企业生产效率的提升，又取决于外资企业生产效率的变化，因此，图 4-4 描绘了 1993～2010 年我国汽车产业内外资企业全员劳动生产率的增长变化情况。

图 4-4　1993～2010 年我国汽车工业全行业、内资企业、外资企业全员劳动生产率

资料来源：内资企业和外资企业全员生产率分别根据表 4-1 和表 4-2 中数据计算而得。汽车行业的全员生产率则引自中国汽车技术研究中心和中国汽车工业协会编《2010 年中国汽车工业年鉴》，2011。

在这 18 年间，内资企业的全员劳动生产率从 1.77 万元/（人·年），提高至 24.14 万元/（人·年）；而外资企业的全员劳动生产率则从 9.69 万元/（人·年）提高至 55.677 万元/（人·年）。虽然从增长率反映出内资企业劳动生产率增长更快，但是，常识告诉我们，随着内资企业劳动生产率绝对值的增大，保持较高的增长率的难度会不断加大。

另外，我国汽车产业的整体技术吸收能力不强，也是造成相对技术差距过大、引进技术无法充分吸收的重要原因。姑且不论技术人员的单位生产效率，仅从技术人员人数占总行业人员总数的比例来看，虽然这一比例在不断提高，在 2010 年已高于 14%，但是，照比世界先进汽车企业的 30%，我国汽车工业发展可以依托的技术力量还相当薄弱。

综合以上分析，根据本章第四节提出的人力资本-技术差距约束下的技术选择决策模型，我国汽车工业发展应属于图 4-2 所示决策模型的第 I 象限，这就意味着，普遍的、大规模的技术引进行为并非适宜的技术选择，而应该逐渐转变为以提升技术吸收能力为主要目标的自主创新上来。不过，从本章的实证分析结果上看，行业中技术人员比例的提升已经能够极大地促进内资汽车企业全员生产率的提升，人力资本的正向作用一定程度上预示着，正在从第 I 象限向第 II 象限过渡。

针对我国汽车工业现阶段发展提出如下具体建议。

1. 调整 FDI 政策，对合资行为加以引导

从上文分析及实证结果看，外资对我国内资汽车企业的发展产生挤出效应，而内资企业的资本投入将促进内资企业生产效率的提升，因此，有必要对 FDI 具体行为进行必要的限制。面对世界著名汽车跨国企业几乎都已在我国建有合资项目的现实情况，以及我国引进外资时的政策限制，一些惯性依赖于外资的企业已经开始将合资对象投向小型外资企业，对于这种情况就应该从政策规定或行政审批等方面入手，给予杜绝或限制。与此同时，应该倡导新的外资利用模式。比亚迪收购日本荻原模具工厂、吉利收购沃尔沃等实例，已为内资汽车企业如何利用外资及外部技术，树立了新的典范。

2. 鼓励汽车企业自主创新

在现阶段，内资企业应该积极投入研发活动，提升自主创新能力。因为企业的自主研发活动在提升创新水平的同时，也会提高企业的技术吸收能力，而创新能力和技术吸收能力才是我国汽车产业形成竞争优势，实现持续发展的不竭动力。而且，内资企业技术能力的提升，也将对外资企业带来巨大的竞争压力，逼迫其在合资过程中采用先进技术，发挥更大的示范效应。因此，应该在政策上予以鼓励并提供适当的支持，比如采取对汽车行业基础研究与应用研究增加财政投入力度，并对企业创新行为给予税收优惠、奖励等方式，促进内资企业的自主创新行为。

3. 加大汽车专业人才培养力度，采取措施促使人才合理流动

无论技术应用还是技术创新，最终都要依靠人来完成，因此人力资本水平提升对于我国汽车工业发展而言，始终是最根本的制胜战略。从政府角度说，应该加大投入、整合资源，为汽车行业培养更多的专业人才；从内资企业角度看，则应该从工作环境、工作待遇、发展空间等角度着手，积极吸引国内外专业人才的加盟。

无论是美国还是日本，汽车工业都曾是其赖以实现国家技术、经济追赶，成为世界技术、经济强国的支柱产业。我国也在20世纪90年代提出将汽车产业作为支柱产业，但是，从汽车工业增加值占GDP的比例和行业吸收的就业人数等指标看，我国的汽车工业都远未达到支柱产业的水平。而今后，汽车工业能否真正对我国经济发展发挥支柱产业作用，就有赖于其技术发展战略的正确制定。

第六节　本章小结

第一节首先分析了技术引进和自主创新各自的优势、作用，以及二者间的关系。相较于自主创新，以技术引进实现技术进步具有成本低、风险小、技术变迁速度快等优势。而其弊端主要体现在：①引进的技术未必适宜于新的技术应用环境；②技术中重要的隐性知识使得技术具有本地化特征，因而并不存在全球技术池；③技术拥有者从自身利益出发，可能会采取保密和限制流动的措施，因此难以通过技术引进获得先进技术。而由自主创新产生的技术，因其突破的内在性、市场的领先性和知识资本的集成性，使其具有很强的自组织能力及市场应变力，并得以摆脱技术的依赖性与依附性，进而有利于形成核心竞争力。技术引进与自主创新的优势不同，因此发挥着不同的作用，技术引进功用在于缩小技术差距，而自主创新则更利于扩大技术差距，形成技术壁垒和技术竞争优势。正因如此，实践中各个国家或企业需要依据自身的研发能力和资源禀赋以及其他影响因素，在不同时期、不同产业，科学地做出技术引进或自主创新的不同选择。

第二节首先重点讨论了技术差距与技术引进中的技术溢出效应的关系。关于技术差距大是否有利于技术溢出效应的产生，学者们的看法不同。但是，以技术转移中技术接受方的吸收能力来判断，更有解释力的观点是，技术差距与技术溢出效应之间存在非线性关系。也就是说，存在技术差距的适宜范围，在此范围中，如果技术差距大，能够使得技术接受方充分发挥技术后发优势，受益于更大的技术溢出效应。由此可以推论：适宜的技术差距范围内，进行技术引进才是最佳的技术选择决策。

第三节分析了人力资本对吸收能力的影响。因为人力资本中蕴涵吸收、掌握技术所需的知识和技能，因此人力资本水平是吸收能力的主要决定因素。而且，人力资本"门槛效应"的存在意味着人力资本水平只有在某一临界值（即门槛值）之上，技术转移才能产生技术溢出效应。此外，人力资本结构比人力资本的绝对总量或人均人力资本水平更能反映一个国家或企业的吸收能力。在第三节的第二部分，分析了影响吸收能力的人力资本因素。因为吸收能力是企业先验知识水平的函数，而企业人力资本中有关行业的先进技术知识的多少、知识的多样性、基本技能、知识的重叠性，以及人力资本载体的教育背景或高学历员工比例工作经验等，都是影响先验知识水平的重要因素，进而会影响到吸收能力。

第四节构建了技术差距与人力资本约束下的技术选择决策模型。在决策模型中，技术差距和人力资本作为影响技术选择决策的两个约束条件，各自划分为两个档级，经两两组合得到四种可能的情况，针对每种情况提出了适宜的技术选择决策。具体如下：①人力资本吸收能力弱－技术差距大。不适宜技术引进，而应该增加研发投入，依靠自主创新活动，提升技术吸收能力和创新能力。②人力资本吸收能力强－技术差距大，适宜技术引进。这样可以充分发挥技术后发优势，迅速提高生产效率，而且可以通过对引进技术进行的创造性模仿，逐渐积累起自主创新的能力。③人力资本吸收能力弱－技术差距小。虽适宜引进技术，但是人力资本吸收能力弱，不利于企业依托引进技术形成技术优势，而技术差距小意味着技术溢出效应有限，这些都会导致企业竞争力不强。④人力资本吸收能力强－技术差距小。这种情况下技术模仿的溢出效应较差，因此，适宜依托强大的人力资本，以自主创新、技术领先为技术发展战略，积极投资研发活动，开展技术创新。

第五节以我国汽车工业 1992～2010 年共 19 年的数据，回归分析了技术差距、人力资本与技术溢出的关系。回归分析结果显示，外商直接投资对我国内资汽车产业的整体溢出效应为负，呈现出挤出效应；内资的人均资本的提高以及从业人员中技术人员的比例，却对内资汽车产业的全员生产效率的提高具有正向促进作用；而技术差距的增大会对内资汽车产业的全员生产效率的提高产生负向阻碍作用。在计量分析的基础上，补充了必要的事实和数据，分析了 FDI 负向溢出产生的原因，并根据第四节提出的技术差距与人力资本约束下的技术选择决策模型，提出：在技术差距过大、人力资本水平较低的现状下，不适合再做大规模技术引进，而应以政策指导及适当措施激励内资汽车企业转向对自身自主创新能力的培养，同时加大对引进技术的消化吸收。

第五章
人力资本结构与技术能力提升的适配机制

技术选择固然重要，但是，技术选择主体能否依托引进技术形成技术壁垒和技术竞争优势，还有赖于其自身理解、利用、适应、变化和发展技术的能力（Wong，1995），这种能力就是技术能力。正是技术能力决定了国家和企业等技术选择主体能够引进、吸收何种技术，以及对其进行改进和创新的程度，进而影响、决定了技术选择主体实现技术进步的方式和速度。正因如此，技术能力的形成和提高，是促进技术升级和技术进步的前提条件（Chanaron & Perrin，1987）。

技术自身具有的社会属性，使得几乎不存在能够完全照搬应用的技术，因此需要对引进的外生技术进行消化、吸收，以及一定程度的改造，使之适应新的应用环境并融入原有的技术体系，进而形成真正的生产力。也就是说，技术引进必须经历一个技术学习过程，其所针对的学习对象以及主要的学习成果主要体现为技术知识。技术创新过程也是一个应用、融合内部和外部的技术知识，并创造产生新的技术知识的过程。可见，无论是引进的外生技术，还是经自主创新产生的内生技术，技术能力都体现为主体所拥有的，有效使用和支配技术知识的能力（魏江，2002），所以技术能力的本质是知识（Rosenberg，1982；魏江，1997）。

任何一个组织的知识都是通过"干""用""学"积累而来的（Rosenberg，1982），在这个知识积累和生成的过程中，人是绝对的主体，因为这些知识正是他们不断解决问题而获得的成果；而这些知识（包括隐性知识）也凝聚形成了其人力资本的一部分，直接作用于生产实践。因此，人力资本是影响技术能力形成和提升的重要因素。

从技术能力研究的萌芽之初，学者们就已经注意到了人及人力资本对技术能力的重要作用。比如，较早进行技术能力研究的泰国技术能力研究小组（The Technology ATLAS Project），就将人员与设备、信息、组织一起作为技术能力构成的四要素，并建议通过提高这四个要素来增强一个国家的总体技术能力。魏江（2002）以平台-台阶理论提出技术能力提升过程中有三个平台，在充分分析了各平台的技术能力构成要素的基础上，他得出结论：人员能力是技术能力发展各个阶段的瓶颈要素之一[1]。赵晓庆（2003）的研究中，人作为技术资产也是技术能力的重要体现。

但是，需要注意的是，人力资本的异质性，即不同类型人力资本在知识和能力上存在的差异，导致其对技术知识的存量积累和能量激活具有不同的作用，进而会对技术能力的形成和提升产生不同影响。一些学者已经注意到了这一点。

---

[1] 另一个瓶颈要素是信息能力。详见魏江著《企业技术能力论》，科学出版社，2002。

魏江(2002)在其研究成果中,部分指出了对各阶段技术能力形成相对重要的人员。赵晓庆(2003)也提出,在创造性模仿阶段,人员技能是最重要的技术能力要素之一。这些已有研究成果虽然一定程度上注意到了技术能力发展不同阶段中各类人力资本的不同作用,但是因为研究目的和研究角度的不同,他们没有展开系统深入讨论。而一个组织中人力资本的总量、类型、分布比例代表着组织的人力资本结构,因此,人对技术能力的作用问题,就可以转化为人力资本结构与技术能力形成和提升的适配问题。有鉴于此,本章以此为主题,着重探讨了人力资本结构对技术能力形成和提升的适配机制。

本章根据技术能力研究范式的基础框架,以知识和能力为标准,界定了与技术能力直接相关的人力资本类型并将其定义为技术型人力资本,尔后将知识演化过程作为切入点,分析了各类人力资本在技术能力发展各阶段的作用及其相对重要性的变化,探讨了与技术能力发展阶段相适配的人力资本结构。具体内容安排如下:第一节着重分析、界定了与技术和技术能力直接相关的人力资本类型;第二节重点阐述了技术能力的内涵及其发展的三个阶段,以及各阶段能力的具体体现;第三节具体分析了各阶段技术能力形成中的知识演化过程,在此基础上,依据技术型人力资本和企业家人力资本对各阶段技术能力形成和提升的重要性的相对变化,提出与技术能力发展相适宜的人力资本结构;第四节构建了人力资本结构与技术能力提升适配发展模型,并在此基础上提出了人力资本结构与技术能力提升的适配机制;第五节对全章内容进行总结。

本章以理论研究为主，研究视角定位在企业的微观层面。因为企业是技术引进、技术学习、技术创新的主体，而国家间的技术差距，很大程度上取决于企业的技术能力的大小。因此研究企业的技术能力形成和提升，以及与之相匹配的人力资本结构更具实践意义。

第一节 技术型人力资本的重新界定

本章的研究主题是与技术能力提升适配的人力资本结构，因此首先要甄别出与技术以及技术能力直接相关的人力资本类型。

一 人力资本的分类

人力资本是附着在人身上的、通过教育和培训等方式获得的，以知识和技能等形式存在的资本（Schultz，1961）。从人力资本定义上可以看出，人力资本具有不同的资本形态，而且，投资形成途径的不同及其载体先天能力禀赋的差异、学习吸收能力的不同，都使得人力资本在质和量上存在着差异。这就为人力资本分类提供了前提与可能。

从现有研究成果看，学者们已经做了许多人力资本分类方面的尝试，按照选取标准的不同，大致可分为三类。

第一类，主要以个体在知识和能力上存在的差异为分类标准。此类研究成果进一步细分可以分为两种，第一种采用一维的划分标准，即以知识（高闯、邵剑兵，2001）或能力（周其仁，1996；李忠民，1999；胡永远、刘智勇，2004）单独作为分类标准。李忠民（1999）将个人身上存在的能力划分为一般能力、完成特定意义工作的能力、组织管理能力、资源配置能力，这些能力虽然综合地存在于各类人力资本之中，但是结构分布不同，据此，他将人力资本划分为一般型、技能型、管理型和企业家型人力资本。第二种采用二维标准，即将知识和能力结合起来作为分类标准（Rogers & Wright，1998；方竹兰，2001；秦兴方，2003）。Rogers 和 Wright（1998）按照个体能力和知识的差异，将人力资本分为一般型、专业型和创新型人力资本。一般型人力资本是指具有社会平均水平的知识和能力的人力资本。专业型人力资本是指具有某项特殊专业知识和专业能力的人力资本，具体包括技术型人力资本和管理型人力资本。而创新型人力资本则具有社会所稀缺的"发现市场非均衡、使市场恢复均衡的能力"（舒尔茨，1975），具体包括战略创新型人力资本、制度创新型人力资本和技术创新型人力资本。因为学者们对于知识和能力的定义不同、划分差异的等级标准不同，因此产生了不同的分类结果。

第二类，依据人力资本的专用性对人力资本进行分类。人力资本专用性是指，那些针对特定组织或工作积累形成的知识、技能和经验等人力资本，一旦脱离其生成和应用的特定环境，可能会发生贬值的特性。与专用性相对的是人力资本的通用性。Mincer（1957）据此将人力资本分为一般人力资本和特殊人力资本。在此基础上，有些学者（吴能全等，2003；夏光等，2008；等等）根据专用性或通用性的适用范围，将人力资本进一步细分。比如，夏光等（2008）将 Mincer 所定义的一般人力资本分解为，特定于具体企业的一般人力资本和通用于行业的一般人力资本。

第三类，按照人力资本发挥的不同作用进行分类。魏奋子和罗亚凡（2000）按照人力资本在企业经营中发挥的作用，将人力资本分为生产型人力资本、研究开发型人力资本和管理型人力资本。孔宪香（2008）按照人力资本在创新中的地位和作用的不同，将人力资本分类为企业家人力资本、研发型人力资本、技能型人力资本、管理型人力资本和营销型人力资本。

此外，还有一些较具特色的人力资本分类研究成果。郭玉林（2002）以人力资本价值的可观察、可度量性，将人力资本分为显性人力资本和隐性人力资本；李建民（1999）和侯亚非（2000）依据人力资本的形成方式，将人力资本分为教育资本、技术与知识资本、健康资本、迁移与流动资本；丁栋虹（1999）按照人力资本的边际收益，将人力资本分为异质型人力资本和同质型人力资本。

综合以上关于人力资本的分类研究，可以看出，因为研究目的和视角的不同，学者们将人力资本做了不同的划分。这一方面证明人力资本分类是可能的，另一方面也揭示出进行人力资本分类的重要性。因为随着专业化分工深入，经济活动更加复杂和多变，人力资本因差异而体现出的多样性更加明显，所以更需要以恰当的标准甄别出与特定活动和目标密切相关的人力资本，这样才能有针对性地进行人力资本的分类管理，以确保特定活动的实施和目标的实现。

二 技术型人力资本的重新界定

在已有的人力资本分类研究成果中已有所涉及与技术及技术能力相关的人力资本。Rogers和Wright（1998）所定义的技术型人力资本，是在给定技术条件下，加工生产特定物品或完成特定工作的专业知识和技能。而技术创新型人力资本，则主要体现为能够提高技术水平、使得技术可能性边界外移的创新能力。李忠民（1999）将技能型人力资本定义为具有某种特殊技能的人力资本，其载体的主要社会角色为专业技术人员。魏奋子、罗亚凡（2000）分类中的生产型人力资本主要作用于程序性生产作业；研究开发型人力资本则主要作用于科学研究、技术开发活动。孔宪香（2008）定义的研发型人力资本，是拥有较高的理论知识积累，主要从事研究开发工作，并具有创新能力的人力资本；而技能型人力资本则是具备了必要的理论知识，经过专门培养和训练，掌握了较高水平的应用技术（经验技术）、技能和理论知识，并具有创造性能力和独立解决关键性问题能力的人力资本。通过以上定义综述可以看出，已有的与技术相关的人力资本类型定义，虽然因分类标准不同而有所区别，但在内容上已有一定的重合。

充分借鉴已有的人力资本分类研究成果并结合本章的研究主题，本书综合采用知识和能力组成的二维标准，将企业中的人力资本分类为一般型人力资本、技术型人力资本、管理型人力资本和企业家人力资本。之所以采用知识和能力结合的综合标准进行人力资本分类，原因主要有两个。第一，知识和能力是密切相关的。具体地说，①知识是能力形成的基础和必要条件；②知识存量只是一种潜在的生产力，只有转化为能力才能发挥所具有的资本保值增值作用。正因如此，人力资本常常被简化为知识和能力。第二，技术能力是企业所拥有的有效使用和支配技术知识的能力（Dahlman &

Westphal，1989），其本质也是知识（Kim，1997；魏江，1998）。因此，将知识和能力作为依据划分与技术能力提升相关的人力资本的做法比较科学、合理。

在本章的人力资本分类中，一般型人力资本和管理型人力资本的含义与已有人力资本分类研究成果中的定义并无不同，而且也非本书研究重点，因此不再赘述。本书将凝结在人身上的与技术直接相关的专业知识、技能、经验和创新能力统称为"技术型人力资本"。与技术直接关联的知识和能力，以及对技术进步的直接作用，使得技术型人力资本与企业中其他类型的人力资本，即一般型人力资本、管理型人力资本、企业家人力资本区别开来。

在此基础上，为了更清楚地说明在技术能力提升中人力资本发挥的作用，本书进一步将技术型人力资本细分为两个子类。一类人力资本是指具备了必要的专业理论知识，并经过专门培养和训练以及长期实践积累，掌握了较高水平的技术知识、特殊技能，擅长在给定技术条件下，生产特定产品或完成特定工作任务，并具有独立解决生产中关键性问题的能力和一定创新能力的人力资本。另一类人力资本是指拥有较高的理论知识积累，具有较强的创新能力，能够通过研发活动突破既定技术的瓶颈约束，使得技术可能性边界外移或生产函数上移，进而实现对技术的改进和创新的人力资本。本书将第一类人力资本定义为技能型人力资本，第二类人力资本称为研发型人力资本。

技能型人力资本的作用主要体现在，其载体是生产现场的组织者、生产过程的执行者，承担着将技术决策、设计、方案等经生产过程转化为现实生产力的重要任务。在其知识结构中，虽然也有一定比例的专业理论知识，但是，来源于生产实践的技术知识和经验才是最重要的组成部分。而技能型人力资本所具有的完成特定系列动作或活动的动作技能，以及因此体现出的精湛的制造技艺和解决复杂性、关键性和超常规实际操作难题的能力，是其区别于其他类型人力资本的重要特征。相对于同样从事生产的一般型人力资本，技能型人力资本不仅在专业技术知识、技能方面具有较高的水平，而且人力资本专用性也显著高于前者。就技术能力提升而言，技能型人力资本主要作用于技术应用能力的提高，其整体水平对企业的生产能力有着重要的影响。在企业中，技能型人力资本的载体所对应的主要社会角色是我国职业技能认证体系中的高级技工、技师和高级技师。

研发型人力资本的载体是企业研发活动的主体，技术创新任务的主要完成者。研发型人力资本知识结构的主要成分是专业理论知识，其突出能力是技术创新能力。其载体所对应的社会角色，主要是在企业中从事研发工作的技术专家和工程师（孔宪香，2008）。研发型人力资本主要作用于企业技术开发能力的提升，其水平决定了企业的技术吸收能力和技术创新能力。

虽然一般不直接作用于技术的应用与开发过程，但是，企业家在技术进步中的决策和支持作用，也使得企业家人力资本成为技术能力提升中的重要人力资本类型。企业家人力资本是指具有在不确定市场环境下进行决策和配置资源能力的人力资本，即能够在不确定性中构建新生产函数（李忠民，1998），且具有边际报酬递增性质的一种异质型人力资本（丁栋虹，1999）。企业家人力资本对技术发展的作用主要体现在两个方面：①企业家往往是技术变革的发起人和最终决策者；②作为一揽子要素的支配者，企业家为技术变革活动提供了必要的资源保障和制度环境。此外，个别技术专家型企业家具有极强的理论和生产实践能力，能够直接从事技术创新工作。

第二节 技术能力提升的三阶段模式

纵观发展中国家的企业技术进步的历史经验，可以发现：大多数成功实现工业化的国家中的企业，其技术能力提升都开始于技术引进。而之后，这些企业的技术能力提升过程开始呈现出明显的阶段性特征，并与发达国家的技术发展具有一定的对应关系。学者们从不同的角度对技术能力的发展阶段进行了界定，本节主要借鉴 Kim(1997) 和赵晓庆等(2002) 的技术能力发展三阶段模式，对技术能力发展演化过程进行分析，以便更好地把握技术能力形成和提升的规律。当然，在这之前，我们首先要清楚地了解技术能力的本质内涵。

一 技术能力的内涵

技术能力的概念并不统一。安同良（2002）曾将国外早期有关技术能力的定义，划分为结构学派（Fransman & King, 1984；Westphal, Kim & Dahlman, 1985）、过程学派（Stewart, 1981；Desai, 1984；Lall, 2000）和资源学派（Pavitt, 1992）。而从技术能力概念产生伊始，就有学者从知识的角度对它进行诠释和定义。最早卡茨（Katz, 1984）将技术能力定义为技术诀窍；之后 Dahlman 和 Westphal(1989) 将其扩展为企业所拥有的、能够有效使用和支配技术知识的能力;再有巴顿(Barton,1991)从知识的角度将技术能力提升为核心技术能力;更有格路德和纳耶(Garud & Nayyar,1994)从知识角度提出的技术能力的提升途径,即企业可以通过技术知识的积累、储备、保持和激活获得技术变革的能力,而且技术变革的发生是不同知识层面交叉作用的结果。这些研究都将技术能力的本质指向知识。近年来,随着人们对技术的知识本质,以及"企业的本质和核心资源是知识"等观点的普遍接受,更多的学者倾向于从知识的角度定义和研究企业技术能力。比较有代表性的定义是,金麟洙(Linsu Kim,1997)认为,技术能力是指在消化、使用、适应和改变现有技术方面,所具有的能够有效使用技术知识的能力。而且,这种能力能够促使人们在不断发展变化的经济环境中创造性地开发出新技术、新产品、新工艺。

我国学者于20世纪90年代开始了技术能力的相关研究,就有部分学者从知识的角度定义技术能力。魏江等(1995)提出,技术能力是"企业从外界获取先进的技术与信息,并结合内部的知识,创造出新的技术与信息,实现技术创新与扩散,同时又使技术与知识得到储备和积累的能力"。这个概念中包含了技术与信息的引进、技术学习、新技术与知识的产生、技术创新四个层次的内涵。之后,魏江(1997)在其博士论文中又增补了这个定义,着重强调了技术能力的附着载体即技术能力四要素,认为技术能力是"附着在内部人员、设备、信息和组织中的所有内生化知识存量的总和……"。赵晓庆等(2002)则更关注企业技术战略与商业战略的集成,并提出技术能力是企业在技术资源和技术活动两个方面所具有的知识和技能总和。而技术活动中包括了企业对其内部、外部技术资源的整合与协调，以及技术战略和共有文化与价值观组成的战略逻辑。它们与由有形的设备和无形的知识技能、知识产权等组成的技术资产，一起构成技术能力的四个维度。与他们的视角略有不同，安同良（2002）更倾向于给出一个过程学派的定义，他将技术能力定义为"企业（或国家）在持续的技术变革过程中，选择、获取、消化吸收、改进和创造技术并使之与其他资源相整合，从而生产产品和服务的累积性学识（或知识）"，据此给出了技术能力发展的五阶段模式。并且，他将这五个阶段划分为两大类，前两个阶段定义为技术能力发展的初始阶段，后三个阶段称为技术能力的高度化发展阶段，它们反映了企业技术能力由消化吸收逐渐向技术创造演化的过程。因此，从时间角度看，技术能力的演化过程具有路径依赖特征。本书采用"技术能力的本质是知识"的观点，综合借鉴上述有关技术能力的定义，着重从知识演化的角度分析技术能力形成和提升以及与之适配的人力资本结构。

二 技术能力发展的三阶段模式

Abernathy 和 Utterback（1976）研究认为，发达国家的工业产业和企业是沿着流动、转换、专业化的技术轨迹发展的，这种三阶段式技术创新模式通常被简称为 A－U 模型。这个模型虽不能适合于所有行业，却是理解发达国家技术变化的重要参考。Kim（1997）在研究了后发国家的技术能力发展历史后，提出其提高过程也要经历三个阶段，即简单仿制能力－创造性模仿能力－自主创新能力的技术能力发展轨迹，如图 5-1 所示。

图 5-1　技术能力发展轨迹

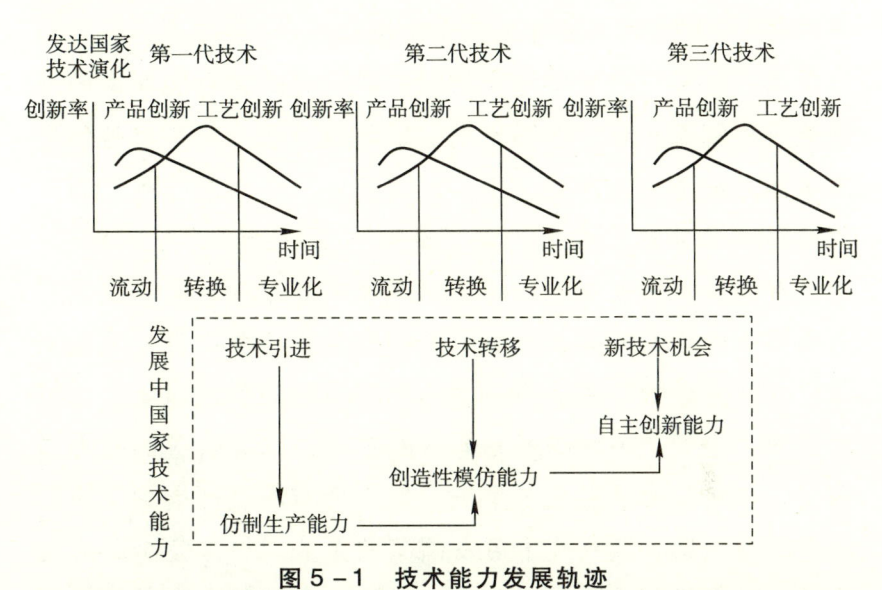

资料来源：Kim, Linsu, *Imitation to Innovation: The Dynamics of Korea's Technological Learning*, Boston: Harvard Business School Press, 1997。

这个过程恰好与 A-U 模型中的三个阶段的出现时序相反。在 Kim 的模型中，后发国家是以所引进的国外先进技术为基础，通过对国外技术的学习、消化和吸收，获得技术能力的提升，最终实现持续自主创新。但 Kim 理论着重以行为对象描述技术学习过程，其中没有明确对引进技术的消化吸收因素；而且其定义的创新专指突破性创新，而将渐进性创新完全排除在外。尽管如此，Kim 理论仍然比较准确地揭示了发展中国家的企业技术能力发展的过程，因此成为技术能力演化轨迹研究的重要理论基础。

本章采用 Kim(1997) 提出的技术能力发展的三阶段模式，但是在对各阶段能力的定义上，则采用赵晓庆等(2002)的观点。下面从企业角度，对技术能力演化发展过程以及各阶段技术能力的体现和形成过程进行分析和阐述。

（一）技术能力演化的三个阶段

第一阶段——简单生产仿制阶段。此时，发展国家的工业化进程刚刚起步，本国技术基础薄弱，无法依靠自身创新技术满足经济发展需要。于是，在整个社会对新技术、新产品的需求日益膨胀的压力下，发展中国家选择了技术引进。出于规避技术引进风险、降低引进成本等原因，同时受制于自身低下的技术能力，发展中国家的企业往往会将发达国家中已处专业化阶段的成熟技术和产品确定为引进对象。在这个阶段，它们最关注的就是如何能够尽快掌握引进的技术或装备，并将其成功应用于生产，形成现实的生产能力。经过这个阶段之后，这些技术后发国家的企业，虽未完全掌握技术的原理和诀窍，却已经积累形成了一定的技术能力，迈上了技术能力发展历程中的新台阶。

第二个阶段——创造性模仿阶段。经过仿制阶段的积累，发展中国家的工业化进程得以深入，尤其部分领先企业，已逐渐积累起一定的技术和物质基础，自主研发能力也有所增强。与此同时，引进成熟技术所生产的产品的同质化程度过于严重，不利于企业形成差异化的竞争优势，也难以满足日益多样化的市场需求。因此，发展中国家将技术学习对象锁定为发达国家处于转换阶段的技术和产品，并依靠自身已具有的技术吸收和研发能力，对其进行创造性地模仿和改进。处于这个阶段的技术后发国家的企业的焦点集中于，如何针对本国市场需要，以技术转移获得的技术、设备为基础，进行产品的改进和重新设计，或者对国际新技术和产品进行创造性模仿，甚至重新设计。

第三阶段——自主创新阶段。经前两个阶段的积累，发展中国家的工业化进程进一步深化，生产能力具备了一定的规模和水平，国家科研力量和水平得到积蓄，并且，高等教育的整体水平也随之不断提高。也就是说，已经为进行技术创新积累起了必需的技术知识和资源。与此同时，"后发优势"下更容易看到发达国家先进技术中的不足，加之自身技术监测能力和预测能力的提升，使得发展中国家有可能在主导设计出现以前，或者新兴技术发展的早期，闯入技术流动阶段或者初始点，率先开展新技术、新产品的研究开发，实现自主设计和技术创新，从而在世界技术发展中争取领先地位。这一阶段的关注焦点是，能否准确、及时地把握住正在发育或尚未发育的技术和产品创生点，并充分利用外部技术信息和科研力量，与高等院校、科研院所等建立起广泛科研合作网络，结合自身的研究开发能力和生产能力，以最快的速度完成包括研发设计、中间试验、规模生产的整个自主创新过程。

这个主要以发展中国家企业技术发展轨迹为初始原型的模型，清楚地揭示出这些技术后发国家的企业技术能力发展的三个阶段，即仿制能力阶段、创造性模仿能力阶段和自主创新能力阶段，其对技术能力提升研究及技术能力建设具有极强的参考价值和指导意义。需要注意的是，虽然按照吴晓波(1995)的二次创新理论，技术发展的每个阶段中都包含有生产能力、创造性模仿能力和自主创新能力，但是各阶段的技术能力特征、三类能力的相对比例，以及关注的重点还是有所区别的。为了更好地说明这一点，下文将逐一深入分析这三类能力，以便于更清楚地把握这它们各自的性质、规律及其彼此间存在的区别。

（二）三类基本的技术能力

仿制能力主要体现为应用引进的技术或设备进行复制生产的能力。其中包括两个层次：首先，对引进技术（主要是生产设备）具有的操作、工程实施、必要的维修及管理生产系统能力，要能够做到"坏了能修，缺了能配"；其次，在现有设计范围内对产品或工艺进行调整，以使其能够适应企业原有设备、工艺、配套技术等组成的技术应用环境，并尽快实现与原有技术体系（即使比较简单）的融合。而后者往往更为关键，会直接影响到技术引进成功与否。

创造性模仿能力是指"对国际新技术产品原有设计进行创造性模仿和重新设计"的能力（赵晓庆等，2002）。具体表现为：或者立足于现有技术平台和核心技术构架内，对产品或工艺进行改进或重新设计，以实现产品功能和质量上的延伸或提高，从而适应市场需求；或者针对国际上最新的先进技术产品，对其生产系统进行整体的重新设计。在生产仿制阶段，即便不懂技术原理也可以照搬照抄，实现最起码的生产能力。而创造性模仿则必须以洞悉生产制造原理为前提，然后才能实现有目的地改进和创新。这就要求，首先必须努力提升自身的研究开发能力；其次要充分利用外部技术信息及技术开发资源和经验，唯有如此才能尽快完成对技术原理的掌握，并令技术改进和创新成为现实。

历史经验表明，有两个途径有助于模仿性创新能力的提升。一个是利用反求过程（或称逆向工程）吸收和掌握技术领先者的核心技术和技术诀窍。具体地说，就是通过对进口或购买的先进产品进行拆解，弄懂制造原理后再根据需要重新设计和制造。比如我国汽车产业自主品牌的代表——吉利和奇瑞，每年都会购置世界先进的样车、发动机、变速箱等，交由技术研发人员进行拆解，以便弄清其中原理，追踪世界先进技术。但是，技术中包含的隐性成分，以及越来越多的新产品逐渐以模块化方式制造，都会减弱逆向工程获得技术信息的效果。因此还要利用合作开发的形式，在合作中积累、提升自身的研发能力。由此可见，创造性模仿能力的形成不仅要依托较强的生产能力，还要具备一定研发水平。此外，创造性模仿能力已属技术创新范畴，其中包含有一定程度的渐进性自主创新，但是，因其仍然立足于现有技术架构和平台，且关键技术上仍然没有摆脱对外部技术源的依赖，所做技术创新也依旧是以引进的外来技术为基础，因此属于技术能力中的创造性模仿阶段。

自主创新能力是指，通过对现有技术平台的整合或依靠自身的独立开发，构建形成新的技术平台，或者开发出新的核心技术，并在此基础上推出新产品的能力（赵晓庆、许庆瑞，2002）。自主创新包括两种类型：一类是渐进性的自主创新，即通过对原有技术整合或引入研究产生的新技术构建形成新的技术平台[①]；另一类是根本性（或称突破性）的自主创新，即通过自主研究开发出新的技术平台或全新的技术，并据此研发出全新的或新一代的产品。企业进行自主创新时，既无可供追随模仿的技术领先者，也缺乏可供援引的范例，更是要在一个广泛、长远的社会经济、技术发展和用户需求框架中开发出新的技术平台和核心技术。因此，如果说

---

① 这点有别于 Kim（1997）的模型。Kim 模型中的自主创新只包括根本性创新。

创造性模仿阶段中的企业技术能力，主要在针对具体对象（先进技术产品）和实现目标（改进性能、适应需求）的问题求解实践中得到增长，那么自主创新能力的形成则要依托于企业对未来经济技术发展和市场需求变化的预测能力、挖掘和选择新业务和新产品思想的创新能力和判断力，以及将这种针对未来的洞察力转化为实际的行动能力，并在此基础上充分整合、利用内外部技术知识和资源，使之产生全新的技术成果，开发出更先进、适用的技术平台和核心技术，开拓发展出新的市场空间。

通过上述关于技术能力发展阶段的分析可以看出，各类技术能力在具体构成和形成过程上具有较大的差异。比如，虽然自主创新与创造性模仿同属创新活动，但二者间的差别之大，甚至大于创造性模仿能力与仿制生产能力的差别。因此，若要准确研究技术能力的发展和提升问题，还需要进一步分析这三类技术能力及其差别。而技术能力的本质是知识，为此，本章的下一节将从知识演化过程进一步深入分析各阶段技术能力的形成和提升的内在机理，并据此提出与之适宜的人力资本结构。

第三节　与技术能力发展适宜匹配的人力资本结构

传统经济学认为技术转移是"瞬间发生"的，既无扩散成本的产生，也没有时滞的存在。而且，这个过程主要是在应用技术进行生产的"干"中，接受被动学习，也许其中包含有一丝丝的努力意识，但主要是个被动学习的过程。但是，事实并非如此。很多国内国外关于技术引进的研究，都以实证结果表明：单纯的技术引进并不必然导致技术能力的提高，也就是说，技术转移的完成、技术能力的提高，并非是技术引进行为自动产生的副产品（By-product），而是对技术进行消化、吸收的主动技术学习的成果（谢伟，1999）。这主要是因为，技术不能像物质产品那样一经交易完毕就可实现完全转移。具体地说，技术转移中，虽然配套有设备、说明书、专利、设计或者蓝图等技术知识的显性化表达，但是技术中的隐性知识难以被接受方所洞察和理解。而且，技术引进后还存在与应用环境的融合、匹配问题。因此，只有在技术中的隐性部分被结合使用地具体情况开发完成后，那些技术中的嵌入元素才能真正得到应用（Nelson，1990）。由此可见，技术转移并非是一个完全自动完成的被动学习过程，虽然也许会有一小部分被动的学习，但主要还是一个有意识的、主动学习的过程（Kim & Nelson，2000）。正因如此，技术学习成为技术能力形成和提高的必然途径。

Hobday（1995）将技术学习定义为组织利用内部和外部的有利条件，获得新技术和新知识的行为。赵晓庆（2003）的定义与此类似，他认为，技术学习是指企业从外部环境中搜索、获取对企业有用的技术知识，并通过消化吸收，将其纳入自身的技术轨道或重建技术轨道，进而增强组织整体技术能力的过程。Dodgson（1991）将技术学习看作"一种方式，企业通过该方式能够建立和补充自身关于技术、产品及过程的知识基础，并借此发展和提高整个组织中成员的技术使用技巧。"这些概念彼此之间虽然有着细微的差别，但是，它们都不约而同地将技术学习看作技术能力提升的基础。陈劲（1994）、Kim（1997）等更是将从技术引进到自主创新的过程直接看作技术学习过程。

因此，分析各阶段技术能力形成中的知识演化过程，能够更深入地探究各类技术能力在具体构成和形成条件上产生差异的原因，更好地把握技术能力形成积累的规律。与此同时，从技术学习过程角度入手，也可以更好地揭示出不同类型的人力资本在技术能力提升中的作用。

一 技术能力形成中的知识演化过程

根据知识所包含的内容，可以将知识划分为 Know-what、Know-how、Know-why 和 Know-future 四种。其中，Know-what 是关于事实的知识；Know-how 代表着与完成一项任务相关的能力，即技能知识；Know-why 是关于系统内各组成变量之间相互作用的知识；Know-future 代表着对事物运动发展规律深入理解的知识。知识演化指的是这些知识类型间的相互转化。而且，企业中的知识演化过程集中体现为知识的创新。因此，但凡存在有知识转化为能够共享的组织知识的过程，都可称之为知识演化。为了更好地分析技术能力提升机理和过程，接下来首先从知识演化角度分析各阶段技术能力的形成过程。

（一）仿制能力形成过程中的知识演化过程

在简单生产仿制阶段，生产设备最为重要（赵晓庆等，2002），因为它是引进技术的重要载体，能否对其进行成功安装、调试、操作以及进行必要的维修，是决定能否成功实现仿制生产的关键所在。以此为焦点，企业主要针对引进的机器设备进行消化吸收。而机器设备及其引进附属品如产品操作说明、设计运行参数等，都属于显性知识。它们传入企业后，员工们主要通过"干中学""用中学"等方式对其进行消化吸收，并因此逐渐形成能够提高工作效率的内化于员工个体之中的隐性知识，即操作诀窍以及对制造原理的理解。工作中，员工间不断地发生相互作用和频繁地彼此协调，不可避免地会自发交换这些隐性知识，而组织则以适当的共享机制加以推动和促进，这就加速了这些隐性知识的共享和显性化，也导致了组织内部隐性知识的关联和融合，至此，源自个体的独特隐性知识，经融合和常规化成为组织的显性知识，如规范化的工艺生产和管理标准，仿制能力就此形成。随着企业员工对生产技能和经验的积累增多，企业中的知识逐渐从关于事实的知识即 Know-what，演化至关于技能诀窍的 Know-how。

虽然因为需要对引进设备进行适应性调整、修改，以及学习更好地提高生产效率的方法，可能会通过人才引进或者选派员工外出学习等方式，进一步获取与引进技术相关的显性和隐性知识。但是，可以看出，仿制能力形成过程中企业与外部联系局限于设备的引进，对外部技术资源利用程度较低，对其他外部技术信息关注也较少。而仿制能力的构成中，虽然包括有如操作技巧、小规模的工艺优化方法、生产管理经验等隐性知识，但是仍然以生产操作规程、产品和工艺标准、管理规范等显性知识为主。

（二）创造性模仿能力形成过程中的知识演化过程

为了能够实现对先进技术产品原有设计的重新设计，或根据市场需求对其进行创造性改进，企业必须深入、全面地掌握新产品的技术设计原理和方法。也就是说，在创造性模仿阶段，企业关注的重点已从生产技能的积累，转移到了对技术的工艺诀窍和设计原理的掌握。而这些往往是无法用语言、公式、软件、专利等编码化形式完全显性化的。因此，虽然企业在合作研发中，得以观察到外部技术专家的行为、语言以及表层的组织关系；或者通过对新技术产品进行拆解、测量和重新组装，获得产品的物理参数和组件的相对位置关系等显性知识，但是，蕴藏其中的更为重要的关于原理和规律的隐性知识，则只能依靠员工个人在充分吸收外部技术信息、知识的基础上，通过其内里的"同化"和"顺应"过程进行理解和体会。通过这一过程，既增加了知识的存量，从而进一步提高了知识的吸收能力，又可能因为新旧知识的融合、碰撞而产生出新的知识。个人内化积累产生的隐性知识，经员工间的互动协作和组织的共享机制，得以部分显性化、常规化成为企业的组织知识，并在组织中传播、扩散，用以指导实践。而这些知识成果经实践验证、反复修改及整合，就会形成针对现有产品和工艺的改进方案，甚至全新的设计思路，再经显性化处理，最终成为可用于指导生产实践的工艺流程和产品设计的工程图纸。在这个过程中，企业中的知识从 Know-how 演化到 Know-why 阶段，企业也因此提高了对技术内在原理的理解和把握的能力，为自主创新做好了准备。

综上所述，可以从知识演化角度将创造性模仿能力的形成过程的特点概括为以下两点。首先，如果说仿制能力主要产生于重复的生产操作实践的话，那么，创造性模仿能力则体现在充分理解和掌握技术设计原理的基础上,运用知识进行产品设计和工艺流程的改进、创新过程中。也就是说,创造性模仿能力的形成和提高,不仅关注研发实践中的思考和经验的积累,还要重视研发前的理论演绎过程,以及理论对实践的导向作用。因此,其提高方式主要是"研发中学"(Cohen & Levinthal, 1990; Kim Linsu, 1997; Hobday, 1995)、"模仿中学"(Dutton & Thomas, 1984)以及"合作中学"。其次,相较于仿制能力,创造性模仿能力的形成,更依赖于对外部技术知识、市场知识的充分吸收和转化,也即通过消化吸收过程,将外部知识(尤其是隐性知识)内化成自有知识体系的组成部分,再将它们商业化为具有差异性的特色化产品(安同良,2006)。因此,企业会与外部技术源发生更为多种多样的技术连接,对外部技术的利用能力大大增强。

(三) 自主创新能力形成过程中的知识演化过程

自主创新要求企业对经济、技术发展和市场需求变化具有极强的科学预测能力,并依据这种能力的判断,开发出新的技术平台和核心技术。若要实现这一目标,企业既要密切注意外部宏观环境的变动,又要更多地关注、追踪事物演变的过程和规律。因此,充分吸收和利用外部技术信息和知识就十分必要。而且,自主创新能力往往是许多优秀人才的个人智慧的汇聚凝结,这些智慧既可能来自企业内部员工,也可以是企业外部专家的贡献。因此,自主创新过程中建立更为广泛、多维、密切的网络的目的,不仅是为了更及时地获取和有效吸收技术信息和知识,更是要通过深入合作,充分利用企业外部的技术研发能力和资源。因此，自主创新能力对外部资源的利用和整合能力达到了最高程度。与此同时，自主创新意味着要推出与以往不同的技术范式，代表着技术发展从线性到非线性的变化，在这一过程中，以往的知识积累固然是技术开发的重要基础，但是，更要学习"忘记"虽经长期积累形成，现在却不再适用的主导逻辑、组织文化规范和核心能力。正因如此，自主创新能力形成中技术学习的主要方式是"网络中学"、"联盟中学"（Hagedoorn & Schakenraad, 1994; Lei, Slocum & Pitts, 1997）、"科技进步中学"（Kline & Rosenberg, 1986）以及"预测未来中学习"（赵晓庆，2003）。其中，"网络中学"是基础，即对这些来源于组织外部的经济、技术、市场信息，进行筛选纯化等知识处理步骤，并通过内化转换，将其成功地整合到企业内部知识体系中；之后通过传播、扩散、交融和深化，作用于企业的自主创新过程。而"预测未来中学习"，则是因为企业要冲破现有环境的束缚，面向未来、解放思想，唯如此才能实现突破性创新。自主创新过程中，企业中的知识需要从 Know-why 演化到 Know-future。而自主创新的结果，不仅表现为新的产品、技术以及技术架构，更是通过知识的常规化过程，形成了指导企业一切工作的新的愿景、价值观和核心能力，进而为企业获得持续的竞争优势和发展动力提供了根本保证。

结合上一节中对各阶段技术能力形成条件和具体构成的分析，以及本节中技术能力形成中知识演化过程的分析，可以将三类基本的技术能力进行对比，比较结果如表 5-1 所示。

表 5-1　三类技术能力的比较

项目	仿制能力	创造性模仿能力	自主创新能力
技术源	外部	外部	内部
阶段目标	依靠引进技术形成生产能力	对现有技术进行改进和创造性模仿	开发出新的技术平台、新的核心技术和新产品
能力体现	引进设备的操作、维修、工程实施和生产系统管理；在现有设计范围内调整产品与工艺	对国际新技术产品原有设计的创造性模仿和重新设计	渐进性自主创新：引入技术建立新平台；根本性自主创新：研究获得新技术知识，由此建立新平台
知识演化过程	Know-what→Know-how	Know-how→Know-why	Know-why→Know-future
主要学习方式	干中学、用中学	合作中学、研发中学	网络中学、预测未来中学习
适宜的竞争战略	低成本	差异化	技术领先

资料来源：笔者根据相关文献整理。

二　与技术能力形成相适宜的人力资本结构

通过上文的分析可见，三类技术能力的形成过程中，知识演化历程存在巨大差异；而不同类型的人力资本在知识和能力上的差异，使其对企业中知识的吸收、转化和产生有着迥异的作用，进而对技术能力的形成和提升产生了不同的影响，因此在技术能力发展各阶段中，存在着与其适宜匹配的人力资本结构。本部分主要研究企业家人力资本（记为 E），以及与技术能力直接相关的包括技能型人力资本（记为 S）和研发型人力资本（记为 R）的技术型人力资本。

另外，技术选择是每个企业技术发展必经的首要阶段，处于技术能力发展完整序列的前端（安同良，2003），决定着技术能力后续的发展路径和水平。这是因为，技术能力的发展是企业决策变化而导致的行为变迁（Nelson & Winter, 1997），而技术选择则是其中作用更为直接和重要的决策。因此，技术选择及获取是技术能力的一个必要组成部分，代表着企业对技术的监测能力和判断能力，因而从技术能力研究开展伊始，就出现在技术能力的概念中（Fransman & King, 1984；Desai, 1984；Stewart, 1981；魏江等，1995；Lall, 2000；等等）。但是，正如安同良（2003）将它们归类为技术能力发展初始阶段，而区别于其后的三个阶段同样的原因——技术选择与获取未能体现出如同其后的消化吸收、改进和创新三个阶段一样明显的阶段化提升特征——为了更好地探究技术能力发展提升与人力资本结构适宜匹配问题，本章也在前文中只重点强调了技术能力发展的三阶段模式。现在，为了更清楚地说明人力资本在技术能力发展中的作用，同时令研究结论更为完整，特意补回这个阶段。

（一）技术选择获取阶段：E > R > S

技术选择与获取阶段最重要的目标是，选择适宜的技术引进对象，并以合适的方式引入企业。这个阶段中，最为关键的人是企业家。其重要性表现在两个方面。其一，企业家往往是技术变革行动的发起者。在他（们）意识到了企业技术差距的存在或培育竞争优势的需要之后，他（们）就会启动技术变革行动。就如奥地利学派代表人物柯兹纳所言，"企业家就是那些对变化着的环境或被普通人忽视了的机会保持机警的人"。而技术变革的首要工作就是进行科学的技术选择。其二，企业家是技术选择的最终决策者。这个技术选择决策，既包括确定是自主研发还是通过对外引进获得技术，也包括选择引进何种外生技术。

在这个阶段，研发型人力资本也发挥着重要作用，因为技术引进前需要由研发人员负责搜索、鉴别技术信息，进行可行性分析，并制定技术选择方案供企业家决策参考；而在获取技术时，他们还需要参与技术部分的相关谈判。

进行技术选择与获取时，需要克服的最大障碍是关于技术的信息并不充分。因此，企业的技术监测（Monitoring）能力至关重要，也即企业是否具备跟踪、观察、寻求和选取外部技术信息的能力。如果企业研发人员和企业家的专业技术水平较高，那么技术监测能力也会较强。而技术监测中的人力、物力投入也会影响到技术监测的最终效果。如果技术监测所获信息不够充分、不够准确，就会增加企业家技术选择决策时的风险，此时，技术选择决策的结果更加依赖于企业家自身的技术水平及其对技术风险和发展前景的直觉判断。而且，随着技术能力阶段性地提高，技术选择的难度加大，比如，仿制能力阶段往往引进的是成熟技术，其决策的风险自然小于创造性模仿阶段所针对的尚处转换阶段的新技术。

技术选择与获取时，除了关注外部技术信息的收集，还要关注企业内部已有的技术能力基础，因为引进技术能否发挥作用，还取决于其与其他配套设施和设备的融合匹配情况。如果融合匹配得不好，那么即使通过完整搬迁整个工厂的方式，将发达国家先进的技术转移到发展中国家，其生产效率也远低于发达国家（Leibenstein，1966）。因此，一定要结合自身情况选择适宜技术，这样才能保证技术引进的成功。

（二）仿制能力形成阶段：S > R > E

仿制能力主要体现为应用引进技术形成生产能力，在其形成过程中，技能型人力资本的作用最为直接和重要。首先，技能型人力资本的载体是将引进技术转化为现实生产力的实施者。引进的设备或生产线，需先经工程实施、安装调试，以及运行后的日常操作和维修，才能生产出产品，转化为现实生产力，这个过程的每个环节都离不开技能型人才的高超技能和智慧。其次，技能型人力资本是外部生产知识的"吸收器"，并承担着向企业内部传播扩散外部知识的任务。实践中，往往是技能水平较高的个别生产人员最早接受新设备、新生产线的相关培训。他们能够在消化、理解这些知识后，将其转换成适合本企业人员特点的内容，并向其他生产线工人进行传授，使得外部生产知识得以在企业内部扩散。再次，技能型人力资本水平的提高，能够促进仿制能力的形成和提高。长期生产实践中的"干中学"和"用中学"，使得技能型人力资本的操作技能和经验得到提升，这会直接提高企业的生产效率和产品质量。而这些技能经验再经员工相互作用的自发交流以及组织的共享机制，就会得以显性化、常规化，并成为组织的技术诀窍和管理技能（如质量管理）。它们会促使企业整体生产能力的提高，是企业仿制能力的重要组成部分。而且，其中的默会知识，因其难以模仿和移植，将成为企业形成技术壁垒和竞争优势的重要依托。最后，生产技能人员将生产现场中的一手信息反馈给研发人员，将有利于后者对引进技术运行情况的掌握，并开展相应的研发工作。

相较于技能型人力资本，研发型人力资本在仿制能力形成过程中处于次要的辅助地位。其主要作用体现在两个方面：一是帮助技能型人力资本吸收、理解外部技术知识；二是与技能型人力资本一起对引进技术进行适应性调整。而企业家人力资本则发挥着更为间接的辅助作用，其主要责任是保证资源的供给和必要的制度环境建设。

（三）创造性模仿能力形成阶段：R＞S＞E

创造性模仿能力体现为，对先进技术产品的模仿跟随，以及对现有产品和生产工艺进行创造性改进以适应市场需求。这种能力的形成，需要以熟知技术原理和设计方法为基础，以对产品的整体架构和市场需求清楚掌握为前提，依靠自身较高的研发能力来实现。这个阶段研发能力的提升非常重要，因为内部研发在以下三个方面发挥着不可替代的作用。其一，内部研发是掌握技术原理和设计方法的必由途径。这是因为：一方面，技术具有内隐性，使得其中部分内容无法完全实现转移，只能依靠研发过程努力摸索；另一方面，对原理、方法的掌握，本身就需要有一个理解、领悟的过程。正如 Nelson（1992）所说，默会知识及其衍生出来的各种诀窍（Know-how），是企业创新过程中的经验积累和组织学习的成果，其产生依赖于企业内部解决技术问题过程中的努力。其二，内部研发有利于提高技术吸收能力。知识具有累积性，研发活动不仅为企业增加了新知识，还有利于企业吸收和利用现有知识。因此，企业技术吸收能力是其原有的相关知识水平的函数（Cohen & Levinthal，1990）。其三，内部研发活动的成果，正是企业创造性模仿能力的具体体现。在研发活动中，先由成员的创造性的思维活动形成新的创意后，通过个人或团队的研发、设计，将新创意转化成创新专利或其他创新成果，再据此形成新的产品样品、样机或工艺模型，经中间试验最后形成可以进行生产的产品或工艺。此外，内部研发能够帮助企业接近先进的技术源。通过以上分析，内部研发活动对创造性模仿能力形成的重要性可见一斑。正因如此，在这一阶段，研发型人力资本至关重要，其水平决定了企业的整体研发能力水平。

而研发能力的提升主要依靠两种途径。一种途径是"合作中学"，即通过与拥有先进技术的企业或机构进行合作R&D的形式，通过观察企业外技术专家的行为、语言、组织、工作方式等，获取研究开发活动的技巧和经验，以及先进技术的技术原理、设计方法和架构知识。另一种途径是依靠"研究开发中学习"。这种学习方式类似于产品生产中的"干中学"，只不过学的对象并非是生产技能、技巧，而是一般科学原理和设计方法，属于知识生产中的"学中学"。也就是说，通过研发实践，研发型员工在掌握了设计原理、方法与产品架构知识的同时，也会逐渐提高产品、工艺设计技能以及以研发活动解决技术问题的能力，进而提升企业整体的研发水平。

对于创造模仿能力形成较为重要的人力资本是技能型人力资本。从其主体所做的工作来看，技能型人力资本主要在三个方面发挥着作用。①技能型员工是将产品、工艺的改进或全新设计方案实施转化为实际生产流程的执行者。无论多完美的设计方案，都必须经生产制造过程才能转化为现实产品，并真正转化为现实的生产力。而技能型员工正是这个现实转化过程的关键一环。正是通过他们的高超技能和努力投入，才使得企业的创新能力能够以性能优良的产品外在表现出来。②技能型员工是研发活动创新过程的重要参与者，某些时候，他们就是技术创新、技术改进活动的主体。研发活动中，技能型员工的参与可以为研发活动提供准确的现场情况信息，使得技术改进、技术创新更合理、可行；与此同时，技术改进或创新方案是否成功，还要经生产过程的测试，技能型员工正是这一过程的主要执行者。而且，某些技能型员工，不仅具有高超的生产技艺和实践能力，更能够在长期的机器设备的操作和维护中，逐渐积累起较多的技术原理和工艺规律方面的知识，因此凭借其自身的解决问题能力和创造力，进行直接的技术改进和创新。现实中有许多这样的实例。比如，吉利人公认第一款车的设计师是钣金工，正是他们的手工敲打，才使吉利的第一款车型得以问世。即便是后来上市销售的"豪情"样车，钣金工仍然是设计研发的主力，该车投入批量生产好几年之后，图纸才被后来加入吉利的专业技术人员补齐（路风、封凯栋，2004）。③技能型员工为企业的研发活动提供准确的创新需求信息。他们直接参与生产过程，因此最有可能发现现有产品设计、工艺流程和技术装备等方面存在的局限性及潜在的优化可能。这些现场情况被反馈给研发部门，就成为研发活动的技术创新课题的重要来源（李兆友，2001）。正如马克思所言："只有结合工人的经验，才能发现并指出，应该在什么地方节约和怎样节约，怎样用最简便的方法来应用各种已有的发现，以及将理论应用于生产过程时，需要克服哪些实际障碍，等等。"（马克思，1975）

另外，在创造性模仿能力阶段，企业中因创新引发的技术变革更加频繁，新旧体系的整合问题更加突出，研发创新活动的人力、物力投入大幅增加，这些都需要企业家的平衡、协调和支持。

（四）自主创新能力阶段：R > E > S

自主创新能力体现为，开发推出新的技术平台、新的核心技术的能力，其形成过程中，研发型人力资本仍然发挥着绝对的主体作用。正是通过研发人员的工作和努力，将新的创意转化成可以应用的、新的技术平台和核心技术。但是，不同于创造性模仿阶段创新活动所具有的明显的渐进性，自主创新能力更强调创新的根本性和颠覆性。正因如此，以往的研发经验的深厚积淀，虽然是自主创新工作的重要依托，但是研发型员工需要以"忘记"跳脱以往的思维模式和行为逻辑的束缚，克服战略逻辑交替过程产生的模糊性和混乱，在清楚把握经济、技术、市场发展规律的基础上，学会以一个更广泛、深远、系统的视角思考它们的未来发展趋势，架构新的技术发展战略框架。因此，借助广泛的技术研发合作网络，充分吸收、消化和利用得自其中的外部信息，就显得尤为重要。对于企业而言，则需要借助大量"桥梁人物"充分吸收外部隐性知识，再通过组织共享机制和员工间的自发交流，使它们在企业内部得以传播和扩散，以此实现对外部技术资源的成功整合。

而且，不容忽视的是，在自主创新过程中，由个人、企业或研究团队的直觉所引致的知识学习中的突变效应（安同良，2003），往往会产生更大的创新效果。按照重要性，组织或个人的知识从低至高排列为：认知性知识→高级技能即诀窍→系统理解能力→有目标的创造力→综合能力及经训练得到的直觉能力（铃木，2002）。直觉是知识的最高状态，这些直觉存在于个人头脑、团队集体智慧中，是在知识的大量积累沉淀基础上产生的一种知识理念的跨越式跃迁，常在某个瞬间突然涌现。由直觉产生的技术战略定位,虽看似缺少积累形成的先验式证据,却往往会体现出对未来技术方向的精确把握。比如,王选跳过了传统的照排技术,选择直接研制开发激光照排系统。由此可见,研发型人力资本在自主创新能力形成中的重要作用。

因为自主创新活动所产生的"根本性破坏"效果,使其在推高企业研发活动投入成本的同时,又会使企业研发活动的风险增加。因此,虽然未必在研发活动中直接发挥作用[①],但是,企业家对自主创新的决策和支持,是自主创新能力形成的必要前提。首先,自主创新一定是企业家的战略决策结果。Kim 和 Lee(2002)以针对韩国 115 家中小电子企业的实证研究证明,企业 CEO 们的技术远景与技术经验是企业技术学习成功的首要条件。而对技术创新有着非常深刻的认识、极强的责任感(周耀烈等,2001),同时具有较高的协调组织能力、较高的知识水平和对新事物的接受能力(安同良,2003),这些都是企业家做出自主创新决策并保证创新过程顺利进行的必备要件。其次,企业家往往对市场规律和需求变化更为敏感,这些信息将是企业自主创新成功的重要保证。自主创新并非止步于新的设计和方案,还要完成知识的商业转化。只有对市场清楚地把握,才能够使得技术创新成果更好地满足市场需求,也才能使得自主创新取得真正意义上的成功。

在自主创新过程中,技能型人力资本仍然承担着将创新成果转化为现实产品的重要任务。

通过以上分析,可以获知:各阶段技术能力形成和提升

---

① 当然,个别技术型企业家也是技术创新活动的直接参与者。

中的知识演化过程不同，导致了技能型人力资本、研发型人力资本和企业家人力资本在技术能力的形成和提升中，相对重要性发生了变化，并因此产生了与技术能力提升适配的人力资本结构。

第四节　人力资本结构与技术能力提升的适宜匹配

根据上文分析，我们已经十分清楚地了解到技术能力提升的阶段性特征，各阶段技术能力的表现、形成条件和知识演化过程，以及与各阶段技术能力形成适宜匹配的人力资本结构。虽然仿制能力、创造性模仿能力、自主创新能力代表着技术能力发展提升的三个重要阶段，但是，有两个问题需要注意。其一，实践中并非所有企业的技术能力提升都必然依次经历这三个阶段，某些企业甚至可以跳过前两个阶段直接致力于自主创新能力的发展。其二，虽然前序阶段的能力积累是后序阶段技术能力发展提升的必要基础和促进因素，但是阶段性的跃迁并非自然发生。也就是说，并非前一阶段技术能力积累到一定水平，就必然进入到下一个阶段（谢伟，1999）。这是因为，各阶段中技术能力构成要素的积累和提高的路径、方式并不相同。比如，因为复制模仿过程不需要在研发和市场上关注太多，所以，即便经长期积累、生产能力日臻完善，也未必因此带来技术创新能力的提升，以致难以进入创造性模仿阶段。那么，促进技术能力阶段性跃迁的决定因素究竟是什么？本节下面的内容，将首先构建人力资本结构与技术能力提升适配发展模型，并在此基础上提出人力资本结构与技术能力提升的适配机制。

一 人力资本结构与技术能力提升适配发展模型

对于技术能力阶段性跃迁的促进因素,有些学者已经做了一定的探索。魏江和葛朝阳(2001)借鉴了罗森伯格(Rosenberg, 1982)的"知识平台"思想以及梅约和厄特伯克(Meyer & Utterback, 1993)的"产品平台"思想,构建了技术能力增长的"平台-台阶"模式,并从技术能力要素积累角度,探讨了技术能力上台阶过程中,能力平台和台阶之间的协调与匹配。在此基础上,他们进一步指出:技术能力增长是一个各阶段(平台)中技术能力渐进积累和总体技术能力在不同阶段之间间断性跃迁的过程。而其跃迁的动力主要来自"对外部知识的吸收和已有能力基础的推动"(赵晓庆,2003)。本书借鉴这一模式,并从人力资本结构与技术能力提升的适配角度,构建了人力资本结构与技术能力提升适配发展模型,如图5-2所示。

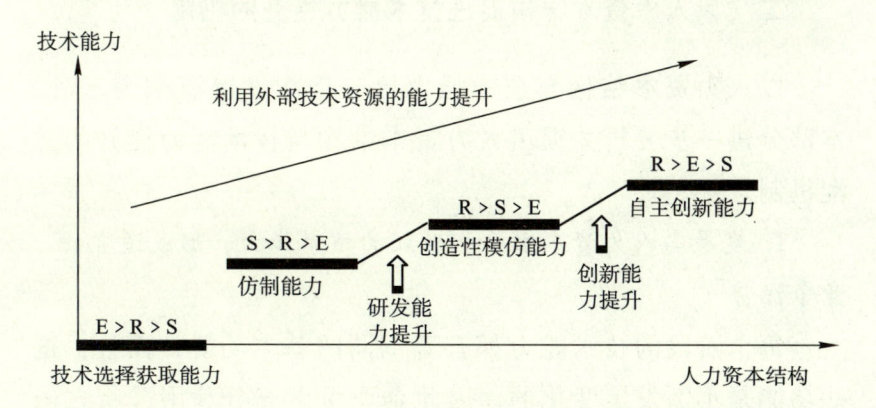

图 5-2 人力资本结构与技术能力提升适配发展模型

资料来源:笔者绘制。

这个发展模型既指出了与各阶段技术能力相适宜的人力资本结构，又表明了促进技术能力平台间跃迁的台阶要素。这在一定程度上弥补了已有研究成果中只将技术能力三个阶段孤立列示而未指明促成技术能力平台间跃迁的关键技术能力要素的不足。

虽然相较于创新能力而言，研发能力不是同一层次的能力定义，而创造性模仿和自主创新能力中都包含创新能力，但是笔者认为，从仿制阶段的生产能力跃迁至创造性模仿能力，最为关键的是企业研发水平的提高；而创造性模仿和自主创新能力中创新的含义、范围、影响等都具有较大差异，因此特将创新能力作为技术能力两个平台间跃迁的台阶因素。需要指出的是，这个发展模型主要着眼于与技术能力提升相适宜匹配的人力资本结构，而且关注的重点是与技术应用和开发直接相关的狭义的技术能力范畴，而对市场预测、组织协调等广义的技术能力因素未做过多考量。

二 以人力资本结构促进技术能力提升的机制

以人力资本结构与技术能力提升适配发展模型为基础，本部分进一步分析并提出人力资本结构与技术能力提升的适配机制。

1. 发展与人力资本水平相匹配的技术能力，形成适宜的竞争优势

每个阶段的技术能力都有着不同的基本功能，而且，这些功能是不断发展变化的，因此企业可以充分利用并将之内化为自身独特的竞争优势（Lall, 1992）。比如仿制能力的形成和提高可以保障企业实行低成本战略和进口替代；创造性模仿使得企业的产品能够满足用户的多样化需要,因此是差异化战略的实现基础;自主创新能力则可以帮助企业扩大与竞争对手的技术差距,形成技术壁垒,进而实现技术领先战略。有鉴于此,企业应该结合自身人力资本禀赋,选择切入适当的技术发展阶段,积累相应的技术能力,以此帮助企业形成竞争优势、实现发展目标。日本的技术引进历程为此提供了最佳佐证,其技术引进的形式是随着本国技术水平的提高而逐渐发展变化的。具体而言,在经济、技术水平以及消化吸收能力都比较低的时期,日本主要引进成套设备;20世纪50年代中期以后,日本本国的技术能力逐渐增强,此时大部分行业开始重点引进专利技术;随着自身技术能力的进一步增强,60年代中期开始,日本又逐渐转向引进尚未实现产业化的非成熟技术,至70年代初,引进的非成熟技术已达30%[①]。

2. 优化人力资本结构,加速技术能力阶段内的持续积累

上文中重点分析了与技术能力形成有着直接关系的三类人力资本在不同技术能力阶段中发挥的作用及其重要性的相对变化,虽然只是定性分析,却也可以为技术能力形成和提升中的人力资本支撑提供参考依据。在实践中,可以结合技术、行业的具体特点,以较精确的人员分布比例进一步确定适宜的人力资本结构,比如,黄宗成提出,技术创新型企业的高级、中级、初级技术人员构成比例应为1:3:6或2:4:5,这样的人员结构比较稳定,"团队优势"比较明显;而生产

[①] 阎莉:《日本技术引进成功经验探析》,《日本研究》2008年第2期,第40~44页。

人员中的高中级技工比例要达35%以上(黄宗成,1994)。在这些研究结论的指导下,企业可以采取人才引进、内部培养开发等多种形式优化人力资本结构,使之与技术能力发展阶段相匹配。更为重要的是,要充分发挥人力资本作为技术知识的"吸收器""选择器""存储器""转化器"的作用,通过组织知识共享机制、培训教育等多种方式,促使各类人力资本从企业内部、外部积极吸收和积累与技术能力适宜的技术知识,同时,采取多种激励手段提高知识的激活、转化程度,使之真正转化为竞争优势。

3. 以人力资本积累促进能力增量形成,促使技术能力平台间跃迁

正如前文已经分析的,不仅各阶段的技术能力及其子能力构成内涵并不相同,而且,即便是同一子能力,在不同阶段中其内涵也不尽相同。比如,仿制阶段的生产能力与创造性模仿能力阶段的生产能力,就有很大程度的差异。前者因为是对成熟技术的复制模仿,因此即便是存在为增加适应性和提升生产率而进行的生产过程的调整,其改变仍是渐进的、小幅度的,生产的连续性较强。后者因其所处阶段中创新造成的工艺流程的改造幅度较大,而持续的创新更是意味着变动的经常发生,这都将对生产系统的灵活性、适应性提出更高要求。因此,需要在厘清各阶段技术能力的差别的基础上,在促进技术能力平台内积累的同时,着重进行某些子能力的培育,以此作为实现技术能力平台间跃迁时发挥台阶作用的促进性能力增量。

如图5-2所示,笔者认为在技术能力从仿制能力跃迁至创造性模仿能力时,发挥台阶作用的是研发能力的提升。这是因为，获得操作能力和技巧、形成生产能力，是最低层次的技术能力，其与技术创新能力形成的技术学习的内容和性质上完全不同。也就是说，生产能力形成和提高中的技术学习，无法替代技术创新能力形成中的技术学习。因此，即便拥有了有效的工艺管理、质量控制和常规维护等较高的生产能力，却没有研究与开发经验以及"研发中学"的过程，企业的技术能力也无法实现从仿制能力向模仿性创新能力的跃迁。而在创造性模仿能力和自主创新能力之间，更广泛、更根本的创新能力的提升则是促使跃迁实现的促进性能力因素。

在技术能力实现平台间跃迁的过程中，可以通过人力资本积累及其水平的提高，促进能力增量的积累形成，建议采取以下具体措施。首先，从仿制能力跃迁到创造性模仿阶段。需要在提高技能型人力资本水平的同时，注意通过外部引进和内部培养的方式积累研发型人力资本。着重对现有技术的吸收、理解的基础上，通过合作研发、外派学习等方式，提升研发人员的研究开发能力、积累研究开发知识和经验。其次，在实现从创造性模仿到自主创新过程中，尤其注重提升企业研发型员工的根本性创新能力。①创建更利于创新的文化制度和激励机制；②在形成研发团队的知识背景的多样性、保持与外部连接的信息网络的通畅性等方面，努力营造更有利于创造性思想产生的环境。

此外，技术能力的提升是一个技术学习的过程（陈劲，1994；Kim，1997），而且企业中的技术学习往往不会孤立发生，而是发生于内外联系之中（Greenwald & Stiglitz，1986；Richardson，1996；Stiglitz，1996，1997）。尤其随着技术能力中创新能力的增强，企业内部的知识越来越难以支持创新的产生,此时需要吸收更多的外部知识,因此,对外部技术知识等资源的吸收和利用能力的提高,也是促进技术能力提升的一个重要因素。正因如此,与直接相互作用的供应商(包括产品、资本品和技术的供应商)、客户、竞争对手、企业外部的研发机构建立联系网络,方便和促进企业员工与之交流和沟通,在技术能力的提升中就越来越重要。

第五节 本章小结

无论是通过引进获得的外生技术,还是产生于内部研发创新活动的内生技术,都需要应用于实际的生产过程,才能产出有竞争力的产品,并真正转化为现实生产力。这既是技术选择的初衷,也是技术的真正价值所在。在这一过程中,对技术的吸收、应用以及改进和创新的能力,也即技术能力,正是企业技术竞争优势的真正源泉和体现。而人力资本水平一方面决定了生产过程中技术的实际应用效率,另一方面影响到企业开发新技术和新产品的能力,因而成为技术能力形成和提升中的重要因素。不同类型的人力资本在知识和能力上的不同,使之对技术能力的发展具有不同的作用,因此本章以此为主题,着重探讨与技术能力形成和提升相适宜的人力资本结构。通过上文的分析和论述,本章得出以下结论。

(1)以知识和能力为标准,将凝结在人身上的,与技术直接相关的专业知识、技能、经验和创新能力界定为"技术型人力资本"。其下又可以细分为两个子类,即技能型人力资本和研发型人力资本。二者在能力和知识上的区别,使得前者在应用技术形成生产能力方面的作用更为显著,而后者的作用则更多体现在对技术的改进和创新能力上。

（2）结合发展中国家企业技术进步的历史经验，可以将技术能力的提升和发展划分为三个阶段(Kim，1997；赵晓庆等，2002)，分别对应着简单仿制能力、创造性模仿能力和自主创新能力三类基本技术能力。其中，简单仿制能力主要体现为应用引进的技术或设备进行复制生产的能力；创造性模仿能力则是对先进技术产品原有设计进行创造性模仿和重新设计的能力；而自主创新能力是开发新技术、构建新平台并在此基础上推出新产品的能力。经分析可知，各阶段技术能力的具体构成和形成条件上具有较大的差异。而技术能力的本质是知识，因此，从知识演化过程角度进行分析，可知各阶段技术能力形成中都存在着隐性知识和显性知识的相互转化过程，而从仿制能力提升至自主创新能力的过程中，企业的知识也经历了Know-what→Know-how→Know-why→Know-future的演化过程。此外，各阶段主要的学习方式也有所区别。

（3）分析得出与三类技术能力的形成和提升相适宜的人力资本结构。三类技术能力形成过程及期间的知识演化历程存在巨大差异，而不同类型的人力资本在知识和能力上的差异，使其对企业中技术知识的吸收、转化和产生有着迥异的作用，因而对技术能力的形成和提升产生了不同的影响，由此，在技术能力发展各阶段中存在着与其适宜匹配的人力资本结构。除了技术型人力资本以外，企业家人力资本虽然不直接作用于技术能力的提升，但因其在技术能力形成和提升过程中具有决策和支持作用，本章也将其作为人力资本结构的组成部分进行分析。另外，技术选择是企业技术能力的首要阶段(安同良，2003)。这样，按照企业家人力资本(记为

E)、技能型人力资本(记为 S)、研发型人力资本(记为 R)在各阶段技术能力形成和提升中重要性的相对变化,得出与技术选择获取能力、仿制能力、创造性模仿能力和自主创新能力相适宜的人力资本结构,即 $E>R>S$、$S>R>E$、$R>S>E$ 和 $R>E>S$。

(4) 构建了人力资本结构与技术能力提升适配发展模型,并在此基础上分析提出了人力资本结构与技术能力提升的适配机制。借鉴魏江和葛朝阳(2001) 的技术能力增长的"平台-台阶"模式,本章构建了人力资本结构与技术能力提升适配发展模型,既指出了与各阶段技术能力相适宜的人力资本结构,又分别将研发能力和创新能力,作为促进技术能力从仿制能力向创造性模仿能力至自主创新能力跃迁的台阶要素。并据此提出了人力资本结构与技术能力提升的适配机制,具体体现为:①发展与自身人力资本水平相匹配的技术能力,形成适宜企业的竞争优势;②优化人力资本结构,加速技术能力阶段内的持续积累;③以适当的人力资本积累形成能力增量,促使技术能力实现平台间的跃迁。

技术能力是技术的获取、吸收、应用和改进、创新的能力。它既影响了引进的外生技术的适宜性,也决定了技术进步的方式和效率,又是技术选择决策效果的具体体现。本章以技术能力提升为主题,可以看作技术选择问题的进一步延伸和具体化,仍然承接着技术选择的研究主题。而对与技术能力提升相适宜匹配的人力资本结构的分析,则可看作本书的研究主题,从"人力资本与技术选择为何适配"向"人力资本与技术选择如何适配"的转折。

第六章
技术型人力资本的适宜运营模式

从企业角度看,企业人力资本是员工所具有的各种技能、知识与健康水平(赵曙明,2001),是企业为了实现未来的价值增值,通过有意识的投资获得的成果。但是,需要指出的是,由员工个人的人力资本汇聚而成的企业人力资本,却未必是全体员工个体拥有的人力资本的总和。其中原因体现为以下三点:第一,员工个人所拥有的知识、技能、健康等,未必都有益于企业的价值实现;第二,员工所拥有的人力资本水平只代表存量,能否被激发出来转化为能够实现企业价值增值的行为,还有赖于企业对员工的激励和约束等管理水平;第三,个体所具有的人力资本的专用性和异质性,存在着替代、互补、互动等多重关系,使得拥有人力资本的个体员工之间,产生了协调与合作的"整合"问题,其效果使得企业人力资本存量,存在着大于、等于或小于全体员工个体人力资本的简单代数之和的多重可能。基于以上原因,产生了人力资本的合理调配、整合管理的运营问题。

本章的目的是构建完整的技术型人力资本运营模式,以充分调动技术型人力资本在企业技术能力提升中的主动性、积极性和创造性。为了实现这一目标，本章的第一节分析了人力资本的主要特性，并据此提出了人力资本运营模式；第二节对比分析了两类技术型人力资本，即技能型人力资本和研发型人力资本的特征，尤其重点分析了其人力资本的价值性和专用性；第三节主要对比了两类人力资本获取策略的优缺点及其适用情境，并在此基础上提出适宜技术型人力资本的获取方式；第四节主要以技术型人力资本专用性的提升为目标，分析了一般培训和特殊培训对人力资本积累形成的作用，专用性人力资本积累的激励机制，以及通过在职培训和"干中学"两种方式，积累、提升技术型人力资本专用性时需要注意的问题；第五节针对两类技术型人力资本的不同特性，分别提出了适宜的薪酬激励措施；第六节对本章主要内容进行了总结。

第一节 人力资本特性及人力资本运营的必要性

人力资本是人们通过教育和培训等方式获得的凝结在人身上的知识、技能等形式的资本，所以，人力资本有着区别于物质资本的重要特性。

一 人力资本的重要特性

首先，人力资本具有天然的人身依附性，即人力资本必须依附于有生命的个人身上而不能独立存在，这是其区别于物质资本的本质特征。这种人身依附性，决定了人力资本载体对其自身人力资本的开发和利用拥有着终极控制权，其"满意度"将决定人力资本的实际使用效率。因为，如果人力资本载体感到不满意，他（她）就可能公开或隐蔽地"关闭"一部分人力资本对此做出回应,比如常见的"偷懒"现象。更为严重的是,这部分人力资本一旦被"关闭",就似乎从来不存在一样,其他主体根本无法开发利用。正如一块被没收的土地,即使被转移给新主人也仍然能够保持同样的面积和土壤肥力;但是一个被"没收"的人,即便被交到奴隶主手里,他还可能不听使唤、又懒又笨,甚至宁死不从(周其仁,1996)。这就意味着其他主体即便拥有了人力资本的所有权或使用权,也不能像对待物质资本那样完全根据自身需要支配和使用人力资本。因此,在人力资本的使用中,必须施以适当的监督和激励手段以促使人力资本发挥最大效能。

人力资本的人身依附性决定了以知识、技能、体力等凝聚在人身上的人力资本,在没有转化成能够带来企业价值增值的实际行为时,就只是个静态存量的概念,其最终贡献大小取决于从存量到能量的转化程度。

其次,人力资本具有专用性。"专用性"是指资产的这样一种性质,即一旦被用于特定用途后就很难再移作他用,即便可以,其价值也会大大降低。而人力资本的专用性,则是指员工针对特定组织或特定工作经积累形成的知识、技能和经验等人力资本,一旦脱离开其生成和应用的特定环境,比如员工被解雇,往往就会发生贬值并成为"沉没资产"(Sunk-asset)[1]。

---

[1] 有"沉没成本"(Sunk-cost)性质的资产叫作沉没资产。沉没成本是指业已发生承诺、无法回收的成本支出,如因失误造成的不可收回的投资。在英语国家中,也被称为"将钱掉进排水沟里"。沉没成本(或沉没投资)反映了投资转作他用的难易程度。沉没成本很大时,该投资再转作他用的可能性会比较小,或转作他用时比较困难或实现价值会大大降低。专用性投资一旦投资会变成沉没投资,而沉没投资并不一定是专用性投资。这一区分是非常重要的,因为,很多人常常混淆它们之间的区别,将沉没投资当作专用性投资。

这是因为，这些人力资本是人们在社会分工背景下从事专业生产时，在长期的"干中学"中逐渐积淀下来的，与特定时间和地点相关联的知识、操作特定机器设备的技能、关于特定的生产流程和信息沟通的知识、特定的工作团队和人际关系技能（程德俊，2003）等，其对环境的特定性很高，因此一旦被移作他用，就会发生一定程度的贬值。

人力资本专用性的存在，意味着人力资本若要发挥最大效能，一定程度上需要依托于某些特定的非人力资本以及与其他人力资本间的分工合作，因此，人力资本必须被配置到适当的位置时才能有效发挥作用。而且，一方面人力资本的专用性因社会分工、专业化生产而产生，另一方面也要应分工深化而引致的人力资本多样化的社会需求，而有意识、有计划地进行不同类别、不同层次的专用性人力资本投资。

再次，人力资本具有异质性。"同质性假设是资本理论的灾难"①，这对人力资本更是如此。因为先天能力禀赋的差异、专业化分工的不同，以及所从事的经济活动的复杂性和多变性，导致人力资本主体所拥有的知识、技能、体力等存在着差异。而且这种差异，会使人力资本在某个特定历史阶段下呈现不同的报酬递增属性，因此人力资本具有异质性。异质性不仅使得人力资本显著区别于物质资本，也使得不同的人力资本之间相互有别。由于边际报酬递增性的不同，导致不同类型的异质型人力资本之间不能相互替代或转化，但是拥有异质型人力资本的主体之间却存在着有限替代性（杨

---

① 既有的界定一是从要素成本的不同，二是从贴现值的不同两个角度展开的。但实际上，这两个方面都仅仅是个数量的结果，并不能由此就界定了资本的异质性（舒尔茨，1990）。

彬，2009）。这是因为，每个人力资本主体都是拥有多种异质型人力资本的结构综合体，而各主体之间的差别就体现在其所具有的异质型人力资本的种类、比例、数量和质量上的不同，这一方面导致了主体之间存在着绝对的差异，不可能彼此完全替代；另一方面又使得个体所拥有的某种或某些异质性人力资本，有可能被其他的一个或多个主体代替。

异质型人力资本自身存在的互补性和关联性，再加上主体之间存在的有限替代或完全不能替代关系，使得异质型人力资本主体之间的协调与整合变得异常复杂且重要。这也使得，多个拥有异质型人力资本的主体集聚之后，其合力不仅不是简单的叠加，还有可能产生诸如"内耗""搭便车"等问题，以致整体效率受损。因此，个体必须知道并且做到，应该在什么时候、以什么方式与其他人交流信息，这样才能在实现行动上的分工合作、协调一致，进而产生"1+1>2"的协同效应。汪丁丁（1996）将这种协调称为"制度知识"，而且，他认为分工越发达、专业化程度越高时，相互的协调就越必要，"制度知识"对个人就越重要。

另外，所拥有的异质型人力资本在知识和能力上的差别，使得企业的生产活动具有区别于其他企业的异质性特征，因而从企业成长的角度看，异质型人力资本正是企业形成差异化优势和核心竞争力的基础和源泉。正因如此，异质型人力资本是企业重要的资产。但是，需要指出的是，异质型人力资本的作用效果以及对企业形成核心竞争力的贡献大小，还有赖于企业的协调、整合水平，也即，能否合理配置人力资本使异质人力资本之间产生互补、互动的协同增进效应。

最后，人力资本具有价值变动性。也就是说，人力资本具有价值性，但对企业而言，人力资本的价值大小具有不确定性。先要肯定的是，作为一种资本，人力资本能够为企业及其载体创造收益，既具有价值又能够创造价值。而且，不同于物质资本，人力资本有着内外双重效应，能够对企业的价值创造发挥更积极的作用。具体地说，通过人力资本投资可以提高人力资本存量，这会促使劳动者自身的生产效率提高，此即"内部效应"；与此同时，经由"干中学"所形成的表现为技术诀窍和现场经验的专业化人力资本，通过适当地传播和扩散，可以促使整个社会的平均人力资本水平的提高，从而导致物质要素投入状况及其使用效率的改变，这正是人力资本的"外部效应"。正因如此，现实中才不乏具有特殊才能的人，其努力程度和能力大小直接影响着企业经营绩效的好坏，甚至决定着企业的命运。

但是，人力资本对企业目标实现的价值贡献度具有不确定性，主要原因有三个。第一，人力资本专用性的存在，使得人力资本价值的实现需要依附于特定的环境，这样，同样的人力资本会因环境的不同而体现出并不同等的价值。比如，两个不同行业的或同一行业不同专业的人力资本之间的差距，不会小于文盲与大学生之间的差距。正因如此，人力资本对企业的重要性是个相对的概念，在遭遇企业战略调整、结构变革、技术变迁等情况时，其价值可能会有所变化。第二，人力资本的人身依附性以及其载体所具有的能动性，使得人力资本实际发挥的价值具有不确定性。人力资本价值具有隐蔽性，难以对其直接观察并进行测量。这就意味着，它无法像物质资本一样，在使用或购买前就能够被量化、确定，并据此制订使用计划，进行开发利用。人力资本的价值只有在其使用过程中，透过绩效水平才能得以部分反映出来。之所以只是部分而非全部，则是因为绩效水平的高低，不仅取决于人力资本自身价值含量的大小，也有赖于其与使用环境的匹配程度，以及组织管理水平等因素。而且，也存在着人力资本载体因为个人偏好而自行"关闭"部分人力资本的可能。这些都增加了对人力资本施行调配、监督和控制的难度，也因此使得人力资本实际效能的发挥具有很大的不确定性。第三，人力资本所具有的价值不是静态的存量而是动态的变量，因为它具有增值和贬值的双重可能。一方面，教育投入、参加培训、护理保健等，以及专业化分工下的"干中学"，都可能使得人力资本价值不断提升，实现增值。另一方面，因为人岗不匹配所导致的人力资本部分或全部的闲置；因为社会发展、技术变迁所导致的知识、技能的老化和不适宜；以及因为年龄老化或健康状况不佳等生理原因所导致的人力资本的部分丧失，都可能造成人力资本的贬值。人力资本的价值变动性，更加彰显了人力资本运营的重要性。

二 人力资本运营的主要内容

如果按照投入-产出的角度分析企业及其经营活动，提高其最终产出的有效途径不外乎两个：一是加大资源投入或者提高投入资源的质量，二是在现有资源约束下提高资源转化的效率。由此延伸到人力资本运营，其任务也应该体现在两个方面：促使所需的人力资本形成和提高现有人力资本效能。为此需要对人力资本进行合理获取、协调配置、计划培育、有效激励。完整的人力资本运营模式如图6-1所示。

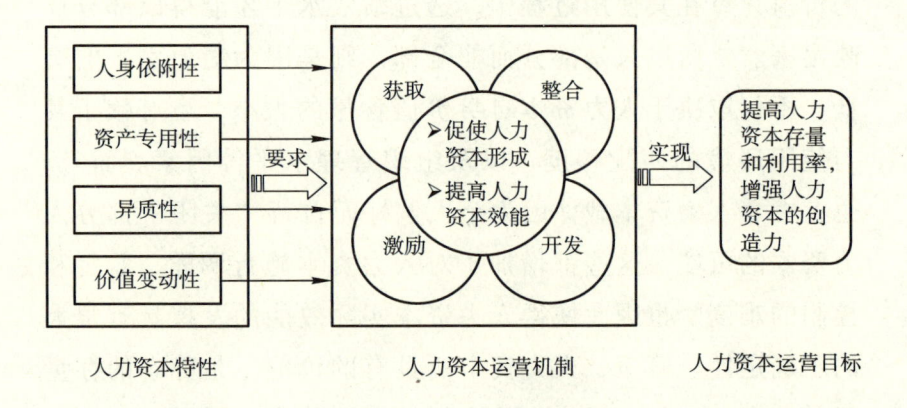

图 6-1 人力资本运营模式

（1）获取。资源选择机制理论认为，如果能够准确判断资源的潜在收益，并采取适当的策略获取，就可以获得比竞争对手更优质的资源，从而为竞争优势的形成奠定基础。实践中，企业需要根据人力资本类型和特性，选择采用内部开发或者外部招聘人力资本。不过，需要注意的是，人力资本的价值隐蔽性提高了企业判断其潜在收益的难度，使得通过外部招聘方式获取人资本的风险加大。

（2）整合。人力资本价值实现时对组织环境具有较强的依赖性。更具体地说，企业中所集聚的人力资本的整体效应，有赖于不同人力资本所有者之间、人力资本所有者与组织中其他物质资本之间的匹配。因而实践中，企业要通过合理搭配团队、有计划组织员工流动等整合措施为人力资本价值最大化营造适宜的组织环境。

（3）开发。开发是实现人力资本保值增值的重要措施。企业中个体的人力资本开发活动主要包括参加培训、实践中积累经验和提高技能等。另外，异质性决定了不同类型的人力资本具有不同的投资收益率，这使得企业人力资本投资收益大小以及核心竞争优势能否形成，不仅与时间、金钱等的投资数额有关，更与投资何种异质型人力资本有关。因此，企业需要根据自身发展需要，结合内部人力资本培育条件，遵从人力资本形成规律，有计划地安排人力资本开发活动。此外，需要注意的是，人力资本开发活动具有双重主体。也就是说，虽然实践中的人力资本开发活动可能由企业支付成本，但是最终的开发过程仍然主要依靠人力资本载体——员工来完成。因而需要采取适当的措施，激发员工提升自身人力资本水平的热情和努力，以提升人力资本开发活动的实际效果。而且，影响人力资本投资决策的因素颇为复杂，成本-收益定律虽然仍然发挥作用，但是非经济理性的人力资本投资决策也绝非罕见。这意味着，在激励员工投入人力资本开发时，不仅要考虑直接的、有形的成本与收益，也要考虑文化传统、道德观念、价值判断、生理需求等间接的、无形的成本与收益，有时，后者的影响力比前者更大。

（4）激励。"偷懒"几乎是人的本性。而人力资本价值信息隐蔽时，他人监督的效果就十分有限。若要提高监督的效果，往往需要付出较大的成本，却并不一定能够实现。因而，需要采取适当的激励措施以提高人力资本的使用效率。而且，监督是被动的，激励则是主动的，更能够发挥人力资本载体的主观能动性，使其人力资本价值得以充分实现，产生更大的创造力。实践中常用的激励措施有：内部能力评级、薪酬激励等。

第二节 技术型人力资本特性

根据本书第五章中对技术型人力资本的定义，技术型人力资本是指，凝结在人身上的、与技术直接相关的专业知识、技能、经验和创新能力的统称。技术型人力资本又细分为技能型人力资本和研发型人力资本。本节的重点是分析技术型人力资本的特性，因此首先归纳总结了技能型人力资本和研发型人力资本的作用，然后从知识和能力角度对二者的人力资本特征进行比较。

一　技能型人力资本和研发型人力资本的作用

技能型人力资本是指，具备必要的专业理论知识，并经过专门培养和训练以及长期实践积累，掌握了较高水平的技术知识和特殊技能，擅长在给定技术条件下，生产特定产品或完成特定工作任务，具有较强的独立解决生产中关键性问题的能力和一定创新能力的人力资本。技能型人力资本的作用，主要体现在以下两个方面。① 技能型人力资本的载体，通常是生产现场的组织者、生产过程的执行者，承担着将技术决策、设计、方案等，经生产过程转化为现实生产力的重要任务。因此，技能型人力资本的水平决定了企业生产能力的水平。② 技能型人力资本的载体是技术创新活动的重要参与者。技能型人力资本直接参与生产实践，最有可能发现现有产品设计、工艺流程和技术装备等方面存在的局限以及潜在的优化可能。他们将这些信息反馈给研发部门，就会成为研发创新的重要课题来源。甚至，有些技能高超且专业知识深厚的技能型员工，本身就是技术创新活动的主体，能够独立完成一些工艺流程改进方面的创新。

研发型人力资本是指，拥有较高的理论知识积累，具有较强的创新能力，能够通过研发活动突破既定技术瓶颈的约束，使得技术可能性边界外移或生产函数上移，进而实现对技术的改进和创新的人力资本。研发型人力资本的作用主要体现在这样两个方面：①研发型人力资本水平决定了企业技术创新的水平。研发型人力资本的载体是技术创新活动的主体，离开它们，创新活动就无法进行。而研发活动的成果，正是企业技术创新水平的体现。②研发型人力资本的存量和质量会影响到技术的吸收效果。这是因为，研发活动能够产生新的知识，因而提高了组织的整体知识水平；而企业技术吸收能力是企业所拥有的原有相关知识水平的函数（Cohen & Levinthal，1990）。正因如此，研发人员水平被认为是研究与开发能力的重要体现（李建民，1999），决定了一个国家的研发能力和科技发展水平。易先忠（2010）更以经验研究结果证明，相较于研发投入，科技人员所拥有的创新能力对于技术创新的成功更具有决定性作用，其数量能够显著促进技术创新和技术进步。具体而言，科学家和工程师数量每增长1%，即可促进技术创新增加 6.105%，技术进步提升 8.73‰。

二 技能型人力资本和研发型人力资本的特征

研发型人力资本的知识结构的主要成分是专业理论知识，其突出能力是技术创新能力。这种知识和能力，往往需要通过正规的高等教育、专业训练以及长期的研究开发实践才能获得。企业中研发型人力资本的载体所对应的主要社会角色是，从事研发工作的技术专家、工程师等研发人员。从劳动特征来看，研发型人力资本的载体一般以脑力劳动为主，工作的复杂性较高、创新性较强，劳动的增值幅度较大。

技能型人力资本的知识结构中，虽然也有一定的专业理论知识，但是相比起来，来源于生产实践的技术知识和经验才是最重要的组成部分。而技能型人力资本所具有的、完成某些特定动作系列或活动的操作技能，以及由此体现出的精湛的制造技艺和解决复杂性、关键性、超常规实际操作难题的能力，是其区别于其他类型人力资本的重要特征。此外，技能型人力资本也具有一定的创新能力，而独立解决生产中关键性问题的能力，是衡量其能力高低的重要标准。因此，技能型人力资本所具有的知识和技能，虽然也有部分是正规教育投资的产物，但是，专业训练和长期的生产实践，才是其积累形成的主要途径。其载体主要对应的社会角色是有职称的技术工人、技师、高级技师。

通过以上针对研发型人力资本和技能型人力资本的内涵、特点的分析，可以看出，这两类人力资本存在着显著的区别。比如，二者虽然都自理论技术发展而来，但前者掌握的主要是理论技术，其劳动的主要成分是智力活动；而后者则以经验技术为主，劳动体现以动作技能为主（马振华，2007）。二者在知识和能力上的区别，使得它们在不同的价值活动中发挥着更为重要的作用。就其对技术能力的作用而言，二者的差别也比较明显，技能型人力资本更多地体现为对技术的应用能力，而研发型人力资本的作用，则主要表现为技术开发能力。技能型人力资本与研发型人力资本的特征对比如表6-1所示。

表 6–1　技能型人力资本与研发型人力资本的特征比较

人力资本类型 项目	技能型人力资本	研发型人力资本
知识构成	理论知识和经验知识，经验知识为主	理论知识和经验知识，理论知识为主
能力构成	动作技能为主	技术创新能力为主
劳动组成	实践操作为主，辅以智力活动	智力活动为主
主要学习方式	干中学、用中学	研发中学、合作中学
发挥作用方式	产品生产、改进工艺	改进工艺，开发新产品、新技术
对技术发展的主要作用	技术应用	技术开发
对应的社会角色	有职称的技术工人、技师、高级技师	技术专家、工程师等研发人员

资料来源：根据相关文献整理。

技能型人力资本与研发型人力资本的这些特征，正是对其采取适宜的人力资本运营模式的主要依据。

此外，需要注意的是，随着技术发展的日趋复杂化和综合化、社会分工的进一步深化，功能整合的需求也随之增加，这使得不同类型的人力资本间出现了功能交叉重叠和内涵趋同的现象。具体到技能型人力资本和研发型人力资本，则体现为：一方面，知识经济的作用使得二者在知识能力结构上出现趋同，即技能型人力资本中"智力技能"的比例有所增长，而"动作技能"的比例则相对减少；另一方面，二者的功能作用领域里也出现了更多的交叉重叠：实践中研发型人力资本更加频繁且深入地参与到生产领域的决策中，而技能型人力资本也在技术创新过程中逐渐发挥着更为直接和重要的作用。

第三节　技术型人力资本的获取

技术型人力资本对于企业技术能力的形成和提升至关重

要,而且,其在知识和能力上有别于企业中其他类型的人力资本,因而应该结合技术型人力资本的特点,根据技术能力的积累形成需要,采取适当策略获取技术型人力资本。

一 人力资本的两种获取策略:内部开发和外部招募

企业获取资源的途径不外乎"造"和"买"两种,具体到人力资本也是如此。人力资本的"造"是指,企业主要依靠自身的人力资本投资,不断提高员工技能、挖掘员工潜力,逐步蓄积、发展并维持企业所需人力资本,通常称之为内部开发策略。人力资本的"买",则是指企业主要通过外部劳动力市场(或其他用人单位),直接雇用具备企业所需知识和技能的劳动者,或者以劳务派遣合同/契约方式获得劳务,本书称之为外部招募策略。

从定义中可以看出,人力资本的两种获取策略的区别,并非仅仅体现在所获取的人力资本其载体的身份归属是企业内部还是外部上,更是两种策略中各自隐含着的支撑其实现的系列措施的不同。具体地说,采取外部招募策略的企业,更倾向于根据外部劳动力的市场供求状况,主要采取外部招募的方式获得人力资本,同时较少关注员工知识和技能的开发和培训,以此实现企业人力资本的灵活配置以及总成本最低。而人力资本的内部开发策略,则具体表现为:企业一般采取长期、稳定的雇佣策略,为员工提供较高的就业保障和职业发展机会,并与员工一起共同投资开发企业关键技能,以内部劳动力市场,即通过科层式的管理协调来实现对员工的管理和调配。在这样的企业中,员工通常从底层进入企业,在企业内部获得个人发展，其职业生涯发展与组织紧密联系在一起。这就使得个人与企业之间能够建立一种长期的关系契约（Rousseau & Greller，1994）。需要指出的是，这种长期雇佣关系是以隐含约定的方式执行的。实践中它常常表现为一种，已被雇佣双方接受或默认的传统或惯例，而非明文规定的合同条款。这种基于惯例的隐性合约，虽然不具备名义上的法律效力，但是，如果配合以相应的辅助制度，并在实践中长期遵照执行，就会产生较强的实施效力。人力资本内部开发与外部招募策略的优缺点比较如表6-2所示。

表6-2 人力资本内部开发与外部招募策略的优缺点比较

项目	内部开发	外部招募
优点	有利于保持企业核心的一贯性 更容易实现协调和控制，降低交易成本 提高员工对企业的忠诚度，增强企业的稳定性 提高人力资本的价值和专有性 降低用人决策的风险 提高企业技术能力的预测性与稳定性	降低管理成本 平衡公司内部的员工竞争 增加企业获取的人力资本的数量和类型上的自由度 能够迅速改变企业人力资本结构 引入新思想、新知识
缺点	增加管理成本 降低雇佣的柔性 限制企业适应外部环境变化的能力 长期可能造成思维方式与观点的趋同，不利于创新	不利于留住核心员工 难以构建企业的核心竞争能力 能够获取的人力资本的类型和层次有限 增加新进员工与企业的磨合成本

资料来源：姜雨、沈志渔著《基于竞争优势的人力资源内部开发策略研究》，《首都经济贸易大学学报》2012年第2期，第66～73页。

通过人力资本内部开发和外部招募策略的优缺点比较，可以看出二者各有所长，这就意味着二者有着不同的适宜情境。表6-3列出了影响人力资本获取决策的主要原则，以及适用人力资本内部开发和外部招募策略的情境。

表6-3 适宜采用人力资本内部开发和外部招募策略的情境

决策准则	适于内部开发	适于外部招募
企业对人力资本的假设	将人力资本视为企业的资产,充分使用的同时重视对其进行开发	将人力资本看作成本,充分使用的同时,强调节约成本
人力资本获取目的	为了更好地传承实践经验、企业文化,保持标准一致	引入新思想、新知识,迅速获取特殊技能
人力资本是否构成了企业的核心能力	人力资本为企业提供了独有的竞争优势,是企业的核心能力	人力资本为企业战略和经营提供支持,但不属于战略性资源,不是企业的核心能力
人力资本的专有性	特定于企业的专有技能和知识	一般、通用的技能和知识
人力资本的可得性	外部市场供给不足或外部获取成本较高	外部市场供应充足,能够通过人才市场进行迅速补充

资料来源:姜雨、沈志渔著《基于竞争优势的人力资源内部开发策略研究》,《首都经济贸易大学学报》2012年第2期,第66~73页。

既然内部开发和外部招募策略各有所长,又有着不同的适宜环境,因此,实践中可以将二者结合采用,这样能够更好地保持企业与员工之间的动态平衡,激发员工的积极性。

二 以内部开发策略为主获取技术型人力资本

通过上文的分析可以看出,技能型人力资本主要作用于企业的生产能力的提高,正是其载体的努力,使得技术能够应用于生产实践,并转化为现实生产力。而且,经长期生产实践摸索获得的,能够提高生产效率、降低生产成本的技巧,正是技能型人力资本的重要组成部分,它的增加必然极大地提高企业对技术的利用效率,进而能够在增加企业利润的同时,为企业赢得一定的技术竞争优势。研发型人力资本主要作用于企业的技术创新能力的提升。正是其载体的努力,使得企业能够实现技术改进和创新,进而增强了企业产品的差异化,提升了产品的市场竞争力;与此同时,技术创新水平和程度,成为决定企业技术竞争优势的绝对因素，是企业形成技术壁垒、构建竞争优势的关键所在。可见，无论是技能型人力资本，还是研发型人力资本对企业都具有高价值性。

技能型人力资本与研发型人力资本的知识结构中，都有一定比例地来源于实践活动的经验知识。经验知识意味着与特定环境的密切关联，因而属于专用性人力资本。相比较而言，技能型人力资本的知识主要为实践经验，因而人力资本专用性较高。而研发型人力资本，虽然其知识构成中理论知识的比例较高，但是，研发活动多采取团队作业形式，在一定程度上这也意味着，研发型人力资本中必然包含有较高的针对特定团队的专有技能，这也是需要促进研发型人力资本提高专用性的重要原因。

总而言之，研发型人力资本和技能型人力资本具有极高的价值性和专用性，结合上文中关于两种人力资本获取策略的比较分析，可以得出结论：技术型人力资本更适宜采取内部开发为主的策略进行获取。而通过内部开发获取的技术型人力资本，其优势主要体现在如下几个方面。

1. 有利于传承技术实践经验，并保持企业核心的一贯性

企业核心更多体现为使命、价值观、经营理念，以及具体表现为日常行为准则、工作标准、组织流程和沟通渠道的组织惯例。它们是企业经过独特的发展历程和长期运营实践逐渐形成的，更是企业与员工长期磨合的产物。因为在企业内部，不仅存在着单向的学习，即员工根据已有的组织惯例和企业文化，在重复学习中提高生产效率，降低成本；而且存在着双向学习，即员工发挥能动性，通过实践验证，对企业的现存观念、认识和组织惯例进行反馈、重新评价、提出疑问，进而使其不断改进，成为最佳行为方式。这些核心蕴涵在员工的知识、能力、行为方式中，潜移默化地影响着企业内部员工的思想和行为。但是，其中包含的许多意会性的经验、知识和做法，需要特定环境才能产生价值，因此流动性较差、传递成本较高，更适宜通过内部劳动力市场实现转移。

因此，由内部开发获取的技术型人力资本，其在与组织核心匹配以及组织默会知识和经验的传承方面优势更强。

2. 内部开发策略可以促进技术型人力资本专用性的提高

技术型人力资本的专用性是其载体在长期的生产、研发实践中，针对特定技术和企业环境积累形成的知识、技能和经验等。因为它通常由在岗经验发展而来，其形成过程深受特定环境的影响，具有因果模糊性和路径依赖性，既难移植也不易模仿，因此有利于企业形成独特的竞争优势。与此同时，这种专用性人力资本积累越多，意味着特定环境下，企业对特定技术的利用效率和创新程度越高，因此对于企业的技术优势形成、技术能力提升具有重要意义。

但是，专用性人力资本对应用环境的依赖性，也一定程度上造成了技术型人力资本主体流动的困难，因为一旦脱离特定的技术及其应用环境，人力资本就可能发生贬值，这在一定程度上造成了人与企业的"锁定"，因此对员工而言，对其进行投资存在着一定风险。此外，这种专用性较高的技术型人力资本几乎无法从外部劳动力市场获得，即便有，也因难以对其正确估值而导致交易不易实现。基于以上原因，企业乐于提升技术型人力资本的专用性，因为可以借此获得稳定的技术和研发人才队伍。

对技术型员工个人而言，人力资本专用性则意味着风险的存在，以致投资时会有所顾虑。通过内部开发策略，以及其中隐含的员工和企业之间的关系契约，则可以提高员工与企业共同投资开发针对特定技术的专有知识和技能的积极性，进而能够增加企业的专用性技术型人力资本存量。

3. 提高企业技术能力的可测性与稳定性

人力资本先天具有的隐蔽性，使其难以测度，也就是说，很难直接观察到一个主体人所拥有的人力资本数量和质量（颜士梅，2003），这就导致以外部招募方式获取人力资本时，雇佣双方的信息不对称，面临着用人决策风险。对于技术型人力资本尤其如此。

而内部开发的技术型人力资本，是经过一系列科学、严格、长时间的选拔、培训与考核筛选出来的，企业因此能够获得有关人力资本水平的充分可靠信息，即能够清楚地了解其人力资本存量和增值潜能，据此按照组织的需要进行使用和安排，实现优化配置，进而提高了企业技术能力的可测性和稳定性。

此外，在人力资本内部开发策略及其隐含的长期雇佣关系所形成的关系契约下，技术型员工的安全感和归属感得到增强，人员稳定性提高（Ochui，1980），从而激发出员工对企业的忠诚度（Arthur，1994）与责任感，使得他们能够视企业为其事业和命运的共同体，在制定管理决策时能够避免短期行为，做出长远的、有利于企业总体目标实现的规划与行动。从而使得企业获得了稳定的技术能力积累。这样，人力资本的内部开发不仅降低了企业的用人决策风险，更提高了企业技术能力的可预测性与稳定性。

当然，虽然技术型人力资本适合以内部开发为主的策略进行获取，但是，当企业内部培养环境无法开发出技术发展所需的技术型人力资本，或者因为技术变革、应用环境变化等原因，使得现有技术型人力资本发生贬值，需要及时更新、补充技术知识和技能时，企业就会滋生出从外部获取拥有特殊技术知识和技能的技术型人力资本的需要（Christensen，1995）。比如，吉利有60%以上的专业技术骨干和50%以上的研发人员都是公司自己培养的[①]。但是，从发展初期开始，公司就在不断地吸纳来自国内其他汽车企业和国外著名公司的研发和技术人才。

第四节　技术型人力资本的开发

一方面，技术型人力资本可能随着外界环境的变化而失去其战略价值，比如技术变迁，并且，如果不能经常运用，其中的技术知识和技能也可能退化，价值可能出现贬值；另一方面，人具有学习能力和能动性，通过学习可以实现人力资本的保值增值，因此，有必要对技术型人力资本进行系统开发。从哲学的角度看，个体人力资本形成可以归结为两种方式：一是借助间接经验的方式，即通过学习前人总结的知识和经验来提高自身的人力资本，比如教育、在职培训等方式；二是获取直接经验的方式，即亲身参与实践，并通过总结成功和失败的经验教训来提高自身人力资本。而不同的人力资本形成途径，会使得不同类型的人力资本获得积累，因

---

① 秋彤、冰豪：《战略转型是最深刻的一种创新——访中国浙江吉利控股集团有限公司董事长李书福》，《中国品牌与防伪》2009年第11期，第68~71页。

此企业和个人应该根据人力资本投资目标进行决策。

既然企业的人力资本是企业通过有目的的投资获得的成果，就必然会从成本收益角度衡量，是否进行以及怎样进行培训。同样，对于企业员工个人而言，其所拥有的人力资本是其据以分享收益、实现效用最大化的重要手段（周其仁，1996；李建民，1999；等等）；因此，也会从自身收益角度权衡培训的机会成本，并据此判断是否参加培训，以及在培训中投入多少精力。如果忽略或未能妥善处理人力资本投资活动中企业与员工个人利益和目标上的不一致，就会导致企业无法通过开发活动，按照预期获得所需人力资本，直接造成人力资本开发投入的浪费。因此，企业人力资本开发工作的关键是，根据所需人力资本的特性，选择合适的开发途径；同时，在个人与企业人力资本开发投入的目标不一致或个体投资动力不足时，采取适当的措施激励员工进行人力资本投资，以实现企业的人力资本开发目标。

一　专用性人力资本积累的激励机制

企业和员工都是企业人力资本投资活动中的主体，因为实践中的人力资本投资成本多由企业全部或部分支付，而员工是人力资本投资活动的直接执行者、人力资本的最终载体，因此，企业培训所获收益的大小是企业与员工双方付出的努力共同作用决定的。也就是说，若想通过培训获得专用性人力资本，不仅需要企业投入开展特殊培训，也需要员工在培训中付出努力。但是，企业和员工在投资目的和风险上并非完全一致，这就需要采取适当的激励机制促进专用性人力资本的投资行为。

(一) 专用性人力资本投资中的双边道德风险及其解决机制

人力资本投资活动中，员工的努力程度往往具有隐蔽性，难以衡量，因而员工可能采取"偷懒"策略；与此同时，人力资本投资产出是企业的私有信息，企业也可能为了压低员工工资故意低估员工的人力资本产出（Kahn & Huberman, 1988），由此导致双边道德风险问题（Double Moral Hazard）出现。Waldman(1984)从信号传递角度分析了企业出现道德风险问题的原因。由于外部企业缺少员工能力的充分信息，因而只能将员工所处的岗位作为其能力表现的信号。这种情况下，如果企业将员工晋升，就相当于向企业外部传递着该员工很有价值的信号，可能导致员工在劳动力市场上的升值，员工流动的可能性由此增加。认识到这一点后，企业可能有意不提拔员工，以便充分攫取其专用性人力资本投资收益。这就导致员工不愿意进行专用性人力资本投资（Waldman, 1984）。"干中学"过程也是员工和企业获得、积累专用性人力资本的重要途径，其中也存在有类似的风险。因此，清楚把握企业和员工双方在专用性人力资本投资过程中可能存在的机会主义行为，并采取适当的方法加以约束，以激励个人和企业的专用性人力资本投资就非常重要。

显然，仅仅依靠基于产出的报酬契约，难以实现诱导员工付出最大努力的目标，无法解决双边道德风险问题。Prendergast(1993)以及Kahn和Huberman(1988)，分别基于委托-代理理论，提出了解决双边道德风险的机制。Prendergast(1993)提出，建立收入与不同职位挂钩的晋升机制（又叫"非升即留"机制，Up-or-Stay），能够在一定程度上解决双边道德风险。这个机制的作用过程是：企业依据工作任务难度、重要性等划分出不同的职位，对应职位设定报酬，即更高的职位意味着更高的报酬，这样，员工就有动力不断积累人力资本以获得提升，而企业也不会低估员工的实际产量，因为如果低报就不能将员工提升至更高、更重要的位置为企业做出最大贡献，企业就会因此受到损失。具体来说，若企业将员工提升到更高的职位，就付给其更高的报酬；否则报酬不变，这样企业就不会低报产量。因为，在工作等级制的企业里，工作头衔和任务是挂钩的，企业如果低报高水平员工产量，该员工就得不到晋升甚至降级，企业就不能安排该员工做对企业最有益的工作，这样企业就会受到损失。Kahn 和 Huberman（1998）则提出一个"晋级或出局"机制（又叫"非升即走"机制，Up-or-Out）以解决双边道德危机。在这种机制下，企业和员工双方签订一份"非升即走"的契约，约定了一个高于员工机会成本的报酬，但同时规定，若员工在规定时间内不能晋升到一定级别，就会被解雇。在这种机制下，高水平报酬的诱惑，以及不达标就会被淘汰出局的压力，会诱使员工积极投入提升自身专用性人力资本水平；而企业方面也不会出现低估员工产出水平的情况，因为否则就得辞退员工，这会导致人力资本流失、企业利益受损。因此，当人力资本专用性较大或投资边际成本较小时，采用"晋级或出局"契约能诱导员工采取最有效的人力资本投资策略。

（二）促进技术型人资本专用性积累的激励措施

技术型人力资本专用性提升中，除了要注意解决双边道德风险之外，另一现象也要予以关注，即随着技术工作中所需综合知识比例的提升，以及技术集成后原理的日益复杂，技术型人力资本在专用性提升方面的难度进一步增加。因此，迫切需要以适当的方法激励企业和技术型员工双方共同努力积累专用性人力资本投资，以下是几个比较适宜的激励措施。

首先，以内部开发策略激励和保障企业与员工共同投入专用性人力资本积累。就专用性人力资本开发而言，内部开发以及其中隐含的长期雇佣关系是对其实施保护与激励的一种有效的制度安排。因为长期雇佣意味着，关系一旦建立起来，双方都会努力维系这一关系，使之长期保持。内部开发策略中包含的内部晋升机制，其实质是一种能够使得员工技术素质不断改善和提高的技术培训方式。这样就避免了双方可能出现的互为不利的机会主义行为，从根本上降低了专用性人力资本积累的风险，从而提高了个人和企业两方面进行专用技能投资的积极性，并借此推动了企业技术能力的提升和竞争优势的形成。

其次，建立内部技能评定制度，实现技能与报酬对应，并将其与晋升、淘汰机制适当挂钩。在企业内部，针对不同工作系列开展技能评级，建立完善的技能等级体系。在这个体系中，技能被从低至高划分为不同级别，并生成相应的等级，不同的技能等级被赋予不同的重要性，对应以不同的报酬标准。这样可以激发员工投资个人人力资本的积极性，并且，因为提供了客观的选人、用人依据，从而实现了个人与职位间的有效匹配。不仅如此，这一制度还会产生长期激励效果，因为企业内部职位阶梯是连续的、标准是明确的，因此在成功晋升到某一级后，对更高一级岗位的升职预期又会对员工形成新的推动力，激发他继续提升技能水平。再结合以一定范围内的淘汰机制,将更有益于实现企业中员工的优胜劣汰,合理流动。综上所述,建立内部技能评级制度并与报酬、晋升、淘汰机制适当挂钩,不仅可以激励员工在工作中和提升人力资本水平时不偷懒,而且能够促使员工更加注重保持工作、生产的长期稳定性,这就使得企业不仅获得了稳定的人力资本,而且保持了人员的相对稳定。

最后,企业与技术型员工合理分担培训成本、分享培训收益。如果培训的成本全部由员工来承担,那么,当企业将其解雇时,员工就得承担全部损失。如果培训成本是由企业全部承担的,培训后员工就可能向企业索要高价(Hold Up)。员工和企业预见到了投资后对方可能出现的机会主义行为,就可能因此不会进行人力资本投资。而且,这个问题无法依靠双方建立完全契约的方式解决,更何况契约很难做到完备。如果投资成本由双方共同承担,则可以弱化这种风险。至于二者分担的具体比例,则取决于离职率与工资、解雇率与利润的关系,以及资金成本、对待风险的态度、流动性要求等(Becker,1964)。与此同时,企业还要以适当比例的工资水平提升,对员工参加培训以及获得的技能提升,进行肯定和奖励,以此实现与员工共享培训收益的目的。

二 提高技术型人力资本专用性的两种主要开发途径

技术型人力资本的专用性通常由在岗经验发展而来,因此实践中适宜其积累形成的两种主要途径是在职培训和"干中学"。

(一)在职培训

在职培训主要发生在工作场所的实际工作实践中,或者通过有经验的员工对新手进行传、帮、带,或者通过新手观察、模仿有经验的员工来实现的。因为在职培训都是在实际工作过程中进行的，因而培训中包含有一部分试错过程，借此来习得操作规则，并获得成功或失败的启示。在职培训具有的实践性、针对性和具体性，使得它具有一般教育甚至是职业教育也无法实现的功能，因此具有一定程度的不可替代性。尤其在提高技能型人力资本的技能方面，在职培训的作用更大。通过在职培训，一方面使技术型员工具备了现职工作所需的知识和技能，另一方面则可以通过培训，为技术型员工储备将来担任更重要的职务所需的知识和技能，以利于其实现自身在组织中的职业生涯发展目标。

1. 经在职培训积累形成的技术型人力资本的优势

与其他培训方式相比，通过在职培训开发的技术型人力资本，具有两个明显的优势。

(1) 在职培训使得技术中的隐性部分能够得以传承，这不仅保持了技术的特殊性(Technology Specificity)，更进一步增强了技术的特殊性。技术的特殊性源于企业对于削减成本、提高效率、持续创新的不断追求，企业内部员工在这个目标的指导下，不断寻找解决问题的方法并付诸实践，这个过程因为受到自身资源条件的约束以及所处环境的影响，因而带有明显的独特性，再经逐渐累积便构成了技术的特殊性。这种技术的特殊性只能在工作场合通过在职培训的方式传递给新员工。而且，经在职培训可以将技术的特殊性传递给技能，而这个传递的完成，与其说是依靠任务的流动，不如说是通过要求员工执行任务的速度和精确性来实现的(Doeringer, 1971)。另外，因为培训过程与实践过程的重合，使得通过在职培训传递技术的特殊性时，不仅实现了一般意义上培训应达到的知识和技能上的应知、应会目标,而且顺利完成了培训成果向实践应用的迁移过程。此外,技术型员工经过在职培训后其知识和技能水平获得提升,因而能够应用技术对物质资本进行深度开发和利用,进而提高其利用率,这样,在实现企业经济目标的同时,其持续实践又进一步增强了技术的特殊性。不仅如此,在职培训能够促使技术型员工的技术创新能力得到提升,借此实现对技术的改进和创新,而升级后的技术又不可避免地带有企业的特殊性。

(2)经在职培训形成的技术型人力资本有利于企业获得稳定的技术能力。首先,通过在职培训,能够获得比较充分的技术型员工的能力和品质方面的信息,这为企业内部实现对员工的合理调配和分类培养奠定了基础。企业一方面可以优化调整人力资本结构,另一方面可以前瞻性地培养积蓄技术型人力资本。其次,企业对在职培训的投入,会对企业与技术型员工双方长期保持雇佣关系产生激励作用。基于以上种种原因,企业技术能力的稳定性得以提高。

2. 促进在职培训中隐性知识的转化与传播

在职培训中"老师"员工对"学生"员工的示范和指导非常重要,但是,当考虑到"学生"技能提高后可能与自己产生竞争关系,进而可能导致晋升压力或失业风险时,"老师"员工可能会在培训过程中有所保留。涉及隐性知识传递时尤其如此。隐性知识是内隐于知识载体内部的,不易被他人知觉和学习模仿的知识。这就意味着,在隐性知识被明码表达出来并被学习和模仿的过程中,知识的载体拥有着绝对的主动权。而技术型人力资本的"高技能""高水平",正是隐性知识的价值形态。技术型人力资本的积累和提高也主要以隐性知识为基础。因此要建立适合的机制激励隐性知识的载体，将知识显性化、共享化，成为组织的知识，并在知识扩散过程中给予必要的指导，这样才能够最大化知识的外溢效应。

隐性知识是技术型人力资本的生产和研发经验，是其载体对技术原理、设计方法和工艺流程的感悟和深层理解，经长期积累获得，其中投入了巨大的成本。它们是其载体在组织中的价值体现，也是其载体据以获取垄断利益的资本。在决策是否将隐性知识转化为显性知识的过程中，知识载体会在隐性知识带给他的垄断利益，与将它们共享转化后组织所能提供给他的补偿之间权衡。而这个补偿中，既包括经济利益也包括社会认可。因此，若实现激励隐性知识载体将隐性知识显性化的目标，必须制定相应的补偿机制，以保障隐性知识载体的利益，并促使其乐于将隐性技能和知识共享。

(二)"干中学"

1. "干中学"的含义及作用

"干中学"是人们不断积累、总结自己实践中获得的成功和失败经验，并将它们应用于实践，进而提高生产效率的过程。"干中学"过程中存在的知识外溢，使得目前的生产效率与过去的活动投入（比如过去的累积产出或投资）之间存在一种正向联系。虽然最初提出"干中学"时，主要用于分析专业化生产对人力资本积累的效应（Arrow，1962），但是，这个效应不只限于生产制造过程，研发活动中也有类似的过程，不过学习的对象并非操作技能，而是知识，因此也被称为"学中学"或"研发中学"。二者之间在原理上有一定的相通性，本章主要针对这些共性特征进行分析，因此除非因明显区别而特别提出，那么对"干中学"的相关论述结论也适用于研发活动。

通过"干中学"的定义可以看出，它并非企业有意的人力资本投资行为，因为"干中学"本身不需要直接的投资，也无须脱离岗位，因而属于一种非投资性人力资本积累。它是人力资本积累的一种重要途径。因为任何培训或教育都无法覆盖全部的工作内容，尤其在技能和知识不断更新、淘汰的知识经济时代，"干中学"更是人们自我弥补技能、知识缺口的重要途径。一般而言，人们参加工作之后，"干中学"是其人力资本积累的最主要途径。马振华（2007）针对210名调查对象进行了问卷调查，结果显示：有61.3%的调查对象将自身工作能力的提升，归功于工作经验的积累和自我学习[①]。而且，随着工作年限的增加，这个比例会更高。技术型人力资本专用性的提高尤其如此。

此外，"干中学"过程虽然包含有一点被动的学习成分，但是行为人发挥的能动性的多少，会使得"干中学"效应产生巨大的差异。因此，企业应该在清楚掌握"干中学"效应影响因素的前提下，采取必要的措施调动技术型员工通过"干中学"积累、提升人力资本的积极性。

2."干中学"效应的主要影响因素及其促进措施

影响"干中学"效应的因素主要有四个。

（1）企业生产产品的复杂性。Lucas（1988，1993）的人力资本溢出模型和经验研究都表明，专业化生产不同的产品

[①] 马振华：《我国技能型人力资本的形成与积累研究》，天津大学博士学位论文，2007，第82页。

会产生不同的"干中学"效应,进而导致不同的人力资本积累速度和水平;更具体地说,专业化生产活动的技术含量越高,人力资本积累的速度越快。Young(1991)也证明:"干中学"所产生的外溢效应,会随着产品复杂程度的增加而放大。换句话说,简单产品的专业化生产不仅对人力资本的初始水平要求较低,而且生产过程中"干中学"效应也较低,以致其对人力资本积累的提升效果有限。

(2)企业技术变迁的速度。如果技术进步缓慢,将会阻碍人力资本的积累提升。这是因为,任何技术的"干中学"效应都是有限的,长期从事同一技术的生产就面临着"干中学"效应递减的风险,导致人力资本提升有限。

(3)企业现有人力资本水平。"干中学"过程不仅是对自身实践经验的积累总结,也包括对他人的主动观察和模仿。因此,企业现有人力资本水平对员工个人的"干中学"效应有重要影响。具体而言,如果企业人力资本水平较高、成员技能彼此互补,那么通过工作中的互动、合作,以及员工个人的有意模仿、观察、学习,都会提高个体人力资本积累的速度。

(4)企业的学习环境。企业的学习氛围对个人的学习有着非常直接的影响,一方面,良好的组织学习氛围能够为员工营造一个彼此信任、乐于共享、互助和谐的学习环境,有利于员工吸取组织知识和其他成员的经验,加快人力资本积累速度;另一方面,企业对员工学习行为的支持和鼓励,可以为员工"干中学"行为提供便利条件和学习的动力,进而促进员工的主动学习行为。

基于以上分析,企业若想加强引导、提高技术型员工个人"干中学"的效应,应该着重从以下几个方面入手:首先,企业应该充分意识到"干中学"对企业动态比较优势形成的重要性,因此要审慎选择技术,并提高技术更新速度和水平。其次,在现有技术条件下,通过产品间轮换、工作重新设计等方式,对员工进行多样化的技能和知识的培养。再次,合理调配团队,以老带新、以高带低,提高技术知识和技能的扩散速度,提升整体人力资本水平。最后,营造良好的组织学习氛围,促进并支持员工的主动学习行为。

此外,为员工设计一条有所依循的"可感知的""有成就感的""有吸引力的"职业生涯发展道路,也将极大地调动技术型员工投入人力资本投资活动的积极性。

第五节 技术型人力资本的薪酬激励

技能型人力资本和研发型人力资本自身及其载体,具有明显的区别,因此需要结合各自的人力资本特性进行激励。前文已对促进技术型人力资本投资的激励措施有所涉及,本节重点讨论针对技能型人力资本和研发型人力资本的薪酬激励。

一 技能型人力资本的薪酬激励

技能型人力资本专用性的增强,对于企业生产能力的提升至关重要,因此,对其进行激励的核心目标仍然是促使其载体不断提高人力资本的专用性。具体建议体现为如下三个方面。①建立内部技能等级评价制度,并以此为基础实行技能薪资制。这样能够激励技能型员工关注自身发展的同时,按照企业发展的要求不断获取新的知识和技能。②设计技能型员工的薪酬时,要注意体现内部公平性原则。就我国一般现状来看,技能型员工在企业中各类人员薪酬水平比较中,多属总体水平较低的群体;而且,薪酬中没有对其投资专用性人力资本而产生的风险给予一定贴现与补偿。如果技能型人力资本的投资收益率较低,就会严重挫伤技能型员工进行人力资本投资的积极性,进而影响到企业技能型人力资本的积累。因此,应适当提升技能型员工的整体薪酬水平。③薪资中体现年资因素。这种做法既可以反映出企业对技能型员工所积累的专业技术经验所具有的价值的认可,又能充当企业对技能型员工长期为企业服务的一种奖励。

此外,鼓励并提供机会使技能型员工积极参与决策、参与到企业战略中来。这样,既可以更大程度地发挥他们在提高生产率、降低成本、改善质量方面的作用,又能够提升他们的工作满意度和组织忠诚度,降低缺勤率及离职率。

二 研发型人力资本的薪酬激励

研发型人力资本载体所从事的研发活动,是一种创造性很强的智力劳动,复杂、非程序化、没有可观察的外在表现,这就导致了监督和激励的困难。就监督而言,对研发过程的监督是困难的,也是无意义的,何况有时也是根本不可能的,因此,只能针对结果进行评价。

与企业中其他类型的人员相比,研发型员工的一个重要特征就是,他们对技术的认同程度往往高于对企业的认同程度。这其中蕴涵两点启示:第一,除了货币性的薪酬之外,对研发型员工而言,企业能否提供有利于更新或者学习技术知识和技能的机会也是一种非常有吸引力的报酬(关于此点,上文已做讨论)。第二,当其他企业提供更高的薪酬,而且技能和知识开发的机会也不差时,他们就很可能流向其他企业。

基于研发型员工的特征以及研发活动的特点,在对研发型人力资本的所有者进行激励时,应注意把握以下几点。①对研发型员工进行内部技术能力评级,并与薪酬挂钩。在很多情况下,同一领域但技术水平不同的研发型员工,虽然从事的工作内容基本相同,但是,解决问题时投入的时间和精力的大小不同,以及技术水平的差异,会导致他们彼此间的工作成果差距极大。因其自身所起的作用存在很多差异,如果根据他们所从事的工作确定他们的薪酬水平,可能很难反映出不同的专业技术人员对企业所做贡献的差异。而以能力评级确定基本薪酬水平,能够实现相对公平。②注意保持研发型员工薪酬的外部竞争性。由于研发型员工薪酬的市场敏感性比较高(刘昕,2007),而且,他们对技术的认同度高于企业,因此,为了保持和激励这些核心技术力量,企业应该选择高于竞争对手的薪酬,甚至某些有实力的企业,可以考虑成为特定劳动力市场中的薪酬领先者。③可以采取适当的利润分享方式,最大限度地调动研发型员工的创造性和工作积极性。具体而言,可以采用股票期权、技术入股和技术持股等方式,调动其从事创新活动的积极性,同时保持企业研发型人力资本的持续积累与稳定,进而提升企业的技术创新能力。

第六节 本章小结

本章第一节首先从知识和能力构成、主要学习方式、发挥作用的方式等方面对研发型人力资本和技能型人力资本的特征进行了对比，以此作为技术型人力资本运营的基础依据。

本章第二节首先分析、对比了内部开发和外部招募两种主要人力资本获取策略的优缺点及适用情境，然后对技术型人力资本的价值性和专用性进行分析，在此基础上，提出技术型人力资本更适宜采取以内部开发为主的人力资本获取策略。同时指出，在技术能力发展的各阶段，可根据需要，适当采取外部招募的策略获取技术型人力资本。

技术型人力资本的专用性的提升，对于企业技术能力的提升和竞争优势的形成具有重要意义，因此，本章的第三节以提升技术型人力资本专用性为目标。首先，在分析了企业和员工双方在专用性人力资本投资上存在双边道德风险的原因之后，综述了学者们提出的解决机制；其次，据此提出了实施人力资本内部开发策略、建立与晋升和淘汰机制挂钩的内部技能等级制度，以及双方合理分担培训成本、分享培训收益等激励专用性人力资本投资的具体措施；最后，着重分析了两种提升技术型人力资本专用性的有效途径，并指出它们各自实施的要点和应注意的问题。具体地说，以在职培训积累专用性人力资本时，应注意以适当的机制促进隐性知识的转化。而对于"干中学"方式，则因为受到企业生产产品复杂性、技术变迁速度、现有人力资本水平、学习环境等因素的影响，需要通过审慎选择技术并注意提高技术更新速度和水平、采取多种方式提升人力资本中知识和技能的多样性、通过合理调配团队等措施提高技术知识和技能的扩散速度、营造良好的组织学习氛围等方式，提高技术型员工个人的"干中学"效应。

对技能型人力资本进行薪酬激励时，可考虑：①实行技能薪酬制；②注意薪酬的内部公平性，以应对我国企业中技能型人力资本的薪酬水平总体较低的普遍现状；③薪资中体现年资因素，以体现企业对技能型人力资本经验价值和忠诚度的认可。而研发型人力资本的薪酬激励中应注意：①进行内部技术能力评级，并与薪酬挂钩；②保持其薪酬的外部竞争性；③适当采取股票期权、技术入股等利润分享方式，最大限度地调动研发型员工的创造性和工作积极性。

第七章
适配低技能人力资本[①]的技术选择

一个国家人口的平均受教育程度,是反映一国劳动力总体素质的重要指标。2010年进行的第六次全国人口普查结果显示,我国15岁及以上人口的人均受教育年限已提高至9.05年,比2000年的7.85年高出1.2年;25岁及以上人口人均受教育年限已达8.6年,也比2000年提高了1.2年,并且超过7.4年的当前世界平均水平。这一结果表明,我国人口的平均受教育水平已经完成了从初中程度到高中程度的转变,人口的整体文化素质有了较大提高。但是,与发达国家相比,各项指标仍然偏低。以25岁及以上人口的人均受教育年限做比较,2010年,美国此项指标为12.4年(1999年为12.7年),相当于大学一年级水平;日本则为11.6年,相当于高中三年级水平。若以人口结构比较,我国与发达国家的差距就更加明显。2010年,我国25~64岁的劳动人口中,

---

[①] 国外普遍采用两分法,主要依据是否具有大学学历将劳动力划分为低技能和高技能两类。国内学者也普遍采用这一做法,比如姚先国等(2005),就将接受过高等教育的劳动者定义为高技能劳动力,其余的则统称为低技能劳动力。本书也沿用这种分类方法,文中出现的低技能人力资本、低水平人力资本等均指未受过高等教育的人力资本。

仅有9.7%的人具有大专及以上教育程度，而经合组织国家的2009年均值就已达30.0%，是我国的3倍多[①]。

另外，2004年以来，最早起源于沿海地区的"民工荒"现在已经逐渐演变为普遍的"招工难"和"涨薪潮"，这揭示出我国的劳动力成本正在逐渐升高。由此可见，相较于发达国家，我国的人力资本水平整体偏低，劳动供给仍然以低技能劳动力为主，但劳动成本却在逐渐提高。那么，应该如何进行技术选择才能充分利用现有人力资源？

传统的做法是，按照比较优势选择低水平劳动密集型技术，然后在低廉的人力成本保障下实施低成本战略，获得竞争优势。凭借这种做法，我国的制造业在全球获得了巨大份额，并且发展成为了"世界制造中心"。但是，长期以来，我国制造生产的产品和出口商品主要是附加值较低的低端产品，而附加值较高的产品则需要进口，以致出现了"出口8亿件衬衫才能换一架大型飞机"情况。企业的加工制造利润本就微薄，而在国内劳动力成本上涨的趋势下，这种获利方式就更加难以为继。而且，理论研究指出，长期从事简单产品加工，将导致企业技术升级和人力资本积累缓慢，也不利于技术创新能力的形成和提高，并且容易被长期"锁定"于国际产业链的低端。事实上，这些问题已经在我国的实践中有所反映。由此可见，传统的做法已经不再适宜。

本章就是要提出一个通过技术分解，实现低技能劳动力对先进生产系统中先进设备和高技能劳动力的替代，进而依

[①] 本段文字中的数据来源于《我国国民整体受教育水平进一步提高》，《中国信息报》（网络版）头条，http://www.zgxxb.com.cn/jqtt/201204120010.shtml。

托低技能人力资本形成技术能力和技术优势的解决方案。本章第一节，首先将价值链思想引入技术选择问题，从而将企业技术选择问题转变为价值链上价值活动的技术选择决策，这就意味着，企业可以根据自身在不同环节上的要素禀赋情况选择适宜的技术。第二节，在充分论证了技术与技能的替代和互补关系及其深层原因之后，分析了技术进步的类型及其技能偏向产生的原因，为企业能够依据自身人力资本水平、选择适宜技术进步类型提供理论基础。第三节，详细地分析了以技术分解实现技能替代型技术进步（或称技能退化型技术进步）的实质、可行性和实施关键要点，借此提出依托现有低水平人力资本形成技术能力并提高企业自生能力的方案。第四节，以比亚迪公司的生产案例和吉利公司的研发案例，实证了将价值链思想引入企业技术选择问题的意义，以及以技术分解实现低技能劳动力与技术选择适配的有效性和可能性。第五节对全章内容进行总结。

第一节　基于价值链的企业技术选择

价值链分析是采用系统方法对企业中所有资源、活动及其相互作用进行分析，以帮助企业识别现有的和潜在的竞争优势的一种方法。将价值链思想引入企业的技术选择，可以使技术选择决策更聚焦、更有针对性，进而做出适宜的技术选择决策。

一　价值链的含义

波特（Porter，1985）认为，企业的每项生产经营活动都是其创造价值的活动,由此,企业所有不同且相互关联的生产经营过程,共同构成了创造价值的动态过程,即价值链。因此,价值链上列示了总价值以及价值活动和利润。其中,价值活动是企业所从事的物质上和技术上的界限分明的各项活动,分为基本活动和辅助活动。基本活动是涉及产品经营的实质性活动,包括产品的物质创造及销售、转移给买方和售后服务的各种活动,具体包括内部后勤(与接收、存储和分配相关的各种活动)、生产作业(与将投入转化为最终产品过程相关的各种活动)、外部外勤(与集中、储蓄和将产品发送给买方有关的各种活动)、市场销售和售后服务五个方面,它们处于价值链的底部。辅助活动是辅助基本活动,并通过提供外购投入、技术、人力资源以及各种公司范围的职能支持,包括企业技术设置、人力资源管理、技术开发与采购四项内容,它们处于价值链的顶部。作为企业系统的组成部分,这些价值活动之间存在一定的内在联系,具体体现为某一价值活动实现方式与另一项价值活动成本之间的关系。完整的企业价值链如图7-1所示。

图7-1 企业价值链

资料来源:Porter, M. E., *Competitive Advantage*, New York: The Free Press, 1985。

二 技术选择中价值链思想的应用

价值链分析已经将企业系统分解成相互作用、相互联系的价值活动，而且，这些价值活动甚至还可以分解成更细的活动事项。而对于每一个价值活动及其更细的活动子项来说，都存在有价值增值的过程，也存在着投入产出，因此也会存在要素禀赋约束下的技术选择问题。由此，在价值链思想下，企业的技术选择就被分解成了针对价值活动所做的系列技术选择，比如工艺技术、产品技术等，甚至更细，而这些技术选择结果就构成了涉及企业经营全部细节的技术体系。

而且，各价值活动之间存在着的联系，会使得某项活动的技术选择，影响到相关价值活动的要素禀赋结构发生变化，甚而对其技术选择发生影响。以电信运营商的运营设备的更新换代为例。电信设备集成化、模块化程度的提高，使得硬件维护和操作越来越简单，终端维护量大大减少。比如，原交换机核心处理器出现问题时需要在65块电路板中定位故障，而新机型只需要在18块电路板中定位故障，难易程度立判高下。但是，也正是这种集成化、模块化程度的提高，却也使得设备的软件结构复杂、原理不易掌握，导致软件维护越来越困难，以致电信运营商在软件出现问题时几乎无力维护，只能求助于设备供应商[①]。这个例子清楚地反映了企业价值链上价值活动的技术选择间的相互影响。也就是

[①] 郭永宏、刘艳青：《隐性"高科技化"与显性"去高科技化"——电信设备技术变迁趋势对网络运维的影响及对策》，《通信企业管理》2006年第7期，第25~27页。

说，某个价值活动选择了减少人力资本投入、降低技能要求的技术（此例中为硬件操作和维护能力降低），却可能会导致与其相关的价值活动所面临的要素约束（此例中为软件维护能力要求提高）发生变化，因而不得不提高对人力资本的要求。

通过以上分析可以推论出：①运用价值链分析，能够使企业在更加清楚各价值活动的要素禀赋优势的情况下，做出适宜的技术选择；②因为价值活动存在着相互联系，所以要以系统的角度进行每次技术选择，才能提高整个企业技术体系的协调一致性；③依托企业价值活动上的要素禀赋优势，匹配以适宜的技术选择，能够在弥补其他价值活动的劣势的同时，帮助企业形成或进一步强化整体竞争优势。

将价值链思想引入企业的技术选择问题，为企业识别并利用自身要素禀赋优势，做出适宜的技术选择，提供了微观的实现途径。

第二节　技术与技能的互补和替代

技术联结着资本与劳动，而不同的技术会引致不同的劳动分工，进而产生不同的劳动力需求。也就是说，技术与技能之间的关系并不确定，因此，技术进步有着不同的技能偏向。

回顾近代技术进步的历史，不难发现技术对技能的需求变化。从18世纪开始，制造业经历了一系列变化：手工工场被机械化或非机械化的大工厂，后者再被装配线所替代（James & Skinner，1985），之后装配线生产又发展为连续批量生产。在这个过程中,生产技术对技能的需求是不断变化的。最初,随着整个生产体系由手工操作转为机械作业,低技能工人的需求量迅速上升,熟练工匠的需求比例却不断下降。但是,20世纪20~30年代后标准化、自动化更高的批量生产模式出现后,却提高了对工人技能的要求,随之引发了高技能人力资本需求的上升。整个技术进步对技能需求变化的过程可以描述为:高技能人力资本需求下降→低技能人力资本需求上升→高技能人力资本需求上升。这个过程正好完整地体现了技术与技能的替代与互补关系。本节将全面探讨技术与技能间的替代和互补关系的实质及其产生原因,并在此基础上分析技术进步的类型及其技能偏向性。

一 技术与技能的替代

技术对技能的替代,主要表现为新技术对劳动者技能要求下降,因而减少了对高技能人力资本的需求。正如上文提到的始于18世纪的技术进步,在整个生产体系由手工操作转为机械作业的过程中,工厂中出现了大量的低技能工人,他们多人分工协作完成了手工作坊中原本由一个工匠完成的工作。这就使得生产中低技能工人的雇佣量迅速上升,熟练工匠的比例则随之下降,新技术因此表现出对技能的替代。这个过程中,虽然由低技能人力资本替代高技能人力资本从事生产,但是,生产效率却获得大幅提高。其发生的深层原因就在于:技术的发展促使了社会分工的不断深化,从而导致了劳动技能的分离与专业化;并且,随着技术的不断延展、增强,在一定程度上实现了对劳动技能的替代。

为了更好地理解技术与技能间的替代关系及其形成规

律，我们来追溯一下近代发生的五次技术革命及其对社会分工和技能结构的影响，如表7-1所示。

表7-1 近代五次技术革命及其对社会分工和技能结构的影响

技术革命及基本特征	劳动分工的深化以及技术对技能的替代	技能就业结构的变化
18世纪70年代至19世纪30~40年代，水力机械化 19世纪30~40年代至19世纪80年代，蒸汽动力和铁路	机械化和专业化生产使得工人技能退化；劳动执行和劳动概念技能开始分离	手工业者就业下降；低技能生产工人就业增加
19世纪80~90年代至20世纪30~40年代，电力和重型机器制造业	劳动执行和劳动概念技能进一步分离；巨型企业下管理职能趋于职业化、专业化	低技能生产工人的就业继续增加；职业经理人等管理者就业增加
20世纪30~40年代至80~90年代，福特制的大规模生产	标准化、自动化技术使得劳动执行技能进一步退化；劳动概念技能内部分工深化；组织呈现出职能专业化/等级制金字塔/集权化	直接生产工人就业减少；管理者就业层级增多，就业增加
20世纪80~90年代至今，信息和通信	分工更细，职务种类倍增；知识成为资本/无形的价值附加值；非集权的一体化/网络结构；信息化、网络化技术替代常规劳动概念技能，企业管理层扁平化	常规管理者就业下降

资料来源：毕先萍著《改革以来技术进步对我国就业的影响研究》，《科技进步与对策》2009年第14期，第151~156页。

通过梳理近代五次技术革命及其对社会分工和技能结构的影响，可以总结出如下规律。

1. 技术进步促进了劳动技能的分离和专业化

这种分离和专业化主要表现在两个方面。①劳动执行技能（体力劳动）与劳动概念技能（脑力劳动）分离。第一次和第二次技术革命即实现了由手工劳动向机器生产的转变，劳动手段的机械化，极大地提高了劳动效率，一方面使得对劳动过程进行组织和计划变得更加重要，另一方面也为劳动执行职能的专业化和分离提供了可能。这两方面因素的共同作用，导致劳动执行技能和劳动概念技能逐渐分离。而且，随着技术水平的提高，劳动概念技能的内部也开始分工深化。②常规技能与非常规技能逐渐分离。根据是否具有重复性，可将所有劳动技能区分为常规和非常规技能两类。常规性技能是具有重复性，不同情境中运用时也没有较大变化，表现为一种固定程序或运行方式的技能。它在一定程度上是人们对能够实现高效率、标准化的动作和事务处理方式的总结，因而对于标准化生产以及大规模组织中的联系与协调非常重要。而非常规性技能则是问题解决式的、突发的，其运用往往需要人类特有的灵活性、创造性及复杂的沟通联系技能。常规技能和非常规技能在工作中应用的比例不同，导致了组织层级和劳动等级的出现。

2. 技术逐渐替代了部分劳动技能

这种替代在第一次和第二次技术革命时就已初露端倪，具体地说，机械力的采用以及专业化分工，使得细分后的工作内容更加简单、容易；而劳动执行技能与计划技能的分离，则使得直接生产者变成了任务的机械执行者，因此降低了对其技能的要求，导致技能退化发生。随着生产自动化、标准化程度的逐步提高，机器、设备、生产线等物化的技术对劳动技能的替代程度提高、替代范围增加，使得劳动执行技能进一步退化。而且，因为常规性技能的具体工作步骤能够被识别，且极易被转化为程序化指令，因此也能够并逐渐被自动化机器所替代。这种技术对技能的替代，引发了企业内部的人员结构的巨大变化，在机械化程度较低时，企业中体力劳动者和脑力劳动者的比例通常为9∶1；而当发展到中等程度机械化时，此比例变为 6:4，全自动时期则为 1:9[①]。

3. 管理职能的逐渐独立和专业化

在第三次技术革命中，电力作为动力能源，促进了钢铁等重工业的发展，使得生产更加集中化，组织规模随之不断扩大，巨型企业出现。这就使得企业中的联系和协调工作变得更加复杂，对人和生产过程进行管理的需求日益增加。这些变化促使管理职能逐渐独立和专业化。同时，随着所有权和经营管理权的分离，催生出职业经理人阶层（毕先萍，2009）。而且，技术的自动化和标准化程度的提高，更促使每个专职管理活动内部分工的进一步深化，管理活动中脑力劳动和体力劳动、常规技能和非常规技能应用比例的不同，导致管理者等级出现。

而且，物化技术水平对常规性技能的替代不仅限于生产过程，常规管理技能也在第五次技术革命中被网络和信息技术所替代。20世纪80~90年代，信息通信技术的广泛应用，使得数据处理的自动化、实时性、共享度都得到了提高，因此能够打破设计、生产、营销和管理等职能之间的条块分割，以及各职能内部的等级制障碍，促使组织结构日渐扁平化、网络化；对中层监督、日常操作决策和协调等管理活动的需要也随之降低，因此直接导致了中间管理层的规模萎缩。

通过以上针对近代五次技术革命及其对社会分工和技能结构影响的追溯和分析，可以得出如下结论：①技术能够替代劳动技能，而且，随着人类技术活动水平的提高，这种替代的趋势更加明显，替代程度也日益加深；②需要注意的

[①] 周绍森、胡德龙：《人力资本先导和技术赶超》，科学出版社，2011，第23页。

是，技术对技能只是"部分"替代。更具体地说，虽然，技能中以体力劳动为主的执行技能，以及常规性技能，可以逐渐被机械、设备等物化技术所替代，但是，再高明的机器，也不能像人一样根据具体情况灵活地运用理论、策略创造性地解决问题，所以技术只能取代某些技能。技术对技能的"部分"替代，不仅充分揭示出劳动技能的复杂性，也反映出现有技术进步的局限性。

二 技术与技能的互补

与替代手工操作的简单机械化生产不同，批量化生产却提高了对劳动者技能的要求，也因而促进了高技能人力资本需求量的上升，使其成为技术与技能之间存在互补关系的佐证。对于其产生的原因，Harry Jerome(1934)认为，工业产业的迅速扩张，资本密集产业快速发展，引发了对技能的巨大需求，即工业化提高了所需的平均技能。Nelson 和 Phelps(1966)、Welch(1970)、Schultz(1975)以及 Tinbergen(1975)都认为，正是新技术的发展增加了对技能的需求。因此，在 20 世纪 30 年代前后，发达国家的工业因国家的教育水平被分成了两大类，位于教育低端的，主要生产第一次产业革命的产品，比如棉花、毛织品、鞋子、水泥等；处于高端的则主要从事与第二次产业革命所产生的新产品相关的生产和服务，比如电力、电话、无线电通信等[①]。之后，技术与技能的互补关系一直存在着。20 世纪 80 年代后信息技

[①] 戎建：《技术进步、人力资本与中国劳动力流动》，复旦大学博士学位论文，2008，第 19 页。

术的广泛应用，则使得这种互补性更为突出。许多学者以其经验研究结果证明了这点。Berman 等（1994）和 Autor 等（1995）构建了美国高技能劳动力比例与行业内计算机投资之间的函数，其计量结果发现，在一个行业内，计算机投资的增加和高技能劳动力比例的增加是正相关的，以此证明了计算机设备与高技能劳动力之间的互补关系。Berman 等在 1995 年又以跨国数据分析证实了这一结论。Acemoglu（2002）也认为，个人电脑的普及、自动化的生产流程以及机器人在生产环节中的使用等，都是和技能工人互补的。

对于技术与技能之间互补关系产生的原因，Griliches（1969）认为这是技术固有的特征，并将之概括为资本－技能互补假说，指出：高技能劳动与物质资本间的互补性，高于低技能劳动与物质资本的互补性，而低技能劳动则更容易被物质资本所替代。这个观点虽有些偏颇，但是，它既指出了技术对低技能劳动力需求减少的原因——被物质资本所替代；也指出了技术与技能互补的原因——技能要与物化的技术即物质资本匹配。更进一步的解释是，技术实际上是机器和能够使用机器的人的组合（Aghion & Howitt，1992），因此，虽然新机器具有更高的生产力，但是，其中包含的大量信息使得只有事先已经积累了某些特定知识和技能的人才能使用，也即，技能要与隐含在资本投资中的技术进步互补（Hendricks，2000）。而信息技术的采用，则使得技能与技术的互补性进一步增强。Krusell 等（2000）指出，20 世纪 70～80 年代以后出现的以新型设备为代表的投资品中，蕴涵前沿技术的软件信息，其技术水平更高，天然倾向于技能。这些设备在生产中的使用，使得生产岗位的工作内容发生了深刻变化，知识信息含量明显提高，即便是装配与操作工作，都包括信息的获得与处理，因此需要有深厚的原理知识和专业技能的支撑。虽然只是根据仪表读数的变化按一下按钮，但是，工人需要知晓其背后蕴涵的原理和知识，只有这样，他才能完全掌握生产进行的状况，并据此做出判断和处理。另外，计算机应用一般与组织结构的扁平化、灵活化相联系，而现有研究表明，信息技术的应用以及随之而来的组织变革，都不利于低技能人力资本（Borghans & ter Weel，2006；Aubert, Caroli & Roger, 2006）。总而言之，技术进步，尤其是信息技术、网络技术的采用，使得先进物质资本品中包含的信息量不断增加、生产组织方式也随之发生变化，这对劳动者的操作技能的总体要求虽然有所降低，但对其知识、专业技能以及创造力的要求却大大提高。

不仅技术进步本身对劳动者技能提出了要求，高技能劳动者自身的优势，也有助于其与技术进步的互补。具体地说，新技术会创造一个前所未有的劳动环境，而高技能人力资本能更快地掌握新技术（Bartel & Lichtenberg，1987；Krueger, 1993），其适应成本较低，更可能抵减生产率可能出现的下降风险，因此更有助于新技术的扩散和采用。

最近几十年来，西方发达工业化国家经历的技术进步具有技能偏向性（Berman, Bound & Griliches, 1994；Machin & Reenen, 1998；Autor, Katz & Krueger, 1998；Bratti & Matteucci, 2004；等等）。而对于发展中国家技术进步是否也具有技能偏向性，学者们却有不同观点。有些学者（Feenstra & Hnason, 1996；Pavcnik, 2003）的研究表明，发展中国家也出现了技能偏向型的技术进步。而Berman & Machin（2000a）

则认为，技能偏向型技术进步确实从发达国家扩散到了中等收入国家，但是对于那些低收入国家来说，却没有证据可以证明技术进步的技能偏向性。Mayer(2000) 针对发展中国家的研究也证明，这些国家的技术进步并没有呈现技能偏向的特点，更具体地说，在全球化过程中，这些低收入国家引进的多是低技能密集型产业的相关技术，这不仅没有提高对技能的需求，反而某种程度上降低了个人的技能投资的回报。Berman 等(2003) 的研究也发现，20 世纪 90 年代印度制造业中出现的技术进步降低了对劳动者技能的要求。

综上所述，理论研究和经验实证都表明了技术与技能之间互补关系的存在，而其产生的原因，既是技术进步本身对技能的要求，也是源于高技能人力资本在适应技术变迁方面具有优势。但是，技术进步的历史和实践也摆明了这样的事实：由于经济发展水平和资源禀赋差异，不同国家、地区的技术进步呈现出多样性和阶段性特征，技术进步和技能的关系并不总是互补关系，也有可能表现出相互替代特征，由此使得技术进步呈现不同的技能偏向。

三 技术进步的技能偏向

Acemoglu(2002) 系统回顾了近代技术进步的演变历史后指出，事实上存在两种类型的技术进步，即技能替代型和技能偏向型技术进步。如果新技术对使用者的能力要求比现有技术高，或者新技术要求使用者必须承担重新学习的成本，那就是技能偏向型的技术进步，若否，则为技能替代型（技能退化型）技术进步。

而技术进步是内生的(Feenstra & Hanson, 1996; Kiley,

1999；Acemoglu，1998，2002），技术的发展和使用至少部分是对利润激励的反映（Acemoglu，2002），因此技术会以偏向性对要素供给情况做出反应。Acemoglu（2002）以模型证明，当稀缺要素与丰裕要素的替代弹性较高时，技术进步就会更偏向于使用丰裕要素。并且，此时技术进步的方向是"状态依存"的，也即，过去的技术进步如果偏向于某一要素，这一要素在未来会更加丰裕，因而会激励未来的技术进步更多地使用这种要素。据此，Acemoglu（2002）解释了始于18世纪的替代技能的技术进步的原因：当时有大批来自农村地区和爱尔兰的移民涌入城市，增加了低技能劳动力的供给，这就使得采用替代技能的技术更有利可图。与之相对，20世纪以后出现在工业化国家的技能偏向的技术进步（SBTC），则是因为人力资本投资提高了熟练劳动力的比例，使得与高技能互补的技术的利润空间更大（Acemoglu，1998）。因此，技术进步的技能取向不是外生给定的，而是经济主体在利润最大化导向下，根据技能劳动力的市场供给做出的选择。企业也是如此，选择技能偏向型技术进步还是技能退化型技术进步，都是其在自身的劳动力技能供给的要素约束下做出的利润最大化的决策。

综上所述，技术能够对技能产生"部分"替代，而技术进步对技能又有着一定的互补要求，这就意味着，不同的技术对技能有着不同的需求，技术进步也因此具有不同的技能取向。而具体选择哪种类型的技术进步，则是技术选择主体根据自身人力资本供给情况做出的适宜选择。

第三节 以技术分解实现适配低技能人力资本的技术进步

如果自身的人力资本水平相对较低，应该如何进行技术选择？是否就只能依据比较优势，生产简单的产品？这正是本节讨论的重点。技术分解是技能退化型技术进步的一种实现方式，是充分利用低技能人力资本的适宜技术选择。本节首先揭示了技术分解的实质，然后论证了技术分解实施的可行性、经济动力以及实施条件，最后，指出技术分解的实施关键。

一 技术分解的实质

回顾前文提到的 18 世纪发生的技术进步，新技术的采用降低了对劳动者技能的要求，使得工厂中的低技能工人替代了高技能的工匠。这个过程的发生，主要得益于劳动分工的深化。在这之前，生产主要由工匠完成，他们从学徒开始，逐个工序学习，最后掌握单件生产的全套技艺。而在工厂的生产中，通过将以前由一个工匠承担的工作，分解成若干较小的工作任务，使得原有的复杂工作简单化，从而降低了对劳动者的技能要求，也使得低技能人力资本能够实现对高技能人力资本的替代。为此，Braverman（1974）与 Marglin（1974）将这种技术进步定义为"技术分解型"，即技术变革的主要目的是对劳动任务进行深入分解，将其分解为几乎不需任何技能就可以进行生产的微小部分。

19 世纪以前，技术水平主要取决于工匠个人的技能高低，而生产工具中承载的技术信息则相对较少，因此，技术分解主要体现为对工作任务进行分解。随着机械化、自动化程度的提高，机械设备中蕴涵的技术信息逐渐增多、复杂性提高，使得技术与技能的互补性增强，这时，先进生产系统主要由高技能劳动力和先进设备组成。在这种情况下，技术分解就是将生产技术系统中机械设备所具有的功能，以及由高技能劳动力完成的多样化工作，分解成可由低技能劳动力以手工操作完成的生产任务。也就是说，技术分解最极端的情况是，除了因低技能劳动力手工操作无法完成，或无法达到预定的产品质量或成本控制目标，而不得不在某些关键性环节中保留必须由机械设备或高技能劳动力完成的部分工序以外，其他均经分解细分为简单的手工操作任务，交由低技能劳动力完成。通过这样的技术分解，降低了对劳动者技能的要求，从而实现了低技能劳动力对先进生产系统中高技能劳动力和先进机械设备的替代。正如克利斯·弗里曼等人针对福特制的应用所给出的解释："技术劳动力的短缺，使得美国的企业家和工程师们不得不努力寻找一种新的生产技术，以达到既能用机器替代劳动力，又能尽量少用熟练技术工人而代之以半熟练或不熟练工人的目的。"因此，技术分解是低技能劳动水平下一种适宜的技术选择。因为技术分解可以极大地降低对劳动者的技能要求，从而能够在生产中使用低技能劳动者，却达到与先进生产系统和高技能劳动者同样的生产效率。

二　技术分解的可行性

技术分解实质是以低技能劳动力的手工操作（适当保留

关键技术设备）替代，由高技能劳动力和蕴涵大量复杂技术信息的机械设备组成的先进技术系统的过程。这个替代过程是否可行，关键取决于三个问题：是否具有理论上的可行性？有无促使其实现的动力？是否需要满足一定的前提条件？

1. 技术分解的理论可行性

技术分解过程中要实现两个替代，一是低技能劳动力对高技能劳动力的替代；二是低技能劳动力的手工操作对先进机械设备所具有的自动化功能的替代。而且，这种替代要保证生产效率不会降低。技术分解的理论可行性具体体现在两个方面。

（1）分解工作任务并交由多人合作完成，可以实现低技能劳动力对高技能劳动力的替代。一定程度上说，正是工作任务的多样性，导致了对技能的高需求。因此，技术分解要进行反向操作，将原本由一个人完成的多样、复杂的工作任务，分解为若干很小的单一化、标准化及专业化的操作内容与操作程序，交付给多人合作完成。当任务变得简单、标准化的时候，就会降低对劳动者技能的要求，这样，原本需要熟练劳动力才能完成的工作，现在可以交由不熟练或半熟练的劳动力完成，从而实现了低技能人力资本对高技能人力资本的替代。正如史蒂文森指出的，如果每一名工人负责做许多作业，就需要掌握一定的技术，而若利用劳动分工将每个人完成的任务变成涉及面较窄的作业，就使得工人几乎不需要什么技术就能完成工作。

而且，因为生产的专业化和标准化，劳动者对工作能够很快熟悉并熟练掌握，又能有效地减少变更工作所需的准备与调整时间，同时有利于在长期的"干中学"中积累技术诀窍成为专家。而且,从事相同工作的人员的增加,也使得专门化设备的使用成为可能。这些都会使得低技能劳动力的单位生产效率获得提高。

(2) 将机器设备完成的功能(部分)分解后交由劳动者手工完成,以此实现低技能劳动力对机械设备的替代。本章第二节中关于技术与技能之间替代关系的相关论述,已经提出:技术的发展对劳动者的技能产生了"部分"的替代,而且其替代的技能,主要是劳动者的劳动执行技能(体力劳动)和常规性技能。这些被机器设备所替代的劳动技能,原本就是低技能劳动者的主要工作,现在通过技术分解再次交还给他们完成,理论上可行。当然,因为机器设备的属性也使其具有了人所不能比拟的一些优势,比如能够在特殊条件下完成某些任务、保障产品质量的稳定性、更高的生产效率等,这种情况下,人对机器无法进行取代,因所以需要在技术分解时保留关键设备。

而且,技术与技能之间的互补,主要体现在物质资本与技能之间的互补,由于机器设备等物质资本中蕴涵大量的技术进步信息,因此需要劳动者具有相应的技能去学习、掌握。那么,通过技术分解减少了蕴涵复杂技术信息的设备机器的采用,必然会降低对劳动者的技能要求。

综上所述,技术分解在理论上是可行的。

2. 技术分解实施的经济动力

技术是物质资本和人力资本的组合,二者都是技术的承载体,但是各自承载的技术比例并不固定。通过前文的论证,已经得出结论:二者间在一定程度上可以相互替代,也即机器能够部分替代人的技能,而人的手工操作也能部分替代机器的功能。这就意味着，用较少量的物质资本、较多量的人力资本，或用较多量的物质资本、较少量的人力资本，往往可以产生等量收益。至于它们之间何时替代、谁替代谁，则是由隐藏在其背后的经济考量所决定的，也就是说，企业会以成本收益高低，决定二者间如何替代。一般的规律是，如果劳动收益率高就提高人力资本投入，反之就应增加物质资本投入，这正是基于新古典经济学的技术选择思路。

但是，物质资本与人力资本的替代是有适用范围的。这种替代关系总会有最优范围的存在，若超过了这个范围，原有的替代方向就要改变了，不然就丧失了成本节约的好处。比如，仅从成本收益的角度考虑物质资本对人力资本的替代，当机器对劳动的替代达到一定程度时（即背离最优生产点），可能会造成机器使用的总成本（购置和使用维护投入）增大，以致超过了生产率提高和劳动成本节约带来的收益，这就使得机器替代劳动产生的经济收益降低，此时就需要由劳动来反替代资本。

3. 技术分解实施的必要条件

技术分解的实施需要满足两个条件。

首先，系统要具有可分性。这意味着该系统既能被分解成若干部件，又可以进行重新组合，而且这一过程中不会失去其原有的功能（钱平凡、黄川川，2003）。反之，如果系统中某特定部件只有与其他部件组合在一起时才能发挥最强的功能，那么这样的系统，其可分性较差，就不适合进行技术分解。

其次，系统中各环节的技术水准并不一致。任何产品的制造体系，往往都由纵向、横向多种工序构成。如果这些工序的技术水准、复杂程度不相同,那么,其对生产的自动化、智能化的要求就不一致,那些系统中间杂着的一些较低技术水平的生产工序,就给以手工劳动、简单机械劳动替代自动化设备提供了可能的空间。建立在技术水准非一致性基础之上的生产系统的技术可分性,是技术分解能够施行的必要条件(龚三乐,2008)。

三 技术分解实施的关键

技术分解是运用客观方法将复杂技术分解为简单技术的过程。这个过程中有三点最为关键。

第一,以系统的角度对技术系统进行合理分解,并在此基础上进行专业化生产。亚当·斯密的古典分工可以按照针的生产步骤进行专业化分工,但是,现代产品生产工艺的复杂性却使得分工不再简单。而且,分解不是目的,能否最终实现有效整合才是技术分解成功与否的衡量标准。因此,在技术分解时,要把系统当作一个不可分割的整体,运用功能分析的方法,将系统内某些有着内在联系而又相对独立地承担某一系统功能的部分,分解成一个相对独立的单元。这样,每个单元内部的调整与改动只发生在内部,而不需要与单元外的系统的其他部分进行频繁交流和持续协调,从而使得每个单元的信息处理能力和操作能力得到提高,并大大降低整个系统的交易成本。

第二,以标准化降低系统的协调成本。分工能够提高效率,同时也造成了协调成本的增加。标准化可以为分解后的各单元,构建便于协调的统一界面,因而有利于各单元之间的联系、协调和相互作用,降低了因分工产生的交易成本,实现了有效整合。而且，正如鲍德温和克拉克（Baldwin & Clark, 1997）的观点，对可分解的系统的各部分，进行创造性地分解和再整合，可以实现复杂系统的创新。

第三，管理要素的投入。一般来说，管理要素以组织结构的变革来调整、优化投入产出关系和微观组织经济结构。有关研究表明，在1900～1955年的半个多世纪里，固定资本每增加1%，生产提高0.2%；劳动力每增加1%，生产提高0.76%；而训练有素的管理人员每增加1%，生产提高达1.8%。可见，管理所能带来的经济效益相当于固定资本的9倍，相当于一般劳动力的2.4倍[1]。而且，技术分解的过程中，最重要的就是进行系统分解设计的管理者，能否清楚地了解和把握产品和整个生产过程的内部作用关系。

企业通过技术分解，改变了分工模式，变革了生产组织方式，并借以重新调整配置了各价值活动的要素结构，进而提高了低技能劳动者与技术组合的产出。拉让尼克对美国的技能替代型技术进步实践的评价，可以看作对技术分解所具作用的最好诠释。他指出，在美国工业化所处的社会环境中，在没有稳定的技术工人队伍可以依靠的情况下，美国的工厂管理者们采取了"把技能从车间现场夺走的战略"，而这正是美国企业能够率先完成钱德勒所谓的管理革命的车间现场的组织基础和社会关系基础[2]，也是美国得以取代英国成为国际工业领袖的竞争力源泉。

此外，本章虽然主要以生产领域为背景讨论、分析了技

---

[1] 刘方棫等：《生产力经济学教程》，北京大学出版社，1988年。
[2] 钱德勒认为，一国经济的发展关键取决于建设企业层次上的组织能力。

术分解，但实际上，这种做法也可以扩展到企业经营管理的其他环节，甚至是创造性要求较高的研发领域。比如，分工以及中间产品的标准化就是印度软件业取得巨大成就的重要原因之一。本章随后也将以吉利公司研究开发活动的案例对此进行进一步论述。

第四节 案例分析及借鉴

一 比亚迪的产品竞争优势的形成

1995年2月，深圳比亚迪（Build Your Dream，BYD，意为"筑造你的梦想"）电池股份有限公司成立，注册资本250万元人民币，员工20人左右。公司以电池制造起家，现在拥有IT和汽车两大产业群。IT产业群由二次充电电池（包括镍镉、镍氢、锂电池及铁电池）和手机（包括整机组装、设计和软件）组成；而汽车产品包括普通汽车、双模电动汽车、纯电动汽车，未来将以纯电动汽车的自主研发制造为主。

（一）比亚迪的产品选择

1. 初涉产业时，以低端产品入手，渐进完成产品升级

比亚迪1995年进入电池产业时，选择生产的产品是镍镉电池，并从初级的蓄电池OEM（委托加工）做起。这样做的好处在于：进入门槛相对较低，生产模式简单，只需从上游企业采购所需配件进行加工组装即可。在当时，二次充电电池市场主要分为三级：第一级是初级的替换品市场；第二级市场的客户是对性价比要求相对较高的国内厂商；第三级是

由大霸、朗讯等国际大客户组成的最高级别市场，要求供应商在产品品质、生产技术、研发能力上具有较高水平，这部分市场的利润最高。比亚迪从生产满足第一级市场要求的产品开始，然后逐渐发展到第三级市场。在镍镉电池、镍氢电池生产能力成熟之后，公司开始升级做锂电池，同样是首先满足低端客户，然后以品质和价格逐渐赢得高端用户。公司目前正在研发设计铁电池，这是电池产品的最新品种。

手机产业亦是如此，从最初供应手机电池，到零部件制造，再自下而上逐步进入手机组装、设计以及软件开发领域。汽车产业的产品升级路径也类似，从制造销售普通汽车开始，现在主要自主研发生产双模电动汽车，按照公司的发展规划，未来将以纯电动汽车的研发制造为主。

2. 发展过程中，掌握产业链上的核心资源

比亚迪在发展过程中，注意对产业链上核心资源的掌控，避免受制于人，同时提升公司的产业链整合能力。在组装生产电池的过程中，比亚迪意识到电芯是电池生产的关键原材料，认为只有对其进行源头控制，才能摆脱简单组装产生的低水平竞争。因此，公司从一开始就着力培养、形成电芯的生产能力。目前，能够提供足量可靠电芯的生产企业国内只有比亚迪一家（周一，2002）。

意识到模具在汽车生产成本控制中的重要意义，比亚迪在收购秦川汽车成立专门的汽车有限公司后，又迅速收购了北汽集团的一家模具厂。2010年，公司收购了日本著名模具企业——荻原公司的一个下属工厂，通过对外收购和自我培养等多种方式，比亚迪拥有了强大的模具制造能力。不仅能够自给自足满足生产，还能向福特、丰田等跨国汽车公司出售模具。

3. 多元化经营，优势推广

在电池产业积累了足够的生产能力和竞争优势之后，比亚迪开始涉足手机和汽车产业。进入手机产业的原因主要有两个：一是多年为手机生产商提供手机电池，使得公司积累了丰富的行业经验；二是电池业务为公司积累了相关客户资源，又因为电池产品的质量上乘、成本低廉，赢得了客户对公司生产和质量管理能力的信任，因此能够轻松获得国内外各大手机厂商的订单。

选择汽车生产的第一个原因是，比亚迪认为汽车的产业规模能够给公司带来更大的发展空间。第二个原因则是，比亚迪注意到了汽车生产中存在较大比例的手工工作，而这正是比亚迪的强项。比如，汽车模具制造95%的工作都要由人手工完成，而一辆汽车有一万多个零部件，模具的需求量巨大。而且，因为人工成本的差距，模具在日本要8万元/吨，在中国仅为2万元/吨（陈杰等，2008）。第三个原因是比亚迪发现，手机和汽车这两个看似毫不相干的产业，却可以互通模具设计和制造经验。每款车型开发的主要成本，集中于设计和模具制造。而比亚迪已在手机生产中积累了丰富的模具制造技术和外壳设计经验，如果能将它们复制到汽车产业，就会成为其在汽车设计生产上的最大优势。至于将电动汽车作为今后研发制造的主要产品。除了看重纯电动汽车的发展前景外，更是基于公司在电池研发生产上的累积优势以及燃油发动机生产制造上的不足。

比亚迪主营产业之间的关联关系如图7-2所示。

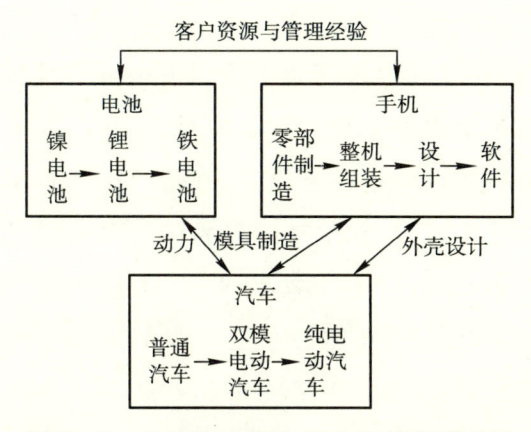

图 7-2　比亚迪主营产业之间的关联关系

资料来源：陈杰著《技术为王，创新为本——比亚迪：从做电池到做汽车》，《深交所》2008 年第 8 期，第 12~18 页。

（二）比亚迪的半自动化生产方式

1995 年比亚迪决定生产镍镉电池时，二次充电电池产业在国际上已经发展得比较成熟，日本公司控制了全球 90% 以上的电池市场。而且，为了保持本国公司技术上的优势、维持垄断地位，日本禁止出口充电电池技术和设备。日本的镍镉电池是由自动化流水生产线完成的，建成这样的一条生产线需要几千万甚至上亿元的投入，比亚迪根本买不起，何况人家还不卖。

在这种情况下，比亚迪决定以人代替机器，对自动化生产线进行全面分解——凡是可以由人工完成的，一律变成手工操作工序；剩下必须由机器做的，则主要由公司自制设备来完成。就此，比亚迪开创了自己独特的"人+模（夹）具+机器"的半自动化电池生产方式：六七十米长的生产线前，排坐着四五十名熟练工人，每人手中拿着一个成本只有几元钱的夹（模）具，迅速准确地做着点焊、分拣、贴标签等工作。

这种生产模式在以下三个方面具有明显的优势。

1. 降低了生产成本

与日系企业的自动化生产线相比，比亚迪自制的非标准化设备的成本就要低得多，有的设备开发成本甚至不足购置成本的10%，因而大幅降低了设备总投入。比亚迪只投入100多万元，就拥有了第一条日产三四千块镍镉电池的生产线。后来，当公司决定生产锂电池时，同样遭遇了技术封锁和引进设备成本高额的问题，因而继续采用这种半自动化生产方式。固定资产投入的减少，以及人工操作比例的提升，极大地降低了比亚迪的产品成本。比亚迪建成一条日产量10万支锂电池的生产线，设备投资5000万元，需用工人2000名，每块电池上分摊的成本费用是1元钱左右；而日系全自动生产线，设备投资1亿美元，所需工人200名，每块电池成本为5~6元[1]。正因如此，这种半自动化生产模式为比亚迪赢得了巨大的成本优势，因而随着比亚迪产品多元化，逐渐从电池扩展到之后的手机、汽车生产。

2. 增加了生产系统的灵活性

这种灵活性体现在两个方面。一是系统自身调整升级时具有灵活性。因为是自主研制的设备，所以能够更好地契合企业自身的生产特点，并根据实际应用效果以及生产过程的变化调整，及时进行功能改进和优化升级，进而实

---

[1] 周一：《比亚迪让"日本制造"饱尝危机》，《中国企业家》2002年第10期，第85~87页。

现整个人机系统的优化升级。二是产品生产上的灵活性。日系厂商的全自动化生产线，每一条线只能针对一种产品，如果要推出新品，则必须投建新的生产线。而比亚迪的这种半自动的生产线，则只需做关键环节的调整、对员工进行相应的技术培训，就可以开工生产新产品。设备制造能力的提升，为比亚迪零部件自制和产业链整合奠定了基础；灵活的生产，则使得比亚迪在产品种类多样性上占了先机。因此，比亚迪60%的电池生产设备都是自主开发的，手机部件，甚至汽车零部件的许多生产和装配设备，也是公司自主制造的。

3. 产品品质优良

自动化设备生产的优势在于保持产品质量的稳定性，而比亚迪以事实证明人也可以做到。在比亚迪初涉镍镉电池的生产不久，就因为电池品质和价格的优势获得了大霸的青睐，顶替三洋获得了大霸公司的订单。目前，比亚迪锂电池已占据全球市场份额的60%，成为NOKIA，MOTO和SAMSUNG的第一大供应商。而且，一些著名品牌的笔记本电脑所配备的日企生产的电池屡有爆炸事故发生，比亚迪制造的电池却一次也没有出现过这种情况。当然，比亚迪在产品质量保障方面所拥有的极强的质量管理控制能力也功不可没。

不仅如此，这种生产模式也能够实现产能规模的快速增长，1998年，比亚迪的镍镉电池产量达到1.5亿支；而2001年，镍镉电池的产量攀升至2.5亿支。

生产的产品成本低、质量可靠，这固然与比亚迪在生产能力和设备研制上的优势密不可分，但是，公司在技术上的持续改进和创新也功不可没。

(三) 比亚迪的持续技术改进和跟进式创新

公司初成立时，比亚迪是以一个模仿者的姿态出现在大众面前的，电池模仿三洋，手机零配件模仿富士康，汽车模仿丰田、通用等。但在跟进模仿过程中，蕴涵的却是对技术的持续改进和创新。

以降低成本、提升品质为目标，比亚迪在工艺改进、原材料替代、生产工具和环境改善等方面进行持续创新。生产镍镉电池需要大量耐腐蚀的镍片，而镍的价格高达 14 万元/吨，若采用镀镍片成本可降至 1 万元/吨，但品质不易保证。为此，比亚迪研发中心进行专项技术攻关，通过改造电池溶液的化学成分，提高了镀镍片的耐腐蚀性。仅此一项改进，就使公司的镍原料成本从每月的 500 万～600 万元降至 50 万元[1]。另外，1997 年通过优化负极添加剂，阻滞镉金属颗粒长大，大幅改善了电池小电流通过的充电性能及循环寿命；2001 年自主研发的发泡镍辊焊、正极端面焊工艺，则大大改善了电极的集流性能，提高了 SC 系列大电流放电性能[2]。此外，在生产中创造性地采用两端有手套的透明无尘操作箱，既满足了锂电池生产中的防尘要求，又实现了对日系生产线中昂贵的全封闭的无尘室的成功替代；而且，通过在电池生产过程中添加一种能够吸水的药剂，既保证了电池产品的干燥，

---

[1] 李宏林、杨莳：《要素禀赋与我国企业的技术选择——以比亚迪公司的崛起为例》，《经济社会体制比较》2004 年第 2 期，第 72～77 页。
[2] 郭燕青、时洪梅：《比亚迪新能源汽车开发中的创新方式研究》，《管理案例研究与评论》2010 年第 6 期，第 469～478 页。

又节省了建造纯干燥室需要的大量资金。

比亚迪在创新方面秉持实用主义理念：不求最好，但求进入市场的速度快、成本低，能够迅速转化为生产力和利润增长点。因而，实践中主要采取跟进式的模仿创新模式，以积极的态度吸收发达国家的先进技术，同时注意规避知识产权纠纷。实践原则是，有专利保护的技术就适当加以改变，不受专利保护的技术就直接拿来用。虽然，这种做法招致许多发达国家企业的不满，指责比亚迪是仿造而非创新，但是，比亚迪逐渐凸显出来的创新能力还是获得了国内国际的承认。因为创新，比亚迪已在国内获得多个奖项，2011年公司获得453件专利授权，在全国企业中排名第七位[1]。国外媒体也对其创新工作也做出了肯定，在2010年美国《商业周刊》所评选出的IT行业一百强企业中，比亚迪超越苹果排名第一，成为全球最具创新力的企业[2]。

比亚迪重视研发设计，将其看作垂直整合战略中最核心部分，因为，如果设计做得好，70%~80%的质量就保证了，而后序的制造工艺是弥补不了设计缺陷的，所以比亚迪一直重视自身研发能力的培养。在创办初期，公司决定生产具有核心技术的镍氢电池和锂电池之时，就开始投入大量资金购买先进的研发设备，并网罗高级人才，成立中央研究部，负责技术攻关和产品性能改进。经过多年的

---

[1] 《2011年我国国内企业发明专利授权量排行（含港澳台）》，国家知识产权局网站，http://www.sipo.gov.cn/ztzl/zxhd/2011zlsq/。
[2] 郭燕青、时洪梅：《比亚迪新能源汽车开发中的创新方式研究》，《管理案例研究与评论》2010年第6期，第469~478页。

积累，比亚迪现有 1.2 万名工程师从事基础项目的研发，占员工总数的 9%（现有员工约 14 万人），并且计划未来发展到 3 万名工程师，30 万～40 万名工人[1]。而且，比亚迪充分利用国内研发人员人工成本相对较低的优势，施行研发上的"人海战术"，公司内部称之为"301 效应"，即以 300% 的工程师人数换取 1% 的领先。与此同时，不断增加研发投入，2008 年，公司的研发投入为 11.6 亿元，比 2007 年增加了 66%[2]。

（四）比亚迪的产业链垂直整合

比亚迪认为，对产业链进行垂直整合的能力是制造企业的命门所在，因为它能够增强企业对利润的控制能力，使得经营决策更加灵活，竞争力更强。因此，公司致力于掌握同一产业链中的各个环节，不管是零部件制造，还是组装和设计，都要将其纳入自己的制造体系中，形成一个纵向一体化的工业体系。事实证明，产业链的垂直整合确实能够发挥这样的作用。比如，因为在生产中使用了低成本的自制部件所获利润足够高，比亚迪就可以在接受客户的手机代工委托时，不再收取设计费用，此举给 EMS（Electronics Manufacturing Services）企业带来了极大的竞争压力。不仅如此，因为拥有零部件制造、设计、组装能力，比亚迪能够根据客户需要，提供从设计到生产的一站式服务，生产周期更短、生产线调整更为灵活。像诺基亚这样的客户，只要提出要求，比

---

[1] 张锐：《比亚迪的反常规路线》，《企业管理》2010 年第 3 期，第 12～17 页。
[2] 本段文字中的数字，除单独注明出处的，其余均引自郭燕青、时洪梅《比亚迪新能源汽车开发中的创新方式研究》，《管理案例研究与评论》2010 年第 6 期，第 469～478 页。

亚迪就能够包揽从方案设计到最终生产的全部 ODM（Original Design Manufacture）工作。比亚迪的客户曾经进行过比较，同 EMS 相比，比亚迪的成本要低 15%~20%，完成的速度要比别人快 1/3①。在完成了手机产业的垂直整合之后，公司现在正着手整合汽车产业链。

综上所述，本书总结出比亚迪的产品竞争优势的形成机理，如图 7-3 所示。

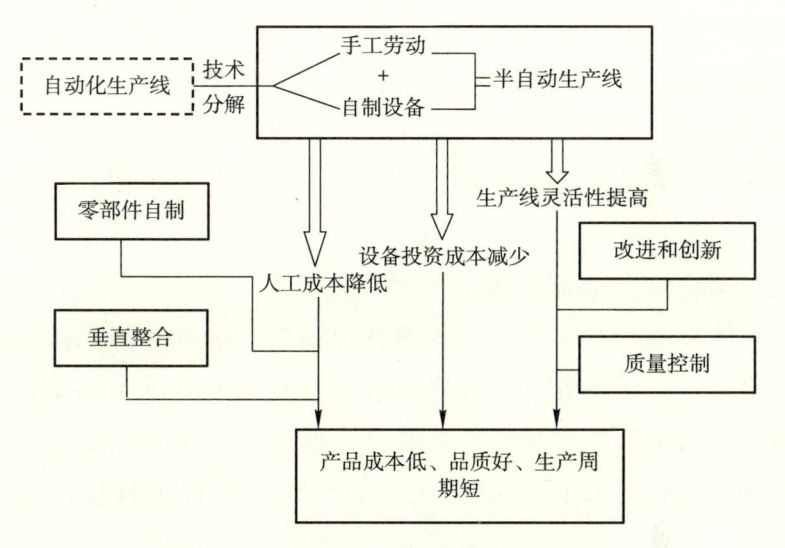

图 7-3　比亚迪产品竞争优势形成机理

资料来源：笔者绘制。

二　吉利的流水线式研发

1997 年开始汽车生产的吉利集团股份有限公司，已经连续七年跻身中国汽车行业十强，并被评为国家首批"创新型

---

① 陈杰：《技术为王，创新为本——比亚迪：从做电池到做汽车》，《深交所》2008 年第 8 期，第 12~18 页。

企业"和"国家汽车整车出口基地企业",目前已成为我国汽车自主品牌的重要代表。这一切与其始终坚持内部研发和自主创新密不可分。最初,吉利通过拆解奔驰、红旗、夏利等样车,使用直尺、图板、铅笔等简单工具进行测量和设计,主要依靠钣金工敲车完成样车的自主研发;现在,吉利已经逐渐拥有自主研发设计和生产,初、中、高级轿车整车以及变速箱、发动机等重要部件的能力,并拥有电子智能助力转向系统(EPS)、爆胎监测与安全控制系统(BMBS)等多项自主知识产权。公司自主创新能力的跨越式增长,不仅得益于其一直努力通过内部培养和广泛吸纳等多种方式,持续积累研发人员,更得益于公司不断调整研发组织模式,以提升研发效率的努力尝试。

2006年,吉利以集中化、系统化为目标,着手对公司的研发体系进行改革。将分散在各个基地,名称为研究院、技术中心、工程院等组织机构中的研发资源及其承担的研发任务进行集中整合,改变了原来"各自为政"分散模式,并创造性地构建了以研发流水线、全矩阵式管理为特征的研发体系。

(一) 流水线式研发的运作方式

吉利的流水线式研发模式的核心关键主要包括以下几点。

1. 将研发任务分解形成研发流水线

吉利的研发工作以流水线方式开展,其设计思路是,将完整的研发项目细分为若干个工位任务,这些任务具有一定的先后顺序,因此研发项目一经启动就会生成相应的任务流,按照一定的速度依次流经各研发工位完成研发设计,从而形成一条研发流水线。通过这样的研发流水线,各个研发工位上员工工作的连续性增强，公司也得以并行运作多个研发项目，从而充分地利用了研发资源，缩短了研发周期，提高了整体的研发效率。现在，吉利平均每三个月就有一个整车研发项目从流水线上"下线"，同时一个新的整车研发任务也会正式"上线"。

2. 基层研发人员承担单一的设计任务

在吉利的研发流水线上，基层研发设计人员主要完成研发工位上的专项任务，这些任务虽来自不同的研发项目，但工作内容大体相同。比如，发动机开发部设计科一名定岗为缸体设计的员工，即使他参与了多个车型的研发项目，但主要的工作内容基本不变，仍然是缸体设计。明确地分工、重复地工作内容，不仅能够降低整个研发体系对基层员工的技能要求，而且有利于员工乃至整个研发体系设计效率的提高，同时保障了研发设计的质量，因此，这是研发设计人员整体技能水平较低的情况下，对其进行充分利用、最大化其单位效率的适宜选择。

3. 高层管理者身兼数职

与基层职能单一不同的是，吉利的研发体系中，高层管理者往往身兼数职。比如，吉利研究院副院长就身兼多重角色，具体包括：整个经济型轿车平台的总指挥；面向全集团产品的安全技术的总负责人；副院长职责内的日常行政管理工作的承担者。这样的分工方式，可以更好地保证整个研发系统的整合性和灵活性。以高层管理者的专项技术负责制为例，这种体制能够保证在对技术问题进行系统分析、通盘考虑的基础上，将消除这些影响因素的解决办法转化为可执行目标，再经分解转化为具体目标分配给相应部门予以实施。

比如，影响车辆NVH（汽车噪声、振动与舒适性）性能的因素有很多，汽车上任何能够产生、传导噪音和振动的结构，包括发动机、后轮、底盘以及车身上的各种缝隙，都需要列入考虑范围，而这些问题的具体解决，更会牵涉多个环节和部门。吉利的NVH技术由总工程师负责，在他的组织领导下，经全面诊断和系统考虑之后，吉利将NVH问题整体解决方案进行系统级的目标分解，最终分解为56个子系统后下达给各部门执行。

4. 全矩阵式管理

基础技术研究过程采用矩阵式管理，产品研发时多采用项目式管理方式，这是全球汽车厂商的通用做法，但在吉利，采用的是全矩阵式管理。

项目式管理运作模式下，通常由一组人负责一个产品的研发，甚至有的公司由多个项目组同时开发同一个产品。每一项目组中都包括了汽车产品开发所涉及的所有工序，比如前期概念开发、外观造型设计、工程模拟计算等。当公司有多个产品在研的时候，就会出现这样的情况：同一时间有多个人在做类似的工作。另外一种情况也非常普遍：处于前端研发工序的员工已经完成了分内工作，但整个项目尚未完结，这时，这些员工就没有工作可做或是被安排去做非本职工作。这些情况无疑都是人力资源的一种浪费。而在吉利的流水线式的研发模式下，各个项目的研发任务顺次经过各研发工位，这样对于基层研发人员个人而言，只是在连续地完成相似的工位任务，尽管它们来自不同的项目，因此项目转换和任务等待所耗费的时间较少。

而且，矩阵式管理模式下，项目经理和部长分工协作，项目经理主要负责项目执行过程中的协调沟通和进度控制；部长则主抓技术质量和具体的技术决策。这样的分工与合作，不仅降低了对项目经理的技能要求，而且能够更好地发挥各个部长和项目经理各自在技术和管理上的优势。在职能细分之前，一个项目经理既要懂专业技术，又要善于协调项目中的各种问题，正如吉利汽车研究院的常务副院长丁勇所言，"根本找不到这样什么都懂的人，开发延期就不奇怪了"。

（二）流水线式研发的管理支撑

在吉利流水线式研发模式的成功运营背后，是大量的、高水平的管理要素的投入。

1. 知识编码——奠定集中整合的基础

吉利研发体系的整合始于技术和研发标准化。在这之前，吉利已有包括金刚、远景、自由舰等几款汽车产品在生产销售，但是，这些产品的零部件的图纸和数模几乎都不全，而且执行的设计标准也不一致，甚至连图纸的标注都不统一。吉利研究院院长赵福全曾戏称"吉利研发人员之间都需要翻译"。在这种情况下，吉利着手完成知识编码化的工作。历时近三年，动用研究院70%的人员，统一了设计标准，补齐了所有零部件的数模、图纸，并且编写完成了吉利汽车《技术手册》《设计和试验标准汇编》和《产品开发流程》。

通过这个过程，吉利不仅将公司已有的研发设计成果进行了梳理，并将其明码化为组织知识，形成组织设计基础；而且，设计标准、流程标准的建立和执行，也为吉利研发流水线的运作，奠定了标准化分工和流程控制的基础。与此同时，标准化的设计工作降低了对员工的技能要求，并提高了员工个人的生产效率。

2. IO 管理——确定接口、明确责任

流水线设计的核心关键是任务(工序)的分解和时间进度的控制(节拍),它们会直接影响到整个流水线的运作效率。在进行任务分解时,既要考虑单个任务的独立性,避免其完成过程中过多的任务间的协调和影响,以便于分工完成;又要兼顾整个流水线上各任务间的协调难度。针对后者的适宜解决方法是,确定任务间的明确界面,并提高接口的标准化。流水线的运作模式,无疑会延长整个任务流链条,而明确划分任务界面就为后期的节点控制以及责任追溯提供了基础和前提条件。吉利的解决方案是严格的 IO 管理,所谓 IO 就是输入(Input)和输出(Output),具体地说,就是对研发流程上每个节点的工位任务的输入状态和任务完成的输出标准都有明确规定。与此同时,基于对整个汽车研发过程的充分了解,管理层对每个任务需用时间、工作负荷大小、难易程度能够清楚把握,并据此设定流程控制标准和个人考核标准。

在 IO 管理的执行层面,匹配矩阵式管理模式,吉利采用项目和技术两条路线进行并行控制,即项目管理部负责项目进度的控制和管理,而技术路线则主要由部长负责,依靠系统内的互相监督实现。具体到任务的下达及进度执行情况的信息反馈,则主要依靠信息系统完成。

通过 IO 管理,不仅解决了整个研发设计任务链的明确分工和有效协调问题,更为重要的是,实现了研发设计任务的量化,进而使得研发项目完成的计划性和个人绩效表现的量化程度得到了提升。

3. 平台化开发——提升标准化和通用化

流水线模式的优势之一是具有规模效应，但是，这个优势的发挥前提是有总量较大的重复性任务。为此，吉利在研发设计中实施平台化战略，具体地说，就是构建能够共享研发设计的平台，以提升平台内产品设计的通用化、模块化和标准化，进而实现研发设计和生产上的规模效应。吉利将设计平台分为产品平台和技术平台，要求平台内的产品设计要达到一定的通用化率。比如，在其规划完成的42款产品中，要求同处一个技术平台的产品，至少有30%的零部件是通用的，而同一个产品平台内这个比例就要达到45%[①]。而且，这些比例指的是成本的通用化率，也即通用的零部件的成本占整车成本的百分比，而并非零部件的数量。平台化开发不仅有利于实现规模效应，而且提高了公司的快速开发能力。当然，通用化和标准化的提高，难免会降低产品的个性化，而个性化又是市场差异化竞争所必需的，因此在通用化和个性化间取得平衡，就是管理者智慧的体现以及管理的精妙所在。

4. 持续调整——实现体系的完善和优化

任何管理体系在具有特定优势的同时，也会带有与生俱来的缺陷和问题，而且，在其与不断变化的现实情况的磨合中，不协调情况的出现也在所难免。为了减少这样的不协调，使得整个研发体系更加完善和优化，吉利在实践中不断做出适时调整。每隔三个月进行一次的机构调整以

[①] 王晓玲、吴丽：《流水线研发：吉利的新引擎》，《商务周刊》2010年第2期，第80~89页。

及考核优化，就是实现整个系统不断完善的过程。平时则注意发现问题→寻找措施→解决问题，及时调整，若为共性问题，则将解决措施制度化、惯例化。比如，将项目管理职能独立出来成立项目管理部，其下设立项目管理室，对项目以及项目经理进行打包管理；职能的专业化以及管理层级的增加，使得同一岗位内的分工深化得以实现，原本拥有同样权利的项目经理，现在则依其能力高低，在分工和权限大小上有所区别。对于图纸审核权也做了类似的处理，将审核权集中赋予同样岗位中水平较高的设计人员。通过这些管理措施，有效地控制了整个系统的输出水平，解决了人员水平参差不齐、整体不高情况下如何提升系统整体效率的问题。

而且，针对体系进行结构调整和优化，在吉利已经形成了惯例得以持续施行。2006年开始建设，2008年基本建成的研发体系，被吉利人称为2.0级。2012年底，吉利的研发体系又经调整升级为3.0级。二者主要区别在于：2.0级体系中的技术平台和产品平台，被调整为技术平台和品牌平台，并且将2.0级体系中集中至研究院的部分研发任务分离出来，划归各个品牌，以便研发设计能够更加契合市场需求。

（三）流水线式研发体系的运作效率

生产流水线是福特在汽车总装生产中开发出来的，成功地解决了工业革命初期熟练工人紧缺的问题，而吉利将流水线引入研发过程，也是意欲解决同样的问题——吉利的研发人员少且弱。2006年底，临海吉利汽车研究院只有300多人，不仅规模上与跨国汽车公司甚至国内其他自主品牌的研发团队比较，相差甚远，而且，研发力量也相对薄弱，成员以大专生为主，有些人甚至连 PPT 都不会做，设计水平高的人极少。这样的情况下，流水线式的研发模式无疑是充分利用低水平人力资源、提高单位劳动生产率、满足吉利的快速研发需要的最有效的方法。按照《商务周刊》记者的评价，这套研发体系的突出特点是效率，能够"用 1400 人干 4000 人的活"（王晓玲、吴丽，2010）。

事实证明了这套研发体系的有效性。在 2009 年的上海车展上，吉利汽车一次性展出了 22 款全新车型、3 款变速器和 9 款发动机，并对外发布了吉利直至 2015 年的产品规划。吉利最初被认为是我国最低档的汽车品牌之一，曾经有人戏言：坐吉利的车要"一不怕苦，二不怕死"。2006年，吉利自由舰首次参加中国汽车技术研究中心的碰撞测试（C - NCAP），仅获二星。2008 年，吉利远景撞出了四星；2009 年，吉利熊猫成为首款通过五星级安全测试的 A_{00} 级小车。据权威汽车评级机构 J. D. Power 亚太公司所发布的针对中国汽车设计、性能和运行方面的研究报告显示，2008 年吉利汽车的综合得分提高 20 分，而全行业平均提高 3 分；2009 年，吉利汽车的综合得分又提高 20 分，排名前进 8 位[1]。

三 案例评析及启示

比亚迪产品竞争优势形成和吉利流水线式研发的案例可以带给我们如下启示。

---

[1] 王晓玲、吴丽：《流水线研发：吉利的新引擎》，《商务周刊》2010 年第 2 期，第 80~89 页。

1. 依据自身要素禀赋，选择适宜的技术，能够形成有效的技术能力，并提升企业的自生能力

比亚迪公司在资金有限，劳动力成本比较低廉的情况下，选择对发达国家全自动生产线进行技术分解，以自制设备加低技能劳动力的手工操作，替代发达国家的全自动生产线；吉利的流水线式研发模式，则以任务分解使得低水平研发人员能够通过分工合作，完成高水平研发人员的工作。而且，经事实证明，案例中的两种替代都达到甚至超过了所替代的对象的生产率，从而验证了本章中所提出的——可以通过技术分解实现技能替代型技术进步，从而能够依托低技能人力资本形成技术能力甚至竞争优势的方案的可行性。

而且，因为依据资源禀赋选择技术，使得资源优势得以发挥，技术产生的边际生产率得以最大化。以比亚迪半自动化生产模式为例，它实现了以劳动替代资本，变资本密集型技术为劳动密集型技术，这样不仅节约了设备资金的投入，也能够充分利用国内丰裕、低廉的劳动力资源，进而将公司资源禀赋的先天不足转化为产品成本上的强大优势。而蓄电池在其下游制造厂商的成本中占有很大比重，这使得比亚迪在初涉电池市场时，就能以40%的价格差对日产电池的价格体系造成巨大冲击，借此，比亚迪在被日本公司控制90%的二次充电电池的国际市场上挤出一席之地。此外，在要素禀赋约束下选择了适宜的技术，不仅使得比亚迪为自己赢得了市场，获得了利润，也因此能够不断积累资金和技术能力，增强企业的自生能力。更为重要的是，这两个案例都证明了，无论生产还是研发，都可以通过技术分解提高低技能人力资本的劳动生产率，进而形成技术能力。

2. 利用价值链上各活动事项的相互联系，实现对企业乃至整个产业链上的要素的调整和优化

比亚迪充分认识到了研发设计对于产品质量的影响和重要性，所以通过价值链前端的设计，影响、改变着后续生产中所需的要素组合。比如，依靠电解液的改良实现了生产中镀镍片对镍片的代替，改变了生产所需的原材料；为客户 ODM 手机时以自制部件替代外购配件，使价值增值环节发生了变化，以生产获得的利润足以支持企业不收设计费用。不仅如此，比亚迪还将调控的范围从企业内部的价值链延伸至整个产业链，实行产业链垂直整合。看到了电芯对蓄电池组装的重要性，模具对降低汽车成本的重要性，就逐步形成相应的生产能力，从单纯的采购商转变为自身及其他厂家的供应商，提高了对核心资源的掌握能力。通过这样的调整，比亚迪提升了公司的要素禀赋结构。而吉利的例子更为深入地说明了即使在某一细分职能中（比如，研发职能），也可以实现这一目标。比如，吉利就通过高层的身兼数职与基层员工的单一职能结合，实现了研发人员的结构优化，提升了研发体系的整体效率和产出水平。

3. 持续的要素积累、调整和升级，逐渐形成企业的核心竞争优势

比亚迪的"机器+手工"的生产模式，以及持续的技术改进和创新，经过多年的累积逐渐成为企业的竞争优势：不仅生产出的产品成本低、品质好、生产周期短，而且，强大的设备制造能力和研发设计，以及对产业链的垂直整合能力，都使得公司逐渐强化了自身的竞争优势，形成了自己的核心技术。而且，可以将这种优势适当复制，从而实现了资源的充分利用，有利于在新的领域中获得利润和竞争力。吉利也是在不断的研发实践和持续的组织调整中提升了研发设计能力，形成了自身的竞争优势。

此外，这两个案例都以事实证明了本章前面所论述的基本理论，比如技术分解的实质、经济动因以及实施条件。

第五节 本章小结

本章的第一节，首先将价值链思想引入技术选择问题，认为可以将企业技术选择问题转换成价值链上价值活动的技术选择。这样可以更清楚地认识到企业价值链各环节的资源禀赋情况，可以据此对具体的价值活动中的应用技术进行选择。而且可以通过利用各价值活动之间的联系，即某项活动的技术选择会使得相关价值活动的要素禀赋结构发生变化，在依托自身要素禀赋形成技术竞争优势的基础上，促进要素的持续积累和结构调整，最终实现技术能力的提升。

本章的第二节，在深入分析了技术和技能之间互补和替代关系的原因及规律的基础上，探究了导致技术进步出现不同技能偏向的深层原因。具体结论总结为三点。①两方面原因导致了技术与技能间互补关系的存在。一方面，技术进步往往使得机器、设备、流水线等物化技术中包含的信息和知识增多，因而需要劳动者具有更高的知识技能水平对其进行理解和掌握；另一方面，高技能劳动者往往更容易适应新技术的变化。②技术进步使得社会分工不断深化，进而促进了技能的分离和专业化；同时，技术替代了部分技能。通过追溯近代五次技术革命对社会分工及技能结构的影响，按时间顺序分析了技术与技能的替代关系及规律。具体而言，一方面，社会分工促使生产中的劳动执行技能（体力劳动）与劳动概念技能（脑力劳动）逐渐分离，常规技能与非常规技能逐渐分离，管理职能也逐渐独立及专业化；另一方面，生产中的劳动执行技能、常规技能以及常规管理职能逐渐被技术所替代。但是，这种替代只是"部分"替代。③技术进步的技能偏向是技术对技能供给情况的反应。根据技术进步对技能的需求，可以将其分类为技能替代型技术进步和技能偏向型技术进步两类。而技能的供给将对技术进步的技能偏向产生影响，也就是说，高技能劳动力的供给增多，将诱发技能偏向性的技术进步，因为这样更有利可图。

　　本章的第三节提出，技术分解是低技能人力资本约束下的一种适宜技术选择。技术分解是技能替代型技术进步的一种实现方式，其实质是以低技能劳动者的手工操作（适当保留关键技术设备）替代，由高技能劳动力和蕴涵大量复杂技术信息的机械设备组成的先进生产系统的过程。然后论证了技术分解得以实施的理论可行性、经济动因，并且指出，系统具有可分性，且系统中技术水准存在有非一致性，这是技术分解的实施条件。最后，提出技术分解实施的三个关键：以系统的角度对技术系统进行合理分解；以标准化降低系统的协调成本；增加管理要素的投入。

　　本章最后一节，通过比亚迪产品竞争优势的形成和吉利的流水线式研发的案例实证了本章理论分析部分所得结论，即可以依托现有低水平人力资本形成技术能力，并利用价值活动间的相互影响作用,打造竞争优势,进而促进企业技术能力提升。而且,通过案例所代表的企业实践,有效地证明了技术分解的可行性及有效性。

第八章
主要结论及政策建议

本书以由技术适宜性引申出的技术选择与人力资本适配性为研究主题，重点回答了两个大问题，即"技术选择为何要与人力资本适配"以及"人力资本如何与技术选择适配"。本章就本书研究所得的主要结论进行归纳和总结，并据此提出适当的政策建议。

第一节 主要结论

归纳本书的主要结论，概括如下。

（1）外生技术选择与人力资本间存在有动态适配关系。首先，技术选择与人力资本之间相互作用、相互影响。第一，技术选择决定了人力资本积累的路径和水平，而且技术进步能够诱发人力资本投资行为；第二，人力资本水平决定了选择技术的适宜水平，以及"干中学"产生新知识、新技术的效应；第三，人力资本的供给决定了技术进步的类型和途径。本书将二者间关系总结为技术选择与人力资本相互作用机理模型。其次，技术选择与人力资本的适配关系具有动态演化性质。这其中包含两层含义：第一，技术选择与人力资本要彼此适配。只有技术与人力资本水平彼此有效契合，才能实现技术与人力资本组合的边际生产率的最大化。此时，技术与人力资本都可得到充分利用，否则，就会造成技术无法得到应用、资源浪费、延误技术发展时机等问题；与此同时，人力资本作用无法充分发挥、遭遇贬值，提升和积累受到抑制。第二，技术选择与人力资本的适配关系具有动态演化性质。二者适配所产生的相互促进、彼此增强的作用，会促使技术与人力资本各有增长变化，这就使得它们间的适配关系从某一时点的静态契合转化为动态发展过程中的持续匹配。因此，不仅要注意外生技术与人力资本的适宜匹配，而且，要从动态演化的角度看待二者间适配关系的保持，一方面为二者各自的增长保留空间；另一方面可以借助二者间的相互作用关系，以技术或人力资本为驱动力，促使二者实现更高水平上的适配。本书将二者间动态适配关系总结为技术选择与人力资本动态适配机理模型。

（2）在人力资本水平和技术差距的双重约束下，进行技术引进或自主创新的适宜技术选择。外生技术与企业的现有人力资本水平间，可能出现适配或不适配的不同结果，这就意味着，对外生技术的引进只是一定条件下的适宜选择。而且，虽然通过技术引进实现技术进步，具有成本低、风险小、技术变迁速度快等优势，但是，技术选择集有限、引进的技术未必适宜、难以通过引进获得先进技术等，也是其存在的弊端。而由企业自主创新活动内生的技术，则具有突破的内在性、市场的领先性和知识资本的集成性，其自组织能力及市场应变力极强，因而有利于企业借以形成技术壁垒和技术竞争优势。更为重要的是，企业通过自主创新活动，不仅能够产生新知识、新技术，而且会提升其对前沿技术的吸收、理解能力。基于上述原因，技术选择决策首先就是根据具体情境在技术引进和自主创新间做出抉择。

现有人力资本水平代表着对先进技术的吸收能力，是外生技术是否适宜引进的重要影响因素。另一个重要影响因素是技术差距。技术差距与技术溢出效应之间存在非线性关系，这意味着，对于技术引进而言，存在技术差距的适宜范围。在这个范围中，技术差距增大，会使得技术接受方充分发挥技术后发优势，受益于更大的技术溢出效应。据此，本书构建了技术差距与人力资本约束下的技术选择决策模型，指出：①人力资本吸收能力弱－技术差距大时，不适宜技术引进，而应该增加研发投入，依靠自主创新活动，提升技术吸收能力和创新能力。②人力资本吸收能力强－技术差距大时，适宜技术引进，并以创造性模仿为主。因为这样可以充分发挥后发优势，迅速提高生产效率。③人力资本吸收能力弱－技术差距小时，虽适宜引进技术，但是人力资本吸收能力弱，不利于企业依托引进技术形成技术优势，而技术差距小，则意味着技术溢出效应有效，这些都会导致企业竞争力不强。④人力资本吸收能力强－技术差距小时，技术模仿的溢出效应较差，且模仿成本增加，因此，适宜依托强大的人力资本，以自主创新、技术领先为技术发展战略，积极投入研发活动，开展技术创新。

而且，针对我国汽车工业吸引外商投资的经验数据所进行的技术差距、人力资本与技术溢出效应回归分析的结果表明，外商直接投资对我国内资汽车产业的整体技术溢出效应为负，体现出挤出效应，因而，在技术差距大、人力资本水平低的现状下，技术引进并非最适宜的技术选择决策，而应该逐渐转变为以提升技术吸收能力为主要目标的自主创新上来，同时提高对引进技术的消化吸收。

（3）以适宜的人力资本结构，适配并促进技术能力提升。技术选择固然重要，但是，就技术本身而言，其为技术选择主体形成技术壁垒和技术竞争优势的作用是有限的，实际上，更为重要的是对技术进行应用、改进和创新，使之转化为现实生产力的能力。它既会影响引进的外生技术的适宜性，又决定了技术进步的方式和效率，也是技术选择决策效果的具体体现。可以将技术能力的发展划分为三个阶段，分别对应着简单仿制能力、创造性模仿能力和自主创新能力，它们在具体构成、形成条件以及知识转换过程上存在较大的差异。

人力资本水平既决定了生产过程中技术的实际应用效率，也会影响到企业开发新技术和新产品的能力，是技术能力形成和提升中的重要因素。而不同类型的人力资本在知识和能力上的不同，使之对技术能力的发展具有不同的作用。因此，在重新界定了与技术和技术能力提升直接相关的技术型人力资本及其下包含的两个子类，并充分考虑了企业家人力资本对技术能力形成和提升的决策、支持作用之后，以企业家人力资本（记为 E）、技能型人力资本（记为 S）、研发型人力资本（记为 R）在各阶段技术能力形成中重要性的相对变化，刻画了与技术能力从仿制能力到创造性模仿能力再到自主创新能力的提升过程相适宜的人力资本结构，即 $S>R>E \to R>S>E \to R>E>S$。在此基础上，构建了人力资本结构与技术能力提升的适配发展模型,并分析、提出了人力资本结构与技术能力提升的适配机制:①发展与自身人力资本水平相匹配的技术能力,形成适宜企业的竞争优势;②优化人力资本结构,加速技术能力阶段内的持续积累;③以适当的人力资本积累形成能力增量,促使技术能力实现平台间的跃迁。

(4) 构建技术型人力资本的运营模式,提升其存量水平并激发其能量转换,以促进技术能力提升,适配高水平的技术选择。根据技能型人力资本和研发型人力资本在知识、能力、主要学习方式、对技术的作用等方面的差异,以及它们的价值性和专用性方面的特征,本书认为:①技术型人力资本适宜采用内部开发策略为主的获取策略;同时可根据技术能力发展的需要,适当进行外部招募;②技术型人力资本的专用性,对技术能力的形成和提升具有重要作用,需要采取适当措施加以激励,并且主要通过职培训和"干中学"两种途径对技术型人力资本进行开发;③针对技能型人力资本的薪酬激励,适宜采取技能薪酬制,同时注意薪酬的内部公平性和薪酬中的年资因素的体现;针对研发型人力资本进行薪酬激励时则需要考虑,建立内部的技术能力评级、保持其薪酬的外部竞争性、采取适当的利润分享方式。

(5) 可以依托低技能人力资本形成技术能力,并利用企业内部价值链上价值活动的相互影响作用,形成竞争优势、并促进技术能力升级。具体地说,在人力资本丰富、但水平较低的情况下,可以通过技术分解实现技能替代型技术进步,达成以低技能劳动力替代先进生产系统中的机器设备和高技能劳动力的目的。这样,不仅解决了资金缺口问题,也充分利用了现有劳动力资源及其成本优势,能够快速形成技术能力并提升企业的自生能力。而且，依据价值链思想，将企业技术选择问题转化为价值链上价值活动的技术选择；并充分利用价值活动之间的联系，即某项活动的技术选择会使得相关价值活动的要素禀赋结构发生变化，着意培养优势环节，并促进要素持续积累和结构优化，进而促成企业竞争优势的形成和技术能力的提升。而比亚迪产品竞争优势的形成和吉利的流水线式研发模式的案例，则为以上结论提供了充分有效的现实依据。

第二节 政策建议

结合前面各章所做关于人力资本与技术选择适配性的分析、论证，本部分将就我国的技术引进、人力资本积累以及自主创新能力提升实践提出以下建议。

1. 立足自身人力资本水平，选择适宜技术

提高技术水平、增强技术竞争能力，缩小与先进技术的差距，甚至赶超先进技术，是每个技术引进主体的强烈愿望，也是技术引进行为的初衷。但是，也正因如此，技术选择时必须冷静抵制先进技术的巨大诱惑，遵从比较优势，选择与自身人力资本水平相匹配的技术。只有这样，才能避免现有技术与引进技术之间出现过大差距，利于对引进技术的充分吸收利用，降低技术进步的成本，充分利用资源禀赋优势，使得生产在最低成本区段运行，从而提高技术引进主体的自生能力。

我国人力资本现状是总量较大、总体水平较低，因此按照比较优势选择低水平劳动密集型技术，在低廉的人力成本

保障下实施低成本战略似乎是最好的选择,这也正是我国目前经济发展中存在的普遍现实。这种技术选择,达成了与现有低水平人力资本的适配均衡,因而能够充分利用现有资源实现生产率最大化,并形成具有一定竞争力的技术能力。但是,需要注意的是,"低技术-低人力资本"的适配均衡只是一定时期、一定范围内的权宜之计,还要采取多种方法引导其向"高技术-高人力资本"的适配均衡过渡。这是因为,长期采用低水平技术会导致技术升级和人力资本积累缓慢,进而造成长期处于国际产业链分工低端的"锁定"状态,长期看将不利于产业升级、国家技术竞争力提升。

另外,对于我国这样的发展不均衡大国,分布在各区域、产业、企业的资源禀赋并不相同,因此,不存在整齐划一的技术进步模式。各技术选择主体应该依据自身比较优势选择适合的技术进步方式和适宜技术,实现以技术多样性提高经济发展的整体适宜性。进一步说,虽然技术引进在我国仍然是总体占优的技术进步方式,但是,处于适宜技术差距范围内并拥有较高人力资本水平的企业或产业,则应该积极进行自主创新以摆脱对发达国家的技术跟随,甚至在某些技术或价值链环节实现赶超。

2. 提升人力资本水平,促进劳动要素与先进技术的匹配

按照技术选择与人力资本的适配要求,人力资本水平提升后,可供引进的适宜技术的选择范围将会扩大。与此同时,"干中学"效应增大,技术的吸收、应用效率提高,创新能力也会增强。而且,按照林毅夫的自生理论和技术选择假说,技术结构总体升级是一个经济中要素禀赋结构变化的结果,要素禀赋结构升级后,利润动机和竞争压力就会驱动自发的技术升级和产业结构升级。因此，人力资本水平的提升成为促进技术进步的重要途径。

需要注意的是，资本和技术可以引进，但是人力资本水平却不能完全通过引进的方式获得提升。因此，相关部门和企业应该在技术发展战略的指导下，同时遵从人力资本的培育周期规律，以教育、培训、人才引进、优化配置等多种方式，不断提升人力资本水平、改善人力资本结构，以便营造适宜先进技术应用、产生的环境和条件，并为经济增长、产业结构和技术结构升级提供支撑。

3. 采取适宜措施，培养技术创新能力

对国外先进技术的引进、吸收，确实在一定程度上促进了我国经济的发展、产业结构的调整及优化，但与此同时，也导致了技术进步过程对引进技术的严重依赖，以致多数重要行业的核心技术与装备都主要依靠进口。技术引进固然是实现技术进步的有效途径，但是过度依赖技术引进，则会在技术上长期落后且受制于人，也会在一定程度上挤占自主创新资源、抑制自主创新动力。而且，研发能力的比较优势是内生的（Grossman & Helpman, 1990），这就意味着长期专注于生产制造的经济主体可能会逐渐丧失技术创新能力。

近年来我国研发投入、科技人员总量的绝对值虽逐年上升，但以人均计算并进行国际间比较就会发现，我国科技实力与研发投入远低于发达国家水平，自主创新的基础和条件明显不足[①]。因此，政府及相关部门要制定并实施能够刺激

---

① 雷鹏：《基于人力资本、技术进步的经济增长研究》，《南京社会科学》2011 年第 3 期，第 38~42 页。

研发需求的科技政策，比如知识产权保护、R&D 补贴等，以鼓励企业在消化、吸收引进技术的同时，进行模仿创新、自主创新，并充分利用技术选择与人力资本之间的相互促进关系，持续积累技术能力与人力资本，形成以技术引进促进技术创新的传导机制，逐步培养起自主创新能力。

参 考 文 献

[1] 安同良:《企业技术能力:超越技术创新研究的新范式》,《当代财经》2002 年第 1 期。

[2] 安同良:《中国企业的技术选择》,《经济研究》2003 年第 7 期。

[3] 安同良:《中国企业技术能力的高度化发展:技术创造》,《科技进步与对策》2006 年第 2 期。

[4] 毕先萍:《改革以来技术进步对我国就业的影响研究》,《科技进步与对策》2009 年第 14 期。

[5] 陈杰:《技术为王,创新为本——比亚迪:从做电池到做汽车》,《深交所》2008 年第 8 期。

[6] 陈劲:《从技术引进到自主创新的学习模式》,《科研管理》1994 年第 2 期。

[7] 陈晓:《人力资本结构与我国中小企业发展阶段匹配研究》,《宏观经济研究》2009 年第 7 期。

[8] 程德俊:《专有知识视角下的人力资源内部化战略》,《经济管理》2003 年第 16 期。

[9] 丁栋虹:《制度变迁中企业家成长模式研究》,南京大学出版社,1999。

[10] 董俊武:《人力资本视野的后发经济新兴产业发展:国

际经验及启示》,《改革》2008年第8期。

[11] 方宏:《福建省FDI技术溢出与技术差距关系研究》,《价值工程》2006年第8期。

[12] 方竹兰:《人力资本与中国创新之路》,经济科学出版社,2001。

[13] 傅利平、张出兰:《基于企业技术能力及知识演化的技术引进消化吸收再创新过程机理研究》,《现代管理科学》2009年第5期。

[14] 高闯、邵剑兵:《高科技企业的资本构成及其治理结构:一个基于资产专用性理论的分析框架》,《经济管理》2001年第24期。

[15] 龚三乐:《技术进步、技术分解与就业》,《科技进步与对策》2008年第2期。

[16] 官华平、谌新民:《珠三角产业升级与人力资本相互影响机制分析——基于东莞的微观证据》,《华南师范大学学报》(社会科学版)2011年第5期。

[17] 郭熙保、肖利平:《后发优势、技术吸收能力与中国的经验》,《武汉大学学报》(哲学社会科学版)2008年第5期。

[18] 郭燕青、时洪梅:《比亚迪新能源汽车开发中的创新方式研究》,《管理案例研究与评论》2010年第6期。

[19] 郭永宏、刘艳青:《隐性"高科技化"与显性"去高科技化"——电信设备技术变迁趋势对网络运维的影响及对策》,《通信企业管理》2006年第7期。

[20] 郭玉林:《隐性人力资本的价值度量》,《中国工业

经济》2002 年第 7 期。
[21] 韩莉莉:《基于技术转移的企业技术能力增长模式研究》,大连理工大学硕士学位论文,2005。
[22] 何洁:《外国直接投资对中国工业部门外溢效应的进一步精确量化》,《世界经济》2000 年第 12 期。
[23] 侯亚非:《人口质量与经济增长方式》,中国经济出版社,2000。
[24] 侯亚非、王金营:《人力资本与经济增长方式转变》,《人口研究》2001 年第 3 期。
[25] 胡迟:《从 2008 年中国制造业企业 500 强看我国制造业存在的差距与成长路径》,《经济研究参考》2008 年第 69 期。
[26] 胡永远、刘智勇:《不同类型人力资本对经济增长的影响分析》,《人口与经济》2004 年第 2 期。
[27] 黄茂兴:《技术选择与经济增长》,社会科学文献出版社,2010。
[28] 黄茂兴:《论技术选择与经济增长》,福建师范大学博士学位论文,2007。
[29] 黄亚生:《中国"外资依赖症"的原因和代价》,《经济管理文摘》2007 年第 6 期。
[30] 黄宗成:《人才——发展科学技术的根本》,科学技术文献出版社,1994。
[31] 江诗松、龚丽敏、魏江:《转型经济背景下后发企业的能力追赶:一个共演模型——以吉利集团为例》,《管理世界》2011 年第 4 期。
[32] 江小涓:《理解科技全球化——资源重组、优势集成和

自主创新能力的提升》,《管理世界》2004年第6期。

[33] 姜红:《基于技术关联性视角的产业创新模式与技术选择理论研究》,吉林大学博士学位论文,2008。

[34] 姜雨、沈志渔:《基于竞争优势的人力资源内部开发策略研究》,《首都经济贸易大学学报》2012年第2期。

[35] 靳卫东:《人力资本与产业结构转化的动态匹配效应——就业、增长和收入分配问题的评述》,《经济评论》2010年第6期。

[36] 鞠晓伟:《基于技术生态环境视角的技术选择理论及应用研究》,吉林大学博士学位论文,2007。

[37] 鞠晓伟、赵树宽:《产业技术选择与产业技术生态环境的耦合效应分析》,《中国工业经济》2009年第3期。

[38] 柯广林、华阳:《FDI技术溢出效应实证分析——以我国的汽车工业为例》,《科技情报开发与经济》2006年第3期。

[39] 孔宪香:《创新型人力资本分类研究》,《科技管理研究》2009年第7期。

[40] 孔宪香:《技术创新体系建设中的人力资本激励制度研究》,山东大学博士学位论文,2008。

[41] 邝小文:《中国产业结构升级中的人力资本研究》,中共中央党校博士学位论文,2007。

[42] 赖明勇、包群、阳小晓:《我国外商直接投资吸收能力研究》,《南开经济研究》2002年第3期。

[43] 黎开颜、陈飞翔:《深化开放中的锁定效应与技术依

赖》,《数量经济技术经济研究》2008年第11期。
[44] 李宝元:《人力资本与经济发展》,北京师范大学出版社,2001。
[45] 李福柱、丁四保:《国内人力资本理论研究刍议》,《软科学》2005年第2期。
[46] 李宏林、杨茵:《要素禀赋与我国企业的技术选择——以比亚迪公司的崛起为例》,《经济社会体制比较》2004年第2期。
[47] 李建民:《人力资本通论》,上海三联书店,1999。
[48] 李金华、李苍舒:《国际新背景下的中国制造业:悖论与解困之策》,《上海经济研究》2010年第8期。
[49] 李京文、张国初:《现代人力资源经济分析:理论·模型·应用》,社会科学文献出版社,1997。
[50] 李磊、朱彤:《人力资本、知识存量与我国经济增长》,《南京社会科学》2008年第9期。
[51] 李攀艺、蒲勇健:《基于博弈论的企业人力资本投资理论——一个文献综述》,《软科学》2007年第2期。
[52] 李尚骜:《内生经济增长的驱动因素分析》,华中科技大学博士学位论文,2010。
[53] 李小胜:《创新、人力资本与内生经济增长研究》,厦门大学博士学位论文,2008。
[54] 李有:《国际技术溢出效应的人力资本机制分析》,《科技进步与对策》2008年第9期。
[55] 李云赟:《企业技术差距评价研究》,同济大学硕士学位论文,2008。
[56] 李兆友:《技术创新主体论》,东北大学出版社,2001。

[57] 李忠民:《人力资本——一个理论框架及其对中国一些问题的解释》,经济科学出版社,1999。

[58] 林可全、周怀峰:《人力资本结构差异、技术吸收能力与广东经济增长——基于转轨过程中外资政策转变的视角》,《中央财经大学学报》2011年第2期。

[59] 林毅夫、董先安、殷韦:《技术选择、技术扩散与经济收敛》,《财经问题研究》2004年第6期。

[60] 林毅夫:《发展战略、自生能力和经济收敛》,《经济学》(季刊)2002年第2期。

[61] 林毅夫、张鹏飞:《后发优势、技术引进和落后国家的经济增长》,《经济学》(季刊)2005年第1期。

[62] 林毅夫、张鹏飞:《适宜技术、技术选择和发展中国家的经济增长》,《经济学》(季刊)2006年第4期。

[63] 铃木:《日本的技术变革》,中国经济出版社,2002。

[64] 凌小萍:《技术发展的社会选择研究》,广西师范大学博士学位论文,2004。

[65] 刘厚俊、刘正良:《人力资本门槛与FDI效应吸收》,《经济科学》2006年第5期。

[66] 刘晶莹:《中国汽车产业FDI对效率的影响研究》,合肥工业大学硕士学位论文,2007。

[67] 刘君:《技术选择、人力资本与就业均衡——美日差异的比较研究》,《辽宁大学学报》(哲学社会科学版)2003年第1期。

[68] 刘明兴:《禀赋结构、发展战略与经济增长》,林毅夫发展论坛,2002年7月6日。

[69] 刘铁明、袁建昌:《企业人力资本分类研究》,《税务

与经济》2008年第3期。

[70] 刘昕:《薪酬管理》(第2版),中国人民大学出版社,2007。

[71] 刘雅南、邵宜航:《结构转变与经济增长中的技术进步与技术选择——中国的工业化和可持续增长探讨》,《东南学术》2009年第4期。

[72] 刘迎秋:《论人力资本投资及其对中国经济成长的意义》,《管理世界》1997年第3期。

[73] 柳卸林、李艳华:《知识获取与后发企业技术能力提升——以汽车零部件产业为例》,《科学学与科学技术管理》2009年第7期。

[74] 陆长平:《对新古典经济学技术选择"悖论"的理论反思》,《财经理论与实践》(双月刊)2002年第117期。

[75] 路风、封凯栋:《为什么自主开发是学习外国技术的最佳途径》,《中国软科学》2004年第4期。

[76] 骆品亮、司春林:《专用性人力资本投资激励研究》,《管理科学学报》2001年第4期。

[77] 马振华:《我国技能型人力资本的形成与积累研究》,天津大学博士学位论文,2007。

[78] 梅永红:《不能让中国的核电工业重蹈汽车工业的路子》,《科技中国》2005年第4期。

[79] 〔美〕费景汉、拉尼斯:《增长和发展:演进观点》,洪银兴等译,商务印书馆,2004。

[80] 莫淑华:《企业技术选择的评价与决策方法研究》,西南石油大学硕士学位论文,2006。

[81] 欧阳峣、生延超:《多元技术、适应能力与后发大国区域经济协调发展——基于大国综合优势与要素禀赋差异的理论视角》,《经济评论》2010年第4期。

[82] 潘清:《人力资本理论综述——探究人力资本的成因》,《浙江工商大学学报》2008年第5期。

[83] 潘士远:《技术选择、模仿成本与经济收敛》,《浙江社会科学》2008年第7期。

[84] 潘士远、林毅夫:《发展战略、知识吸收能力与经济收敛》,《数量经济与技术经济研究》2006年第2期。

[85] 蒲勇健、杨秀苔:《经济发展中的产业关键技术选择研究》,《科技与管理》1999年第1期。

[86] 钱平凡、黄川川:《模块化:解决复杂系统问题的有效方法》,《中国工业经济》2003年第11期。

[87] 钱雪亚、章丽君、林浣:《度量人力资本水平的三类统计方法》,《统计与决策》2003年第10期。

[88] 秦兴方:《人力资本与收入分配机制》,经济科学出版社,2003。

[89] 戎建:《技术进步、人力资本与中国劳动力流动》,复旦大学博士学位论文,2008。

[90] 沈堃、陈孝兵:《论劳动力就业与技术进步的技术选择原则和战略思路》,《社会科学辑刊》1998年第5期。

[91] 生延超:《要素禀赋、技术能力与后发地区技术赶超》,《湖南财经高等专科学校学报》2010年第10期。

[92] 生延超:《要素禀赋、技术能力与后发技术赶超》,湖南大学博士学位论文,2008。

[93] 盛欣、胡鞍钢:《技术进步对中国就业人力资本结构影响的实证分析——基于29个省的面板数据研究》,《科学学与科学技术管理》2011年第6期。

[94] 苏敬勤、崔淼、洪勇:《基于能力适配演化的企业多元化:理论与案例》,《技术经济》2009年第6期。

[95] 孙文杰、沈坤荣:《人力资本积累与中国制造业技术创新效率的差异性》,《中国工业经济》2009年第3期。

[96] 孙兆刚、王鹏、陈傲:《技术差距对知识溢出的影响分析》,《科学进步与对策》2006年第7期。

[97] 谭永生:《人力资本理论述评及对我们的启示》,《首都经济贸易大学学报》2006年第3期。

[98] 唐文健:《技术采纳与跨国生产率差异研究评述》,《湖北大学学报》(哲学社会科学版)2007年第3期。

[99] 汪丁丁:《在经济学与哲学之间》,中国社会科学出版社,1996。

[100] 王大洲:《技术创新与制度结构》,东北大学出版社,2000。

[101] 王天骄:《FDI对中国内资汽车产业技术溢出效应研究》,吉林大学博士学位论文,2011。

[102] 王向阳:《FDI技术溢出对高技术企业技术创新的影响研究》,吉林大学博士学位论文,2009。

[103] 王晓玲、吴丽:《流水线研发:吉利的新引擎》,《商务周刊》2010年第2期。

[104] 王艳丽、刘传哲:《人力资本对FDI技术溢出效应影

响的实证研究》,《科学管理研究》2006 年第 3 期。

[105] 王梓薇、刘铁忠:《中国汽车整车制造业 FDI 挤入挤出效应研究——基于产业安全视角的实证分析》,《北京理工大学学报》(社会科学版)2009 年第 2 期。

[106] 魏奋子、罗亚凡:《人力资本分类探析》,《甘肃理论学刊》2000 年第 4 期。

[107] 魏江、葛朝阳:《组织技术能力增长轨迹研究》,《科学学研究》2001 年第 2 期。

[108] 魏江:《基于知识观的企业技术能力研究》,《自然辩证法研究》1998 年第 11 期。

[109] 魏江、刘锦:《基于协同技术学习的组织技术能力提升机理研究》,《管理工程学报》2005 年第 1 期。

[110] 魏江:《企业技术能力论》,科学出版社,2002。

[111] 魏江:《企业技术能力:增长过程、机理与模式》,浙江大学博士学位论文,1997。

[112] 魏江、许庆瑞:《企业技术能力的概念、结构和评价》,《科学学与科学技术管理》1995 年第 9 期。

[113] 翁华强、郭凤典、管名:《中国汽车业自主创新路径之探讨》,《特区经济》2004 年第 12 期。

[114] 吴贵生等编《技术引进与自主创新:边界划分、过程转换和战略措施》,知识产权出版社,2010。

[115] 吴晓波、黄娟、郑素丽:《从技术差距、吸收能力看 FDI 与中国的技术追赶》,《科学学研究》2005 年第 3 期。

[116] 夏光、张胜波、黄颖:《人力资本内涵与分类的再研究》,《人口学刊》2008 年第 1 期。

[117] 肖峰:《技术发展的社会形成》,人民出版社,2002。
[118] 谢伟:《技术学习过程的新模式》,《科研管理》1999年第4期。
[119] 颜士梅:《国外战略性人力资源管理研究综述》,《外国经济与管理》2003年第9期。
[120] 杨彬:《异质型人力资本对FDI技术溢出效应的影响研究》,大连理工大学博士学位论文,2009。
[121] 杨德荣:《试论我国的技术选择》,《成都科技大学学报》1983年第3期。
[122] 杨京英、王强、铁兵:《中国与世界主要国家技术成就指数比较》,《中国统计》2002年第4期。
[123] 杨俊、李晓羽、杨尘:《技术模仿、人力资本积累与自主创新——基于中国省际面板数据的实证分析》,《财经研究》2007年第5期。
[124] 杨起全:《我国重点高新技术领域技术预见与关键技术选择研究实施方案》,《世界科学》2003年第4期。
[125] 杨爽:《中国经济增长中的人力资本适配性研究》,西北农林科技大学博士学位论文,2009。
[126] 杨文举:《适宜技术观演变的文献述评》,《科技进步与对策》2008年第4期。
[127] 杨文举:《适宜技术理论与中国地区经济差距的实证研究》,武汉大学博士学位论文,2006。
[128] 杨新铭、罗润东:《技术进步、工资差距与人力资本形成》,《当代经济科学》2007年第5期。
[129] 姚树荣、张耀奇:《人力资本含义与特征论析》,《上

海经济研究》2001年第2期。

[130] 易先忠:《创新型人力资本与研发激励对我国技术进步影响的差异性》,《学理论》2010年第11期。

[131] 易先忠:《技术差距双面效应与主导技术进步模式转换》,《财经研究》2010年第7期。

[132] 易先忠、张亚斌:《技术差距与人力资本约束下的技术进步模式》,《管理科学学报》2008年第6期。

[133] 尹永威:《跨国公司在华汽车产业投资的技术溢出效应分析》,山东大学硕士学位论文,2006。

[134] 余昌龙:《技术差距与经济增长的非线性关系研究》,湖南大学博士学位论文,2009。

[135] 余典范:《适宜技术理论研究综述》,《财经问题研究》2008年第2期。

[136] 袁东明:《经济增长理论中的人力资本研究及其启示》,《国外财经》2000年第4期。

[137] 原小能、宋杰:《外商直接投资企业的外溢效应:基于外资企业问卷调查的研究》,《世界经济》2007年第12期。

[138] 詹长春:《技术能力与中国汽车工业自主创新模式研究——以安徽江淮、奇瑞汽车公司为例》,华中科技大学博士学位论文,2007。

[139] 张建华、欧阳轶雯:《外商直接投资、技术外溢与经济增长——对广东数据的实证分析》,《经济学》(季刊) 2003年第2期。

[140] 张涛:《技术进步与工资差距》,复旦大学博士学位论文,2003。

[141] 张涛、张若雪:《人力资本与技术采用:对珠三角技术进步缓慢的一个解释》,《管理世界》(月刊) 2009 年第 2 期。

[142] 张雪倩:《跨国公司在中国的技术溢出效应分析:以汽车工业为例》,《世界经济研究》2003 年第 4 期。

[143] 张延平、王满四:《区域人力资本动态优化配置及适配性评价体系研究——基于支撑区域产业结构优化升级的视角》,《生产力研究》2008 年第 9 期。

[144] 赵丰义:《我国装备制造业技术创新路径优化研究》,辽宁大学博士学位论文,2010。

[145] 赵利:《技术进步对劳动就业的影响研究》,天津大学博士学位论文,2009。

[146] 赵曙明:《人力资源管理研究》,中国人民大学出版社,2001。

[147] 赵晓庆:《技术学习的模式》,《科研管理》2003 年第 3 期。

[148] 赵晓庆、许庆瑞:《企业技术能力演化的轨迹》,《科研管理》2002 年第 1 期。

[149] 赵英:《外商直接投资对我国汽车工业的影响》,《中国工业经济》2000 年第 1 期。

[150] 赵增耀、王喜:《产业竞争力、企业技术能力与外资的溢出效应——基于我国汽车产业吸收能力的实证分析》,《管理世界》2007 年第 12 期。

[151] 周礼:《技术进步与人力资本形成——基于员工与企业的微观视角》,浙江大学博士学位论文,2006。

[152] 周其仁:《市场里的企业——一个人力资本与非人

力资本的特别和约》,《经济研究》1996 年第 6 期。

[153] 周耀烈、张大亮:《浙江省企业技术创新调查与规律研究》,《中国工业经济》2001 年第 5 期。

[154] 周一:《比亚迪让"日本制造"饱尝危机》,《中国企业家》2002 年第 10 期。

[155] 朱秀梅:《知识溢出、吸收能力对高技术产业集群创新的影响研究》,吉林大学博士学位论文,2006。

[156] 邹薇、代谦:《技术模仿、人力资本积累与经济赶超》,《中国社会科学》2003 年第 5 期。

[157] 左聪颖、杨建仁:《西方人力资本理论的演变与思考》,《江西社会科学》2010 年第 6 期。

[158] Acemoglu Daron, "Technical Change, Inequality, and the Labor Market", *Journal of Economic Literature*, Vol. 40, No. 1, 2002, pp. 7–72.

[159] Acemoglu Daron, "Cross-country Inequality Trends", *The Economic Journal*, Vol. 113, No. 485, 2003b, pp. F121–F149.

[160] Acemoglu Daron, Zilibotti, Fabrizio, "Productivity Differences", *The Quarterly Journal of Economics*, Vol. 116, No. 2, 2001.

[161] Aghion Philippe, Peter Howitt, "Technical Change, Institutions and the Dynamics of Inequality", *Econometrica*, Vol. 70, 2002, pp. 855–882.

[162] Arrow K. J., "The Economic Implications of Learning by Doing", *Review of Economic Studies*, Vol. 29, No. 3, 1962, pp. 155–173.

[163] Arthur W. B., "Competing Technologies, Increasing Returns and Lock-In by Historical Events", *The Economic Journal*, Vol. 99, No. 394, 1989, pp. 116-131.

[164] Autor David H., Lawrence F. Katz, Alan B. Krueger, "Computing Inequality, Have Computers Changed the Labor Market?", *The Quarterly Journal of Economics*, Vol. 113, No. 4, 1998, pp. 1169-1213.

[165] Anker Lund Vindinga, "Absorptive Capacity and Innovative Performance: A Human Capital Approach", *Economics of Innovation and New Technology*, Vol. 15, No. 4-5, 2006, pp. 507-517.

[166] Aubert Patrich, Caroli Eve, Roger Muriel, "New Technologies, Organization and Age: Firm-level Evidence", *The Economic Journal*, Vol. 116, No. 509, 2006, pp. F73-F93.

[167] Atkinson A. B., Stiglitz J. E., "A New View of Technological Change", *Economic Journal*, Vol. 79, 1969, pp. 573-578.

[168] Arthur J. B., "Effects of Human Resource Systems on Manufacturing Performance and Turnover", *Academy of Management Journal*, Vol. 37, No. 3, 1994, pp. 670-687.

[169] Antonelli C., *The Microdynamics of Technological Change*, London: Routledge, 1999, pp. 88-89.

[170] Andrew T. Young, Daniel Levy and Matthew J. Higgins, "Many Types of Human Capital and Many

Roles in U. S. Growth: Evidence from County – Level Educational Attainment Data", RePEc Working Paper, 2004.

[171] Aghion Philippe, Peter Howitt, "A Model of Growth through Creative Destruction", *Econometrica*, Vol. 60, No. 2, 1992, pp. 323 – 351.

[172] Acemoglu Daron, Jorn, Steffen Pischke, "Beyond Becker: Training in Imperfect Labour Markets", *The Economic Journal*, Vol. 109, No. 453, 1999, pp. 112 – 142.

[173] Acemoglu Daron, "Labor and Capital – Augmenting Technical Change", *Journal of the European Economic Association*, Vol. 1, No. 1, 2003, pp. 1 – 37.

[174] Acemoglu Daron, "Why do New Technologies Complement Skills? Directed Technical Change and Wage Inequality", *The Quarterly Journal of Economics*, Vol. 113, No. 4, 1998, pp. 1055 – 1089.

[175] Acemoglu Daron, "A Microfoundation for Social Increasing Returns in Human Capital", *The Quarterly Journal of Economics*, Vol. 111, No. 3, 1996, pp. 779 – 804.

[176] Ahmad S., "On the Theory of Induced Invention", *The Economic Journal*, Vol. 76, No. 302, 1966, pp. 344 – 357.

[177] Becker G., "Investment in Human Capital: A Theoretical Analysis", *Journal of Political Economy*,

Vol. 70, No. 1, 1962, pp. 9 – 49.

[178] Basu S., Weil D. N., "Appropriate Technology and Growth", *The Quarterly Journal of Economics*, Vol. 113, No. 4, 1998, pp. 1025 – 1054.

[179] Baldwin, C. Y., K. B. Clark, "Managing in an Age of Modularity", *Harvard Business Review*, Vol. 75, No. 5, 1997, pp. 84 – 93.

[180] Barro R., X. Sala-i-Martin, "Technological Diffusion, Convergence and Growth", *Journal of Economic Growth*, Vol. 2, No. 1, 1997, pp. 1 – 26.

[181] Bartel Ann. P., Frank Lichtenberg, "The Comparative Advantage of Educated Workers in Implementing New Technology", *Review of Economics and Statistics*, Vol. 69, No. 1, 1987, pp. 1 – 11.

[182] Benhabib J., Spiege M., "The Roles of Human Capital in Economic Development: Evidence from Aggregate Crosscountry Data", *Journal of Monetary Economics*, Vol. 34, No. 2, 1994, pp. 143 – 173.

[183] Bemran Eli, John Bound and Stephen Machin, "Implications of Skill-Biased Technological Change, International Evidence", *The Quarterly Journal of Economics*, Vol. 113, No. 4, 1998, pp. 1245 – 1280.

[184] Berman Eli, Rohini Somanathan, Hong W. Tan, "Is Skill Biased Technological Change Here Yet? Evidence from Indian Manufacturing in the 1990's", University of Michigan Working Paper, 2003.

[185] Blomström M., Kokko A., "Multinational Corporations and Spillovers", *Journal of Economic Surveys*, Vol.12, 1998, pp.247-277.

[186] Bratti Massimiliano, Nicola Matteucci, "Is There Skill-Biased Technological Change in Italian Manufacturing? Evidence from Firm Level Data", The Employment Prospects in the Knowledge Economy (EPKE) Project Working Paper, No.202, 2004.

[187] Blomström M, Persson H., "Foreign Investment and Spillover Efficiency in an Underdeveloped Economy: Evidence from the Mexican Manufacturing Industry", *World Development*, Vol. 11, No. 6, 1983, pp.493-501.

[188] Borghans Lex, Weel ter Bas, "The Division of Labour, Worker Organisation and Technological Change", *The Economic Journal*, Vol. 116, No. 509, 2006, pp. F45-F72.

[189] Becker, G., *Human Capital: A Theoretical Analysis with Special Emphasis on Education*, Chicago: University of Chicago Press, 1964, 1993(3rd).

[190] Braverman H., *Labor and Monopoly Capital: The Degradation of Work in the Twentieth Century*, NK: Monthly Review Press, 1974.

[191] Borensztein E., Gregorio J., Lee J-W., "How does Foreign Direct Investment Affect Economic Growth?", *Journal of International Economics*, Vol. 45, 1998,

pp. 115 – 135.

[192] Bils Mark, Klenow Peter, "Does Schooling Cause Growth?", *American Economic Review*, Vol. 90, No. 5, 2000, pp. 1160 – 1183.

[193] Berman Eli, Stephen Machin, "Skill-biased Technology Transfer, Evidence Factor Biased Technological Change in Developing Countries", University of Michigan Working Paper, 2000a.

[194] Bemran Eli, John Bound, Griliches, Z., "Changes in the Demand for Skilled Labor within U. S. Manufacturing: Evidence from the Annual Survey of Manufactures", *The Quarterly Journal of Economics*, Vol. 109, 1994, pp. 367 – 397.

[195] Becker Gary, Murphy Kevin, Tamura Robert, "Human Capital, Fertility and Economic Growth", *Journal of Political Economy*, 1990, 98, pp. 12 – 37.

[196] Christensen M. Clayton, Rosenbloom S. Richard, "Explaining the Attacker's Advantage: Technological Paradigms, Organizational Dynamics and the Value Network", *Research Policy*, Vol. 24, No. 2, 1995, pp. 233 – 257.

[197] Caselli F. and Coleman W. J., "The World Technology Frontier", *The American Economic Review*, Vol. 6, 2006, pp. 499 – 522.

[198] Chanaron J., Perrin J., "The Transfer of Research, Development and Design to Developing Countries",

Futures, No. 1, 1987, pp. 503 – 512.

[199] Cohen Wesley M., Levinthal A. Daniel, "Absorptive Capacity: A New Perspective on Learning and Innovation", *Administrative Science Quarterly*, Vol. 35, No. 1, 1990, pp. 128 – 152.

[200] Caves, "Multinational Firms, Competition and Productivity in Host Country Markets", *Economica*, No. 41, 1974, pp. 176 – 193.

[201] Carter P. Anne, "Knowhow Trading as Economic Exchange", *Research Policy*, Vol. 18, No. 3, 1989, pp. 155 – 163.

[202] Denison F. Edward, *The Sources of Economic Growth in the United States and the Alternatives before us*, New York: Committee for Economic Development, 1962.

[203] Driffield N., Taylor K., "FDI and the Labour Market: A Review of the Evidence and Policy Implications", *Oxford Review of Economic Policy*, Vol. 16, No. 3, 2000, pp. 90 – 103.

[204] Dodgson M., "Technological Learning, Technology Strategy and Competitive Pressures", *British Journal of Management*, Vol. 2, No. 3, 1991, pp. 133 – 149.

[205] Dutton John, Thomas Annie, "Treating Progress Functions as a Managerial Opportunity", *Academy of Management Review*, Vol. 9, No. 2, 1984, pp. 235 – 247.

[206] David P., "Knowledge, Property and the Systems Dynamics of Technological Change", In Summers/Shah(eds.), "Proceedings of the World Bank Annual Conference on Development Economics", 1992, pp. 215 – 248.

[207] Doeringer P. B., Piore M, J., *Internal Labor Markets and Manpower Analysis*, Lexington Mass: Health, 1971.

[208] Edward W. Rogers, Patrick M. Wright, "Measuring Organizational Performance in Strategic Human Resource Management: Problems, Prospects and Performance Information Markets", *Human Resource Management Review*, Vol. 8, No. 3, 1998, pp. 312 – 331.

[209] Eicher Theo, Peñalosa Cecilia García, "Inequality and Growth: The Dual Role of Human Capital in Development", CESifo Working Paper, No. 355, 2000.

[210] Eaton J., S. Kortum, "Trade in Ideas: Patenting and Productivity in the OECD", *Journal of International Economics*, Vol. 10, 1996, pp. 251 – 278.

[211] Fagerberg J., "Technology and International Differences in Growth Rates", *Journal of Economic Literature*, Vol. 32, 1994, pp. 1147 – 1175.

[212] Findlay R., "Relative Backwardness, Direct Foreign Investment and the Transfer of Technology: A Simple

Dynamic Model", *The Quarterly Journal of Economics*, Vol. 92, 1978, pp. 1 – 16.

[213] Fredrick Muyia Nafukho, Nancy R. Hairston & Kit Brooks, "Human Capital Theory: Implications for Human Resource Development", *Human Resource Development International*, Vol. 7, No. 4, 2004, pp. 545 – 551.

[214] Feenstra Robert C., Hanson H. Gordon, "Globalization, Outsourcing and Wage Inequality", NBER Working Paper, 1996, No. 5424.

[215] Fransman M. and K. King(eds.), *Technological Capability in the Third World*, London: Macmillan, 1984, pp. 67 – 103.

[216] Feder G., "On Export and Economic Growth", *Journal of Development Economics*, Vol. 12, 1982, pp. 59 – 73.

[217] Galor O., Moav O., "Natural Selection and the Origin of Economic Growth", *Quarterly Journal of Economics*, Vol. 117, No. 4, 2002.

[218] Grieve, R. H., "Appropriate Technology in a Globalizing World", *International Journal of Technology Management and Sustainable Development*, Vol. 3, No. 3, 2004, pp. 173 – 187.

[219] Garud Raghu, Nayyar R. Praveen, "Transformative Capability: Continual Structuring by Intertemporal Technology Transfer", *Strategic Management Jour*

nal, Vol. 15, No. 5, 1994, pp. 365 – 385.

[220] Grossman M. Geme, Elhanan Helpman, "Comparative Advantage and Long – run Growth", *American Economic Review*, 1990, 80, pp. 796 – 815.

[221] Girma Sourafel, Greenaway David, Wakelin Katharine, "Who Benefits from Foreign Direct Investment in the UK?", *Scottish Journal of Political Economy*, Vol. 48, No. 2, 2001, pp. 119 – 133.

[222] Globerman Steven, "Foreign Direct Investment and ''Spillover' Efficiency Benefits in Canadian Manufacturing Industries", *The Canadian Journal of Economics/Revue Canadienned' Economique*, Vol. 12, No. 1, 1979, pp. 42 – 56.

[223] Gong Guan, Keller Wolfgang, "Convergence and Polarization in Global Income Levels: A Review of Recent Results on the Role of International Technology Diffusion", Research Policy, Vol. 32, No. 6, 2003, pp. 1055 – 1079.

[224] Griliches Zvi., "Capital-skill Complementarity", *Review of Economics & Statistics*, Vol. 51, No. 4, 1969, pp. 465 – 469.

[225] Girma, S. D., Wakelin, K., "Who Benefits From Foreign Direct Investment in the U. K.?", *Scottish Journal of Political Economy*, Vol. 48, 2001, pp. 119 – 133.

[226] Galor Oded, *From Stagnation to Growth: Unified*

Growth Theory", In Aghion P. and Durlauf S. (eds.), *Handbook of Economic Growth*, Amsterdam: North-Holland, 2005, pp. 171 – 293.

[227] Haddad Mona, Harrison Ann, "Are there Positive Spillovers from Direct Foreign Investment: Evidence from Panel Data for Morocco", *Journal of Development Economics*, Vol. 42, No. 1, 1993, pp. 51 – 74.

[228] Hobday Mike, "East Asian Latecomer Firms: Learning the Technology of Electronics", *World Development*, Vol. 23, No. 7, 1995, pp. 1171 – 1193.

[229] Jerome Harry, *Mechanization in History*, NY: National Bureau of Economic Research, 1934, p. 402.

[230] Katrak H., "Imported Technology and R&D in a Newly Industrializing Country: The Indian Experience", *Journal of Development Economics*, Vol. 31, 1989, pp. 123 – 139.

[231] Kim J. B., Stewart C. T., "The Relation between Technology Import and Domestic R&D", *The Journal of Technology Transfer*, Vol. 18, 1993, pp. 94 – 103.

[232] Krusell Per, Ohanian Lee, Ríos – Rull José – Víctor, Violante L. Giovanni, "Capital – Skill Complementarity and Inequality: A Macroeconomic Analysis", *Econometrica*, Vol. 68, No. 5, 2000, pp. 1029 – 1053.

[233] Krueger, A., "How Computers have Changed the Wage Structure: Evidence from Micro-data, 1984-

1989", *The Quarterly Journal of Economics*, Vol. 1, 1993, pp. 33 – 60.

[234] Kumar N., "Intellectual Property Rights, Technology and Economic Development: Experiences of Asian Countries", Commission Background Paper, 2002, pp. 27 – 35.

[235] Kokko Ari, Tansini Ruben, Zejan Mario, "Local Technological Capability and Productivity Spillovers from FDI in the Uruguayan Manufacturing Sector", *The Journal of Development Studies*, Vol. 32, No. 4, 1996, pp. 602 – 611.

[236] Kokko Ari, "Technology, Market Characteristics and Spillovers", *Journal of Development Economics*, Vol. 43, No. 2, 1994, pp. 279 – 293.

[237] Kumar N., "Technology Imports and Local Research and Development in Indian Manufacturing", *The Developing Economics*, Vol. 25, 1987, pp. 220 – 233.

[238] Kim Linsu, *Imitation to Innovation: the Dynamics of Korea's Technological Learning*, Boston: Harvard Business School Press, 1997.

[239] Keller Wolfgang, "Absorptive Capacity: On the Creation and Acquisition of Technology in Development", *Journal of Development Economics*, Vol. 49, 1996, pp. 199 – 227.

[240] Kahn C., Huberman G., "Two-sided Uncertainty and 'Up-or-Out' Contracts", *Journal of Labor Eco-*

nomics, Vol. 6, No. 4, 1988, pp. 423 – 444.

[241] Lucas R. E. Jr., "On the Mechanics of Economic Development", *Journal of Monetary Economics*, Vol. 22, 1988, pp. 3 – 42.

[242] Lei David, Slocum Jr. John W., Pitts A. Robert, "Building Cooperative Advantage: Managing Strategic Alliances to Promote Organizational Learning", *Journal of World Business*, Vol. 32, No. 3, 1997, pp. 203 – 223.

[243] Lam Alice, "Tacit Knowledge, Organizational Learning and Societal Institutions: An Integrated Framework", *Organization Studies*, Vol. 21, No. 3, 2000, pp. 487 – 513.

[244] Leibenstein Harvey, "Allocative Efficiency vs. 'X – Efficiency'", *The American Economic Review*, Vol. 56, No. 3, 1966, pp. 392 – 415.

[245] Lucas R. E. Jr., "Making a Miracle", *Econometrica*, Vol. 61, No. 2, 1993, pp. 251 – 272.

[246] Lall S., "Technological Capabilities and Industrialization", *World Development*, Vol. 20, No. 2, 1992, pp. 165 – 186.

[247] Machin Stephen, John Van Reenen, "Technology and Changes in Skill Structure, Evidence from Seven OECD Countries", *The Quarterly Journal of Economics*, Vol. 113, No. 4, 1998, pp. 1215 – 1244.

[248] Mariano N., Pilar Q., "Absorptive Capacity, Tech-

nological Opportunity, Knowledge Spillovers and Innovative Effort", *Technovation*, Vol. 25, No. 10, 2005, pp. 1141 – 1157.

[249] Mincer Jacob, "On-the-Job Training: Costs, Returns and Some Implications", *Journal of Political Economy*, Vol. 70, No. 5, 1962, pp. 50 – 79.

[250] Michael T. Kiley, "The Supply of Skilled Labor and Skill-biased Technological Progress", *Economic Journal*, Vol. 109, 1999, pp. 708 – 724.

[251] Mansfield Edwin, Mark Schwartz, Samuel Wagner, "Imitation Costs and Patents: An Empirical Study", *Economic Journal*, Vol. 91, No. 364, 1981, pp. 907 – 918.

[252] Moran Theodore H., *Foreign Direct Investment and Development: The New Policy Agenda for Developing Countries and Economies in Transition*, Washington, DC: Institute for International Economics, 1998, pp. 121 – 139.

[253] Mincer Jacob, "Human Capital, Technology and the Wage Structure: What do Time Series Show?", NBER Working Paper, 1991, No. 3581.

[254] Meyer M. H., J. M. Utterback, "The Product Family and the Dynamics of Core Capability", *Sloan Management Review*, Spring, 1993, pp. 29 – 47.

[255] Marglin S. A., "What do Bosses do? The Origins and Functions of Hierarchy in Capitalist Produc-

tion", *Review of Radical Political Economy*, Vol. 3, 1974, pp. 33 - 60.

[256] Narula R. , "Understanding Absorptive Capacities in an 'Innovation Systems' Context: Cons-equences for Economic and Employment Growth", DRUID Working Paper, No. 04 - 02, 2004.

[257] Nelson, R. , " What is 'Commercial' and what is 'Public' about Technology and What should be?", In N. Rosenberg, R. Landau and D. Mowery eds. , *Technology and the Wealth of Nations*, Stanford: Stanford University Press, 1992, pp. 57 - 72.

[258] Nelson R. , Phelps E. S. , "Investment in Humans, Technological Diffusion and Economic Growth", *American Economic Review*, Vol. 56, No. 2, 1966, pp. 69 - 76.

[259] Ozawa T. , " *Macro Economic Factors Affecting Japan's Technology Inflows and Outflows: The Postwar Experience*", In N. Rosenberg and C. Frischtak eds. , *International Technology Transfer*, New York: Praeger, 1985, pp. 3 - 30.

[260] Ochui W. G. , "Markets, Bureaucracies and Clans", *Administrative Science Quarterly*, Vol. 25, No. 1, 1980, pp. 129 - 141.

[261] Parente Stephen, Edward Prescott, " Barriers to Technology Adoption and Development", *Journal of Political Economy*, Vol. 102, No. 2, pp. 298 - 321.

[262] Porter E. Michael, *The Competitive Advantage of Nations*, New York: The Free Press, 1990.

[263] Pack Howard, "Industrial Policy: Growth Elixir or Poison", *World Bank Research Observer*, Vol. 15, No. 1, pp. 47 – 67.

[264] Posner M. V., "International Trade and Technical Change", Oxford Economic Papers, 1961, No. 13, pp. 323 – 341.

[265] Prendergast C., "The Role of Promotion Inducing Specific Human Capital Acquisition", *The Quarterly Journal of Economics*, Vol. 108, No. 2, 1993, 108, pp. 523 – 534.

[266] Prescott E., "Needed: A Theory of Total Factor Productivity", *International Economic Review*, Vol. 39, No. 3, 1998, pp. 525 – 551.

[267] Pavcnik Nina, "What Explains Skill Upgrading in Less Developed Countries?", *Journal of Development Economics*, Vol. 71, No. 2, 2003, pp. 311 – 328.

[268] Psacharopoulos G., Woodhall M., *Education for Development: An Analysis of Investment Choices*, New York: Oxford University Press, 1985.

[269] Philip Anderson, Michael L. Tushman, "Organizational Environments and Industry Exit: The Effects of Uncertainty, Munificence and Complexity", *Industrial and Corporate Change*, Vol. 10, No. 3, 2001, pp. 675 – 711.

[270] Proenca Isabel, Fontoura Maria Paula, Nuno Crespo, "Productivity Spillovers from Multinational Corporations in the Portuguese Case: Evidence from a Short Time Period Panel Data", Technical University of Lisbon Working Paper, 2002.

[271] Perez T., "Multinational Enterprises and Technological Spillovers: An Evolutionary Model", *Evolutionary Economics*, Vol. 7, No. 2, 1997, pp. 169 – 192.

[272] Romer M. Paul, "Increasing Returns and Long Run Growth", *Journal of Political Economy*, Vol. 94, No. 5, 1986, pp. 1002 – 1037.

[273] Romer M. Paul, "Endogenous Technological Change", *Journal of Political Economy*, Vol. 98, No. 5, Part 2, 1990, pp. S71 – S102.

[274] Ruttan W. V., *Technology, Growth and Development: An Induced Innovation Perspective*, Oxford: Oxford University Press, 2001.

[275] Reis A. B., Sequeira T. N., "Human Capital and Overinvestment in R&D", *Scandinavian Journal of Economics*, Vol. 109, No. 3, 2007.

[276] Rosenberg N., *Perspectives on Technology*, London: Cambridge University Press, 1982, pp. 134 – 176.

[277] Rousseau D., M. Greller, "Human Resource Practices: Administrative Contract Makers", *Human Resource Management*, Vol. 33, No. 3, 1994, pp. 385 – 401.

[278] Robert M. Solow, "A Contribution to the Theory of Economic Growth", *The Quarterly Journal of Economics*, Vol. 70, No. 1, 1956, pp. 65 – 94.

[279] Schultz Theodore, "Investment in Human Capital", *The American Economic Review*, Vol. 51, No. 1, 1961, pp. 1 – 17.

[280] Sjoholm F., "Exports, Imports and Productivity: Results from Indonesian Establishment Data", *World Development*, Vol. 27, No. 4, 1999, pp. 705 – 754.

[281] Solow Robert M., "A Contribution to the Theory of Economic Growth", *The Quarterly Journal of Economics*, Vol. 70, No. 1, 1956.

[282] Schultz Theodore, "The Value of the Ability to Deal with Disequilibria", *Journal of Economic Literature*, Vol. 13, 1975, pp. 827 – 846.

[283] Swan W. Trevor, "Economic Growth and Capital Accumulation", *Economic Record*, Vol. 32, 1956, pp. 334 – 361.

[284] Todd, D., Simpson, J. A., "The Appropriate-Technology Question in a Regional Context", *Growth and Change*, Vol. 14, No. 4, 1983, pp. 46 – 52.

[285] Tinbergen J., *Income Difference: Recent Research*, Amsterdam and New York: North-Holland Publishing Company, 1975, pp. 18 – 35.

[286] Teece J. David, "Technology Transfer by Multinational Firms: The Resource Cost of Transferring

Technological Know - how", *Economic Journal*, Vol. 87, No. 346, 1977, pp. 242 - 261.

[287] Upadhyay Mukti P. , "Accumulation of Human Capital in LDCs in the Presence of Unemployment", *Economica*, Vol. 61, 1993, pp. 355 - 378.

[288] Utterback M. James and Abernathy J. William, "The Dynamics Model of Process and Product Innovation", *Omega*, Vol. 3, No. 6, 1975, pp. 639 - 656.

[289] Van De Ven A. H. , "Review of Aldrich's book-Organizations and Environment", *Administr-ative Science Quarterly*, Vol. 24, No. 2, 1979, pp. 320 - 326.

[290] Inbriani Cesare, Reganati Filippo, "Spillovers Internazionali di Efficienza nel Settore Manifatturiero Italiano - International Efficiency Spillovers into the Italian Manufacturing Sector", *International Economics*, Vol. 50, No. 4, 1997, pp. 583 - 595.

[291] Waldman Michael, "Job Assignments, Signaling and Efficiency", *The Rand Journal of Economics*, Vol. 15, No. 2, 1984, pp. 255 - 267.

[292] Westphal L. E. , Kim L. , Dahlman C J. , "Reflection on South Korea's Acquisition of Technological Capability", In Rosenberg N. , Frischtak C. , *International Technology Transfer: Concepts, Measures and Comparisons*, New York: Praeger, 1985.

[293] Wong J. K. , "Technology Transfer in Thailand: Descriptive Validation of a Technology Transfer Model",

International Journal of Technology Management, Vol. 10, No. 7/8, 1995, pp. 788 – 796.

[294] Welch F., "Education in Production", *Journal of Political Economics*, Vol. 78, No. 1, 1970, pp. 35 – 59.

[295] Xu Bin, "Multinational Enterprises, Technology Diffusion and Host Country Productivity Growth", *Journal of Development Economics*, Vol. 62, No. 2, 2000, pp. 477 – 493.

[296] Yamauchi Futoshi, Yoshihisa Godo, "Human Capital Accumulation, Technological Change and International Spillovers: Comparative Growth Experience from Japan, Korea and the U.S", FASID Working Paper, 2003.

[297] Youngbae Kim, Byungheon Lee, "Patterns of Technological Learning among the Strategic Groups in the Korean Electronic Parts Industry", *Research Policy*, Vol. 31, 2002, pp. 543 – 567.

[298] Young A., "Learning by doing and the Dynamic Effects of International Trade", *The Quarterly Journal of Economics*, Vol. 106, No. 2, 1991, pp. 369 – 405.

图书在版编目(CIP)数据

人力资本与技术选择适配性研究/姜雨著.—北京：
社会科学文献出版社，2013.10
（管理科学与工程丛书）
ISBN 978-7-5097-5070-4

Ⅰ.①人… Ⅱ.①姜… Ⅲ.①人力资本-关系-技术
选择-研究　Ⅳ.①F241②F062.4

中国版本图书馆 CIP 数据核字（2013）第 218311 号

·管理科学与工程丛书·
人力资本与技术选择适配性研究

著　　者／姜　雨

出 版 人／谢寿光
出 版 者／社会科学文献出版社
地　　址／北京市西城区北三环中路甲 29 号院 3 号楼华龙大厦
邮政编码／100029

责任部门／经济与管理出版中心 (010) 59367226　　责任编辑／冯咏梅
电子信箱／caijingbu@ssap.cn　　　　　　　　　　　责任校对／刘宏桥
项目统筹／恽　薇　冯咏梅　　　　　　　　　　　　责任印制／岳　阳
经　　销／社会科学文献出版社市场营销中心 (010) 59367081　59367089
读者服务／读者服务中心 (010) 59367028

印　　装／三河市尚艺印装有限公司
开　　本／787mm×1092mm　1/20　　　　　　　　印　张／15.2
版　　次／2013 年 10 月第 1 版　　　　　　　　　　字　数／211 千字
印　　次／2013 年 10 月第 1 次印刷
书　　号／ISBN 978-7-5097-5070-4
定　　价／49.00 元

本书如有破损、缺页、装订错误，请与本社读者服务中心联系更换
△ 版权所有　翻印必究